김광수의 통일 담론

통일로 평화를
노래하라

김광수의 통일 담론

통일로 평화를 노래하라

초판 2쇄 인쇄 2022년 3월 25일
초판 2쇄 발행 2022년 3월 30일

지 은 이 김광수
펴 낸 이 정연호
편 집 인 정연호
디 자 인 이가민

펴 낸 곳 도서출판 우리겨레
주   소 서울시 은평구 통일로 71길 2-1 대조빌딩 5층 507호
문의전화 02.356.8417
F A X 02.356.8410
출판등록 2002년 12월 3일 제 2020-000037호
전자우편 urikor@hanmail.net
블 로 그 http://blog.naver.com/j5s5h5

ISBN 978-89-89888-26-0 (03340)

김광수의 통일 담론

통일로 평화를 노래하라

김광수 지음

도서출판 우리겨레

책머리에

왜 통일 담론인가?

통일이 곧 이뤄질 것만 같았던 순간이 있었다. 2000년 6·15공동선언, 그리고 2018년 9월 평양 5.1경기장에서 한 문재인 대통령의 연설은 통일이 곧 다가올 것만 같은 분위기를 만들어내기에 충분했다.

"(중략) 또한 우리 민족의 운명은 우리 스스로 결정한다는 민족자주의 원칙을 확인했습니다. 남북관계를 전면적이고 획기적으로 발전시켜 끊어진 민족의 혈맥을 잇고 공동번영과 자주통일의 미래를 앞당기자고 굳게 약속했습니다."

하지만, 안타깝게도 2020년 6월 16일 개성 남북공동연락사무소가 폭파되었고, 급기야 이것은 한반도의 통일시계가 판문점 이전 시대로 되돌아갔음을 보여주는 완전한 상징적 사건이 되었다. 온전한 기대와 염원이 그렇게 아쉬움과 한탄으로 바뀌고, 또 통일이 진전되지 못한 아픈 현실을 감수해야만 했다.

　왜 이런 일이 벌어져야만 했을까? 과연 어디에서부터 잘못이 되었던 것일까? 정말 한번 곰곰이 따져볼 일이다. 헌법에 의하면 대한민국은 민주공화국이다. 그런데 지금의 대한민국을 과연 그런 의미에서 민주공화국이라 할 수 있을까? 만감이 교차되는 해방의 순간, 온전히 우리 민족의 힘으로 이루지 못한 해방은 민중 중심의 국가체제를 세우지 못하는 요인으로 작용했고, 연장선상에서 미군정과 이해관계가 일치한 이승만과 친일세력들은 발 빠르게 반공·보수 세력으로 변신하여 영구집권을 꿈꿀 수 있는 토양을 마련하였다. 이후, 1987년 6월 항쟁에서 직선제를 쟁취하여 일정 부분에서 민주체제를 성립시켰으나, 진정한 의미에서의 민중이 주인 되는 민주적 질서까지는 이뤄내지 못했다. 비례하여 정치권에서도, 이 땅의 진정한 주권자이자 정치의 주체인 민중 이익을 대변하는 정치세력으로 성장하지 못했다. 세월은 쭉 그렇게 흘러왔다.

　역시 변곡점은 민중 스스로 만들어냈다. 언뜻 보기에 민중의 모습은, 정치를 정치권에 위임한 뒤 소시민의 안락한 삶을 추구하는 듯 보였으나, 초유의 박근혜·최순실 국정농단 사태가 발생하자 그동안 우리 사회를 지배해왔던 허울뿐인 민주주의와 적폐 행위에 분노했고, 마침내 촛불시민혁명이라는 방식을 통해 주권재민의 원칙을 완전 회복해냈다. 민중 스스로 정치의 진정한 주인임을 자각하고, 박근혜 퇴진투쟁이라는 실천적 행위를 통해 헌법적 가치를 되찾아낸 것이다. 그래서 이 경험은 향후 그 어떤 정치 세력이 권력을 잡는다 하더라도 주권자인 민중의 이해와 요구를 외면할 수 없게 만들고, 동시에 한국 민주주의가 한 단계 성숙했음을 온 천하에 알리는 '충분한' 쾌거이다.

그렇다 하더라도 잠시만 숨고르기 하면, 촛불시민들이 정권교체를 통해 진정으로 원했던 목적은 과연 무엇이었을까? 하는 문제는 남는다. 단연코 나라다운 나라에 대한 갈망이었을 것이다. 한나라당에서 단순히 민주당으로의 정권교체만은 아니었을 것이라는 사실이다. 특히, 자주통일 영역과 관련지어 살펴보면 적어도 전임 정부의 반통일적 대북제재 조치인 5·24조치는 해제되고, 금강산 관광 재개와 교류·협력 사업 활성화, 개성공단 재가동, 인도적 지원 사업 및 이산가족 상봉 정도는 이뤄졌어야 했을 것이다.

그렇게 김대중·노무현 정부의 민주당 수준으로의 복원은 물론, 악법 중의 악법인 국가보안법은 철폐되고, 각급 남북회담 및 남북정상회담이 정례화되어 6·15 남북공동선언의 실질적 이행의 단초가 마련되길 기대했을 것이다. 그 과정에서 기존 모든 남북 합의를 새롭게 수정 보완하여 새로운 남북관계 국면이 열림으로써 남북 상호 간 존재해왔던 일체의 적대행위 중단 및 군사적 긴장 관계가 완화되길 바랐을 것이다. 나아가 북핵문제가 북을 압박하는 방식보다는 민족 자주와 자결에 근거한 민족 공조를 통해 미국을 설득하며 남·북·미 간 평화체제 구축의 토대가 마련되고, 한반도에는 진정한 평화 국면이 도래하길 원했을 것이다. 그러나 지금은 그 기대와는 전혀 다른, 아니 전혀 원하지도 않았고, 상상조차 못 했던 정반대의 현실이 우리 앞을 가로막는다. 너무나도 큰 실망과 분노스러움이다. 배신감마저 스민다. 그렇다고 주저앉아 울분만 토하고 있을 수만은 없다. 다시

심기일전, 간고분투해 촛불시민들이 그토록 그려보고 싶어 했던 자주통일의 새 국면을 만들어내어야 한다. 당연 그러자면 우리는 지금 무엇을 어떻게 할 것인지를 물어야 하고, 또 묻지 않으면 안 된다. 처절하게 되물으며 고민하면서 나아가야 한다.

바로 그즈음 2021년 2월 어느 날, 나에게 그 물음에 답을 낼 수 있는 책 출판 기회가 정말 우연찮게 찾아왔다. 하지만, 정말 많이 망설였다. 이 거대한 세계사적 변동과 민족사적 대전환국면에 과연 내가 이 국면에 맞는 자주통일운동론을 정말 잘 재정립해낼 수 있을까 하는 두려움이 나를 지배했기 때문이었다. 결국 많은 고민과 상념들이 내 뇌리를 떠나지는 않았지만, 심사숙고 끝에 결국 집필하기로 마음먹고 이 글을 출판하기에 이른다.

다음과 같은 몇 가지 자기합리화를 하면서 말이다. 그건 이 땅에서 한 줌도 되지 않는 반反통일세력을 제외하고는 절대다수, 즉 건강한 상식과 양심을 가진 남과 북, 해외에서 살고 있는 우리 겨레와 동포들이 그토록 통일을 갈망하고, 또 실제 통일을 이루기 위해 정말 부단히 많이 노력해왔건만, 도대체 무엇이 잘못되었기에 지금까지 통일을 이뤄내지 못한단 말인가? 왜 우리는 이런 아픈 우여곡절을 계속 반복적으로 겪어야만 하고, 희망 고문에서 헤어나지 못해야만 한단 말인가? 진정 마땅한 해결책은 없는가?

이 책은 바로 이런 질문에 대해 미약하나마 그 답을 찾고자 한 것이다. 분단 한 세기를 넘기지는 말아야 한다는 소명으로. 만약 넘긴다면 다음과 같은 상상도 하기 싫은 장면을 목도해야만 하기에 감히 펜을 들 수밖에 없었다.

"민족이 공통의 과거를 지닐 수 있으려면 그것은 공통의 존재를 창조해야 하고, 그것을 창조하기 전에 그것을 꿈꾸고, 열망하고 계획해야 한다. …… 중남미의 사람들과 스페인은 공통의 과거, 언어, 인종을 지녔다. 그래도 스페인은 그들과 한 민족을 이루지 않았다. 왜 그런가? 우리는 필수적인 것 하나가 빠졌음을 안다. '공통의 미래' ……"

오르테가 이 가세트 (Jose Ortega y Gasset)가 『대중의 반역』에서 일갈한 내용인데, 나는 그가 다음과 같은 질문을 우리 민족에게 던지고 있다고 본다. 비록 한 민족이 "공통의 과거, 언어, 인종을 지녔다" 하더라도 시간이 계속 흘러 앞으로 백년, 이백년의 세월이 흐른다면 지금의 분단선은 자연스레 국경으로 굳어지게 될 터인데, 진정 그것을 알고 있기냐 하냐고? 이를 상기한다면 우리는 아직 남과 북이 같은 언어, 같은 혈연, 같은 문화와 경제 등 공통의 과거를 공유하고 있을 때 반드시 통일을 이뤄내야 한다. 어떻게? 공통의 과거에 기반을 두면서도 거기에만 머무르지 말고 공통의 미래를 어떻게 개척하고 만들어나갈지를 항상 묻고, 그 물음에 답을 찾기 위해 이 민족사적인 대여정을 함께 실천으로나 이론적으로 소화해 내어야 함을 말이다. 이는 제아무리 같은 민족으로 엮여 있다 해도, 분단이 오래 지속되다 보면 분명 서로를 계속 이질화시킬 것이고, 그러다 보면 그것은 결국 통일의 염원마저도 변형시켜 나갈 것이기 때문이다. 더군다나 남과 북은 이미 조선민주주의인민공화국과 대한민국으로 유엔 동시 가입되어 있어 더더욱 그렇게 가속도가 붙게 되어있다. 그러니, 어찌 통일이 절박하다 하지 않을 수 있단 말인가?

문제의식은 비단 이뿐만이 아니다. 2021년 1월 북에서는 제8차 당대회가 개최되었는데, 여기서 채택한 결정서 "조국의 자주적 통일과 내외관계 발전을 위하여"와 새로 개정된 당 규약의 조국통일 관련 부분이 향후 우리 자주통일운동의 항로와 관련해 정말 많은 고민거리를 던져주었다. 분명 누군가는 이에 대한 답을 찾을 수 있도록 물꼬를 터줘야 했고, 이 책은 부족하나마 그것에 대한 주체적인 분석을 시도한 글이기도 하다. 변화된 북의 조국통일전략에 구동존이求同存異와 화이부동和而不同의 지혜로 우리 남측의 자주통일운동을 어떻게 재구성해야 할지에 대한 이론·실천적 모대낌이자 앞으로는 절대 예전처럼 분단을 지속시켜내는 오류와 과오가 남발되지 않아야 하겠다는 나름 소명의식이 작용한 결과, 사회과학적으로, 또는 자주통일운동의 길에서 이 글이 도움이 되었으면 하는 바람까지 담아내었다는 말이다.

아울러, 이 책은 북 사회에 대한 이해를 높이는 데도 많은 지면을 할애했다. 연북·친북하지 않고서는 통일을 이뤄낼 길이 없는데도 북을 들여다보는 눈은 여전히 한국전쟁 직후나 지금이나 별반 달라진 것이 없기 때문에 이를 넘어서려 했다. 몇 가지 분명한 이유가 보인다. 첫째는 북을 국가로 보지 못하고, 반국가단체로만 인식하게 하는 국가보안법 때문이다. 둘째는 분단으로 인해 서로 각기 다른 체제가 성립되어 어쩔 수 없이 체제경쟁을 펼칠 수밖에 없었던 상황과도 관련이 있다. 셋째는 해방과 함께 분단 극복을 숙명적으로 내재화했던 남북은 필연적으로 전쟁을 통해 그것을 극복하려 했으나, 결과는 더 악화되어 철천지원수가 되어버린 상황이다. 결과, 남과 북은 서로를 무조건 악마화할 수밖에 없었다.

　이렇게 남과 북은 오랫동안 '국가보안법'과 '체제경쟁', '철천지원수'라는 요인으로 인해 서로를 선의로 이해하기보다는 무조건적 악마로만 바라보아야 하는 대상으로 전락되어 있었다. 후과는 그렇게 서로를 향해 서로 으르렁거리며 싸우는 대상일 뿐이었다. 그런데도 위정자들은 이를 극복하고 해결하기 위한 노력보다는 그저 통일하자며 목청만 드높이며 하세월 한다. 조금만 생각해봐도 '진짜' 통일을 하려면 '좋은' 협력과 우호관계를 형성해야 하지만, 상대방인 북에 대해 '많이' 험담하고, 욕하고, 상종 못 할 집단으로 규정하는 이율배반적 인식들을 절대 고쳐 나가려 하지 않는다. 통일을 얘기하고는 있지만, 실은 통일을 하지 말자는 것과 똑같다. 결국 이렇게 된 데에는 많은 이유들이 있을 수 있지만, "북 바로 알기" 같은 교육 등을 통해 체계적이고 합리적인 사고와 관점으로 북을 이해하려는 시도가 다양한 분야에서 제대로 이루어지지 못했기 때문이다. 여기에다 플러스(+)해서 이제껏 분단체제하에서 권력을 유지시켜 왔던 집단들이 반북, 반공, 혐북 등 온갖 왜곡된 인식들을 하나의 지배 담론으로 전 사회적으로 범람시켰다. 수구보수 세력은 말할 것도 없고, 민주당 중심의 자유주의 정권마저도 북에 대한 본질적인 시각 교정을 시도할 생각을 전혀 하지 못한다.

　이 책은 바로 이러한 인식들에 문제의식을 갖고 이 '잘못된' 인식들을 극복해내기 위해 북을 우리 대한민국과는 같은 하나의 민족성에 근거한 독자적인 자주독립국가로 인정하고, 그 토대 위에서 북의 실상을 이해하려 노력했다. 말하자면 혐북, 반북, 반공의 시각에서 철저히 탈피하겠다는 것이다. 이뿐만이 아니다. 북을 자본주의 시각에서 대한민국 70년대 수준의 가난한 국가로만 간주하여 도와줘야 할 대상으로 북을 인식하는 편향도 철저히 극복하고자 했다. 즉, 북도 그들만의 역사적 경험과 정체성에 바탕해 정치체제와 국가제도, 사회질서를 구축하면서 3대 국가복지로 일컬어지는 무상교육·무상의료·무상주택을 실시하는 그런 나라라는 현실적인 사실을 기초하여 서술하려 했다는 말이다. 그렇게 이 책은 단정수립 이후 단 한 번도 이 대한민국에서 이탈한 적이 없는 반공·반북의 시각과 국가보안법 인식을 확 뛰어넘으려 했다.

또한, 이 책은 남과 북이 반드시 통일되어야 한다는 당위와 실천적 담론들에 대해서도 역사적 시각을 놓치지 않기 위해 무척 많이 노력하였다. 왜냐하면 누가 뭐래도 지금의 남과 북은 5천년 역사를 가진 하나의 같은 한민족 국가이다. 비록 조선시대에는 사대事大를 자기 숙명처럼 안고 산 민족이기도 하지만, 나름 교린交隣과 실리, 균형이라는 국가 외교철학을 정립해 그 원동력으로 5천여 년 동안 단일민족국가를 유지해온 그런 저력 있는 민족국가이다. 그런 한반도가 지금은 대한민국과 조선민주주의인민공화국이라는 국호로 분단되어 있고, 외세 또한 당에서 명·청을 거쳐 현재는 미국으로 그 주체가 바뀌어 있다. 그 가운데서 남은 과거 조선과 같은 예속 외교를, 북은 고조선·고구려·고려로 이어져 온 자주외교의 지향성을 보여주는 것까지 닮아있다. 결과도 남南은 경제적 풍요로움을 얻었다고는 하지만, 대신 외세로부터 자유롭지 못하고, 북北은 외세로부터 주권적 당당함은 유지하고 있으나 어찌 되었건 물질적 차원에서 풍요롭지 못한 인민 생활이 지금 우리 민족의 어깨를 짓누른다. 이렇게 더 이상 한반도가 남북으로 갈라진 분단된 상태로 머물러 있어서는 안 된다는 것을 온 몸으로 보여주고 있다. 사실이 이렇게 명백하다. 그러니 원래대로 그 정상성을 회복해 통일된 하나의 한반도로 존재해야 한다. 우리 민족의 희망과 미래가 거기에 있기에.

　마지막으로 이 책을 출판하기까지 많은 노력을 해주신 도서출판 우리겨레 대표를 비롯해 글 전체적인 맥락을 하나하나 꼼꼼히 챙겨봐 주신 나의 오랜 벗 정훈식 박사와 지금껏, 그리고 앞으로도 나를 이 길─통일의 길을 변함없이 갈 수 있도록 늘 믿음과 신뢰로 물심양면으로 도와주고 있는 김정득 벗 등 많은 분들에게도 이 지면을 빌려 '깊은' 감사의 마음을 담는다.

2021년 8월
김광수

차
례

책머리에: 왜 통일 담론인가? _5

1부 다시 생각했으면 할 몇 가지 것들_19

1장 민족 담론에 의한 통일운동은 지금 시대에도 유효하다_23

　1. 분단과 미국 _24

　2. 그래서 본질적으로 이해해야 하는 분단은 _27

　3. 분단 극복: 왜 민족 담론이어야만 하는가? _28

　　1) 민족 담론과 6·15 남북공동선언이 갖는 의미 _29

　　2) 민족 담론과 통일의 상관관계 _31

2장 독일식 통일은 대한민국 통일교본教本이 될 수 없다 _39

　1. 정부가 엉뚱한 짓의 주범이 되어서는 안 된다 _40

　2. 독일식 통일이 우리의 통일방안이 될 수 없는 이유 _42

　3. 독일식 통일이 우리에게 주는 명백한 경험과 교훈 _45

3장 평화 담론만으로는 진정한 통일로 나아갈 수 없다 _49

　1. 정말 우리의 소원은 통일이었던가? _50

　2. 분단 극복 없이 평화는 없다 _51

　3. 진정한 평화는 통일로 완성된다 _55

4장 6·15 남북공동선언은 왜 유일하고도
가장 현실적인 통일방안인가? _61

1. 6·15 통일방안이 합의될 수밖에 없는 필연적 이유 _62
2. 6·15 남북공동선언 2항에 대한 올바른 이해 _65
   1) 합의문 2항이 나오게 된 배경과 의미 _66
   2) 연방연합 방식의 핵심 쟁점: One Korea 대 Two Korea _68
   3) 2항 합의에 대한 좀 더 깊은 해설: 민족자주 역량만이 이를 해결할 수 있다 _71
3. 자주통일운동 관점에서의 연방연합국가 살림살이에 대한
   '옳은' 이해 _74
   1) 연방국가에 대한 제대로 된 이해방식 _77
   2) 분단국들의 경험과 교훈: 사회통합의 장기성에 대한 이해 _78
   3) 일국양제와의 비교: 왜 연방연합 방식의 통일방안이어야만 하는가? _83

2부 분명하게 바로잡아져야 할 몇 가지 것들 _99

1장 왜 '북한'보다는 '조선'이라는 정명正名을 써야 하는가? _104

1. '북한'만 있는 국가보안법의 위력 _106
2. '조선'과 '북한'이라는 이름은 하늘과 땅 차이 _114
3. 정명正名과 조선 _116

2장 북 붕괴론에 대한 거짓, 혹은 진실 _125

1. 북 붕괴론의 논리 구조와 사례 _127
   1) 북 붕괴론의 진원지 _129
   2) 외눈박이로 된 그릇된 인식들 _132
2. 그들도 모르는 북 붕괴론의 실체 _141

3. 가설로서의 증명: 현실화될 수 없는 북 붕괴론 _143

  1) 과연 국가 자체가 소멸할 수 있는가? _144

  2) 체제 전환은 가능한가? _145

  3) 지배세력 내의 변동은 수반될 수 있는가? _146

4. 붕괴론이 붕괴해야 북이 보인다 _149

  1) 북 붕괴에 기댄 흡수통합은 왜 헛된 망상일까? _151

  2) 편견을 버리면 골리앗과 다윗의 싸움이 새롭다 _153

  3) 예정된 패배, 미국으로서도 어떻게 할 도리는 없다 _159

3장 한미동맹이라는 맹신의 늪에서 벗어나기 _165

1. 미국 앞에만 서면 한없이 작아지는 대한민국 _166

2. 괴물이 된 한미동맹 _171

  1) 미국은 과연 선善한 우방인가? _171

  2) 동맹에 대한 이해, 그리고 한미동맹의 덫 _177

3. 시민촛불항쟁, 한미동맹 그리고 통일 _183

4장 왜, 북핵 비핵화에 대한 집착을 버려야만 하는가? _186

1. 한반도에서의 전쟁은 가능한가? _190

2. 한반도 전쟁 위기설이 갖는 정치적 함의 _192

3. 북미대결의 산물인 북핵 _195

  1) 북에게 미국은 어떤 존재인가? _196

  2) 미국에게 북은 어떤 존재인가? _197

  3) '조선의 핵'이 갖는 의미 _198

4. 미국에 주어진 결자해지結者解之 문제 _204

3부 판문점 시대에 걸맞은 자주통일운동을 위하여 _207

1장 북이 새로운 통일전략을 수립하게 된 배경과 내용들 _213

1. "대적사업對敵事業" 선언이 갖는 진정한 의미 _215
2. 북의 당 규약 변경과 통일전략 변화 지점들 _223
3. 행간 읽기: 국방력 강화와 전민항전 준비, 조국통일의 상관관계 _228

2장 판문점 시대에는 자주 중심의 통일운동을 적극 전개해야 한다 _249

3장 판문점 시대의 자주통일운동 재구성과 실천과제 _256

1. 강 대 강으로 맞붙는 정세 _260
    1) 북미정세 _262
    2) 남북관계 _264
    3) 남북관계·북미정세가 자주통일운동에 제기하는 과제 _267
2. 자주통일운동의 이론적 실제 _270
    1) 촛불시민들이 인식하기 시작한 한미동맹의 그 너머 _272
    2) 담론으로서의 통일, 그 대중화로 6·15식 통일을 내오자! _276
3. 자주통일운동의 5대 전략목표와 11대 구호 _290
    1) 자주통일운동의 5대 전략 목표 _291
    2) 자주통일운동이 들어야 할 11대 구호 _296

저자 후기 _298

1부

다시
생각했으면 할
몇 가지 것들

"위기의 순간에 섬광처럼 번쩍이는 역사적 기억"이라는 발터 베냐민(Walter Benjamin)의 말처럼, 역사적 기억은 한국 사회에서 촛불혁명으로 발화했다. 그 바탕에는 4·19 혁명, 10월 부마항쟁, 5·18 민주화운동, 6·10 민중항쟁의 도도한 역사가 시민들의 기억 속에 살아 움직인 결과이다.

이런 흐름 과정에서 이념적으로 여전히 극복되지 못한 하나의 민낯도 동시적으로 보여주었다. 역사적 기억으로서 위대한 항쟁 이면에 여전히 강력한 하나의 유령, 즉 분단체제라는 덫으로 인해 넘지 못한 반북·혐북 울타리가 우리 안에서 각종 분단 이데올로기로 담론화되고 있는 것이 바로 그것이다. 지금 대한민국에서는 제아무리 건강한 대화와 토론이 이어지다가도 북 얘기만 나오면 입이 다물어지게 된다. 일제 강점기 공산주의 계열의 항일 독립운동가를 탄압하고 구속하기 위해 일본 군국주의자들이 만들어낸 치안유지법이 국가보안법으로 부활하여 지금도 통일 지향 인사들을 탄압하고 구속하고 있기 때문이다. 그로 인해 북을 대하는 태도와 자세에 대해 스스로 자기 검열을 하게 될 수밖에 없고, 자기 스스로 양심과 신념을 제약시켜내고 있다. 그런데도 다수의 사람들은 이런 상황이 도리어 무엇이 문제인지도 모른다. 분명 정상 사회가 아니다.

왜 그럴까? 남북 분단이 그 직접 요인이다. 그렇게 자라난 분단은 괴물이 되었다. 분단체제에서는 절대 평화가 관리될 수 없음에도, 한미동맹에 너무나도 강력하게 포박된 대한민국은 보수수구 세력들로부터는 이 평화가 북의 호전성과 침략성을 부각시켜내는 정치적 도구로 이용되고 있고, 민주당 중심의 정치세력들은 자신들의 집권 전략의 한 형태인 평화공존론으로 둔갑된다. 또 서양학문 세례를 무차별적으로 받은 다수의 사회과학자들과 젊은 세대들은 통일 지향성에 착목하는 민족 담론을 시대에 뒤떨어진 낡은 이념으로 치부한다. 통일은 꼭 필요한 것이 아니라 그저 평화만 유지된다면 지금의 분단이나 1민족 2국가도 상관없다는 식의 생각이 이들을 지배한다. 나아가 이들은 체제와 이념이 상이하고, GNI(국민총소득)가 약 40배 차이가 나는 상황에서 통일은 오히려 자신들의 개인생활을 침해하고 국가적 혼란과 경제적 부담만 가중시키는 재난으로까지 간주하기에 이른다.

정말 녹록지 않은 상황들이다. 이외에도 이미 남과 북은 서로 다른 체제와 역사를 갖고, 분단의 1차 원인이 되었던 외세에 대한 기억과 태도도 사뭇 다르다. 남측이 적극 선호하는 흡수통합이 전제된 단일국가체제로의 통합도 사실상은 불가능하다. 그런데도 남쪽은 이 흡수통합에 대한 미련을 지금까지도 버리지 못한다. 하지만, 분명한 것은 그래서, 즉 흡수통합이 불가능하기 때문에 독일의 통일 경험이 우리의 통일 담론에 참고는 될 수 있을지언정, 정답이 될 수는 없다. 분단 과정이나 통일의 이행 경로, 통일된 이후의 국가 모습 등도 결코 등가로 비교될 수는 없다.

해서 결국 이 모든 상황은 과거 6·15 남북공동선언의 2항 합의를 내왔을 때와 똑같이 구동존이求同存異의 정신만이 이 산적한 난제들을 풀어 나갈 수 있게 하고, 향후 나서는 통일문제를 제대로 풀기 위해서라도 있지도 않은 그 어떤 다른 방도를 찾아 나서서 헤매기보다는 철저하게 "구동존이의 입장으로 통일문제를 풀어나가자" 하는 정신을 완전 체화하여 이행해 나가는 것이 훨씬 더 효율적이고 빠른 길임을 안내해 준다.

1장

민족 담론에 의한 통일운동은
지금 시대에도 유효하다

지금으로부터 불과 2세기 전, 부엌과 목화밭에 머물러 있기를 강요받던 한 계층과 집단이 있었다. 다름 아닌, 여성과 흑인이었고, 그들은 결국 자각을 통해 투표소에 감으로써 그들 능력을 스스로 입증해냈다. 이를 지켜본 자크 랑시에르(Jacques Rancière)는 민주주의에 대한 정의를 이렇게 내렸다. "무능력의 공간에 머물러 있기를 강요받은 이들이 그 상태에서 벗어나는 과정"이라고. 우리의 통일도 이와 똑같다. 이 땅 분단체제에 기생하고 있는 그들은, 자신들의 영구집권을 지속시키기 위해 분단체제를 철저하게 최대한 활용하였다. 활용 무기로는 한 손에는 반공, 반북 및 종북從北, 그리고 그것의 최종 형태로서의 혐북嫌北 이데올로기를 확대재생산하고, 또 다른 한 손에는 분단체제에 기생하는 평화공존의 가면假面, 즉 가짜 평화의 깃발을 내걸며 국민을 우롱한다.

하지만, 우리 민족은 단 한순간도 멈추지 않고 자신들을 분단이라는 공간 속에 계속 머물러 있길 강요받던 굴레를 깨부수고, 과거 6·15 시대를 지나 지금의 판문점 시대까지 만들어냈다. 랑시에르의 말을 빌리자면, 우리 민족 스스로가 결박 상태인 분단에서 벗어나기 위해 민족자주와 자결의 관점에서 투쟁을 악착같이 벌여온 결과와 같다. 동시에 이것은 전국적 범위에서의 민족적 단합과 단결, 자주권을 획득하는 과정과 정확히 일치하였다. 그렇지만, 넘어야 할 산도 분명 있다. 이제껏 분단체제에 똬리를 틀고 앉아 우리 민족을 마음껏 짓눌려온 외세라는 괴물의 실체를 알아차리는 것이다.

1. 분단과 미국

분단은 미완의 해방 때문에 발생한 문제다. 해방이 우리 민족 자체의 역량만으로 올곧게 이뤄졌다면 분단이 되지 않았어도 되었다. 그러기에는 그 당시 우리 민족은 불행하게도 그 힘이 부족했다. 그나마 한쪽에서는 김일성 중심의 항일무장투쟁세력이, 또 다른 한쪽에서는 임시정부 중심의 독립운동세력으로 진행되어 힘이 분산되었다.

거기다가 당시 누구도 예상하지 못했을 정도로 일본이 빨리 항복하여, 분단의 또 다른 분수령이 되었다. 미국의 전격적인 원폭 투하가 없었더라면 일본은 그렇게 빨리 항복하지 않았을 테고, 그러면 전쟁은 좀 더 지속될 수도 있었을 것이다. 그리고 정말 만약 그렇게 되었더라면 우리 민족은 오랫동안 스스로 준비해 온 항일의 깃발 아래 자주독립 국가를 만들어냈을 수도 있었을 것이다.

하지만 역사는 그런 '만약' 가정을 허용하지 않는다. 대신에 당시 미국은 자신의 이해관계 때문에 이 지구 환경에 가장 큰 피해를 줄 수 있는, 즉 원폭을 전쟁 국가 일본에 투하했다. 이후부터는 우리 모두 알고 있듯이, 일본의 항복과 그 전후 처리 과정에서 미국과 소련에 의한 대한반도 내정간섭이 이뤄진다. 우리 민족의 자주독립보다는 철저히 두 강대국의 이해관계에 의해 분단체제가 그렇게 성립된 것이다.

사실이 분명 그런데도 이후 미국은 일제 식민 지배로부터 우리 민족을 해방시켜 준 은혜로운 나라가 되었다. 반면 미국은 소련을 가짜 김일성을 만들어 북을 공산화하고, 북으로 하여금 대한민국을 호시탐탐 노리는 악의 제국으로 둔갑시켰다. 그뿐만 아니라, 이념적으로 미국은 우리 조국 강토에 대해 절대적인 영향력을 행사해도 괜찮다는 현대판 재조지은再造之恩을 만들며 숭미崇美사상이 깃들게 했다. 대한 민국을 철저히 그렇게 미국화시켰고, 미국 스스로는 이 땅에 해방자, 수호자, 원조자라는 가면 뒤에 숨었다.

보충설명

숭미·공미의 시작은 이렇다.

미국은 일제 강점당한 조선을 해방시켜 준 해방자이자, 한국전쟁 당시 북의 남침으로부터 자유민주주의 체제의 대한민국을 지켜준 수호자이고, 이후 경제개발 과정에서 한국 경제에 엄청난 도움을 준 원조자라는 것이다.

이에 대한 반론은 이렇다. 해방 시기의 개입과 통일이 전제된 한국전쟁에로의 개입이 과연 진정으로 대한민국만을 위해서였을까? 다시 말해 정말 미국 자신의 국익 요구와는 전혀 상관없이 대한민국의 자유민주주의 체제를 수호하기 위해서만 도와주었을까?

묻는다면 천만의 말씀이다. 해방 시기와 한국전쟁의 개입은 당시 냉전체제라는 세계 질서하에서 미국 자신의 국익을 극대화하거나, 혹은 수호하기 위한 자신들의 전략적 이해관계에 따른 대한민국 도와주기였을 뿐이고*, 또한 초창기 유·무상원조와 차관을 통한 한국 경제 지원도 사실 엄밀히 따져보면 제국주의 침략 경제이고, 한국 경제를 자신들의 하청 경제화하기 위한 수탈 체제로서의 경제 지원이었다. 그러니 어찌 미국을 대한민국에 숨어든 거대한 괴물권력이라 하지 않을 수 있겠는가? 단지 그 실체를 우린 이제까지 모르고 있을 뿐이다.

---

* 이는 일본 추종론자들이 식민지근대화론을 설파하면서 일본이 자신들의 제국주의적 야욕을 실현시키기 위해 당시 조선을 병참 기지화한 것을 두고 마치 일본이 조선을 근대화하기 위해 도움을 준 것이라고 궤변을 늘어놓는 논리와 똑같다. 즉 당시 미국은 냉전 질서하에서 자신들의 전략적 이해관계에 따라 대한민국을 도와줬을 뿐이다. 단지 차이가 있다면 일본의 식민지근대화론은 궤변임을 우리 국민들이 꿰뚫어보고 있지만, 미국의 해방자, 수호자, 원조자의 가면은 꿰뚫어보지 못하고 있다는 사실뿐이다.

2. 그래서 본질적으로 이해해야 하는 분단은

분단의 시작은 분명 1945년부터지만, 그 과정은 좀 복잡하다. 왜냐하면 한반도에서의 분단은 크게 세 단계로 나눠 살펴봐야 하기 때문이다. 1단계는 국토분단, 2단계는 체제분단, 3단계는 민족분단이다. 먼저 1단계의 국토분단은 지리적 분단에 따른 분단의 성격 문제가 놓여 있는데, 1945년 8월 해방과 동시에 38선에 의해 국토가 남북으로 갈라진 그 상황을 일컫는다. 2단계의 체제분단은 정치 사회체제의 분단 개념과 그 맥이 상통되는데, 이는 1948년 8월 남쪽에는 자본주의를 지향하는 대한민국이 들어서고, 9월 북쪽에서는 사회주의를 지향하는 조선민주주의인민공화국이 세워짐으로써 서로 다른 이념과 체제가 지배하는 국가가 탄생하는 상태를 의미한다. 3단계의 민족분단은 1950년 6월부터 1953년 7월까지 치러진 한국전쟁으로 인해 같은 민족이 서로 철천지원수처럼 갈라지게 된 상황을 얘기한다.

이렇게 분단은 각기 단계가 진행되면서 공고하게 형성된 여러 분단형태의 총체적 개념이다. 즉 국토분단으로 인해 서로 다른 체제가 들어섰고, 그 때문에 종국에는 전쟁으로 비화되었지만 통일로 이루어지지 못하고, 도리어 그 반작용의 결과로 남과 북은 서로 철천지원수가 되어버린, 연장선상으로 분단이 존재하고 있는 것이다. 이름하여 분단체제는 그렇게 만들어졌다.

이후 이 분단은 국가주의를 낳는 직접적 요인이 되었다. 북은 북대로 "우리 국가 제일주의"를, 남은 남대로 국가보안법에 의해 북을 반국가단체화하고 자신만이 한반도에서 유일한 국가라고 주장한다. 이의 최종적 뒷받침은 근대 이후 국가의 성립 구조라 할 수 있는 헌법을 가질 수밖에 없는 것으로 나타난다.* 철저하게 게오르그 옐리네크(Georg Jellinek)가 정의한 국가의 3대 개념 규정인 "영토+영해+영공"을 포함, 그 영역에 사는 모든 주민은 물론이고 그 영역과 주민을 통치하는 주권적 정부를 합리화하면서 말이다. 해서 이 땅 한반도에는 누구도 부정할 수 없는 대한민국과 조선민주주의인민공화국이라는 서로 다른 두 국호가 탄생하게 되었다.

그 결과 두 국가는 지금까지도 이념과 체제대립을 70여 년간 해오고 있고, 여기에는 자본주의냐 사회주의냐의 대립과 갈등은 물론이고 두 국가를 서로 인정하지 않는 국가보안법과 노동당 규약의 대결도 존재하고 있다. 여기에다 '남한' 사람, '북한' 사람으로 표현되는 국적의 정체성 문제를 비롯해 대한민국 내부적으로는 분단과 통일을 둘러싼 남남갈등의 문제까지 겹쳐지고 있다.

3. 분단 극복: 왜 민족 담론이어야만 하는가?

오늘날 이 지구상에는 200여 개의 크고 작은 나라들이 존재한다. 정확하게는 2020년 기준 253개국이 유엔 가입국이고, 약 2만여 민족과 종족들로 구성되어 있다. 그중 베트남은 54개의 소수 민족으로 구

---

* 대한민국은 대한민국대로 그런 근대국가를 탄생시키기 위해 1948년 7월 12일에 헌법을 제정할 수밖에 없었고, 북은 북대로 조선민주주의인민공화국을 탄생시키기 위해 사회주의 헌법제정을 1948년 9월 8일에 내올 수밖에 없었다. 분단은 그렇게 두 개의 국가를 영속시킬 수밖에 없는 확실한 근거가 된 셈이다.

성되어 있고, 중국은 한족, 만주족을 비롯한 60여 개의 민족이 있으며, 인도에는 힌두스탄족, 벵갈족 등 무려 200여 개의 종족과 민족이 있다. 그 가운데 약 5천여 년 동안 단일민족을 이어온 우리 한민족도 있다.

1) 민족 담론과 6·15 남북공동선언이 갖는 의미

일반적 의미에서 민족 개념은 16~18세기 자본주의의 태동과 부르주아 혁명, 그리고 근대국가 건설을 통해 형성되었다는 것이 정설이다. 물론 서구적 학설로서의 정의다. 하지만, 우리의 민족 개념은 시대사적으로 구분하는 그런 서구적 민족 개념과 달리 핏줄과 언어, 문화, 지역의 공통성에 기반한 민족성의 개념을 보다 공고화시켰다.

그러다 보니 계급이나 계층은 사회제도와 그 질서 변화와 변동에 따라 소멸되기도 하고 또 새로 발생하기도 한다는 입장이 견지되지만 민족은 그러한 사회제도 존폐와 상관없이 인류 역사와 더불어 면면히 계승되고 발전되어 온 가장 공고한 사회 집단이라는 인식이 지배적 정설로 자리 잡는다. 이에 우리 민족은 고대로부터 단일민족국가를 형성시켜 왔음을 알 수 있고, 그래서 우리 민족의 계급과 계층은 반드시 민족국가 안에서만 형성된다. 민족이 사회의 가장 큰 포괄적인 사회공동체 집단이고, 그렇기 때문에 민족을 떠난 계급과 계층은 있을 수 없게 된다.

연장선상에서 민족국가의 사회제도가 진보적이라면, 그 안에 사는 계급과 계층도 당연히 자주적이고 진보적인 권리와 생활을 누리게 된다. 그 역도 성립한다. 민족국가가 다른 나라의 지배를 받게 되면 그 안에 사는 계급과 계층도 주권이 박탈된 채 반동적이고 반민중적인 정치제도와 질서 아래에서 억압당하고 신음하게 된다. 다시 말해 그 어떤 계급과 계층도 민족의 운명을 떠나서는 자신의 운명 문제를 해결해 나갈 수 없고, 그 어떤 계급과 계층도 민족의 운명과 번영 문제에 대해서는 반드시 공통된 이해관계를 갖게 된다.

민족의 문제가 이렇게 반외세 민족자주 문제와 직결되어 있음을 알 수 있다. 20세기는 이를 보다 명징하게 보여준다. 자본주의가 제국주의 단계로 들어선 20세기 강대국에서는 식민 정책이 일반화되었었다. 이 때문에 민족 문제가 반외세 식민지민족해방 문제로 대두될 수밖에 없었고, 제국주의의 식민지 예속 상태에 있는 민족에게는 민족해방과 민족 자주권의 확립을 외면할 수 없는 문제로 만들었다. 반면 자주 독립된 민족에게는 자기 민족의 자주성을 더욱 견결하게 지켜내고 발전시켜 나가는 문제를 집중 문제 제기하게 함으로써 민족 문제란 본질적으로 반외세 민족 자주권의 문제임을 명확히 드러내 주었다.

이로부터 한반도에 투영된 그 문제는 다음과 같다. 하나는, 분단된 한반도에서 민족 문제란 우리 민족의 자주적 발전을 저해하는 외세의 간섭과 지배로부터 어떻게 벗어나서 해방될 것인가의 문제와 직결된다는 것이다. 다른 하나는, 그 토대 위에서, 즉 민족의 독자적이며 자립적인 발전을 걷는 가운데서 어떻게 하면 하나의 민족국가로 재통합해 나갈 것인가 하는 문제와 관련된다 할 것이다. 현실적으로는 남측 사회가 사실상 주인 역할을 하는 미국을 몰아내지 않고서는 민족의 자주권을 실현하기가 매우 어렵다는 측면에서의 한 연결고리가 있고, 또 다른 한 연결고리로는 사상과 제도의 차이를 초월하여 우리 민족끼리 힘을 합쳐 공존·공영·공리를 이룩하면서 우리 민족 내부의 단합과 단결을 실현해나가는 대단합의 문제가 나서게 됨을 알 수 있다.

6·15 남북공동선언은 바로 이 두 측면을 정확히 종합해내고 있다. 1항의 "남과 북은 나라의 통일 문제를 그 주인인 우리 민족끼리 서로 힘을 합쳐 자주적으로 해결해 나가기로 하였다."와 2항의 "남과 북은 나라의 통일을 위한 남측의 연합제안과 북측의 낮은 단계의 연방제안이 서로 공통성이 있다고 인정하고, 앞으로 이 방향에서 통일을 지향시켜 나가기로 하였다."가 그 증거다.

2) 민족 담론과 통일의 상관관계

그래놓고 다시 한번 현실을 직시해보면 원래 하나의 민족, 하나의 국가였던 조선이 일제의 식민 지배를 극복하는 과정에서 외세 개입과 함께 두 개의 국가로 분단되고 이를 극복하는 과정에서 발생한 한국전쟁이 결국 정전체제를 낳게 하였음을 알 수 있다. 급기야 1991년 9월 UN 동시 가입 이후부터는 두 개의 국가로 공인되어, 원래대로 하나의 민족국가로 되돌아가려는 민족성과 통일 의지는 많이 약화되고, 비례적으로 남북의 국가성은 더 강화되고 있다.

1953년 정전체제가 갖는 함의는 이렇게 매우 크다. 전쟁을 종결한 것도, 평화체제가 완전히 들어선 상태도 아니니 남과 북은 끊임없이 각기 체제를 더 공고화하기 위해서 자신들의 국가성을 더한층 강화해 들어가는 재생산 구축 기제를 작동시켜야만 했고, 결과는 UN 동시 가입으로 나타났다. 이후 한국전쟁을 경험한 세대들은 자신들이 겪었던 그 경험 때문에, 또 자라나는 세대들은 통일로 인해 겪을 미래의 불안 요인 때문에 "통일만 되면, 지금의 대한민국이 안고 있는 모든 문제가 다 해결되느냐?"며 오히려 통일을 우려하며 분단 현실에 안주하는 경향성을 만들어낸다.

남과 북은 이렇게 쉽게 바뀌지 않을 국가시스템으로 재구축되어 가고 있다. 분단체제로의 공고화 과정이 정확히 국가성과 냉전적 상황을 더욱더 심화시켜나가고, 점점 더 두 개의 국가로 구조화되고, 비례해 이질적인 적대 요인도 그만큼 높아진다. 분명한 어려움이다. 그렇지만 여기서 우리가 절대 간과해서는 안 되는 한 점도 있는데, 무엇보다 전 민족이 하나의 민족으로, 하나의 국가로 재통합하려는 의지 또한 여전히 매우 강하다는 사실이다. 랑시에르가 말한 대로 표현하자면 분단, 즉 무능력의 공간에 오랫동안 머무르지 않으려는 우리 민족의 단합된 역량과 힘이 여전히 작동되고 있다는 점이고, 결과도 6·15 남북공동선언 2항 합의와 판문점 시대로의 등장이 이를 상징한다.

보충설명

민족 담론과 통일

한때 우리는 분단을 극복하고 조국을 통일하자는 통일의 당위성 문제가 절대 의심받거나 흔들리지 않을 것이라는 확신이 있었다. 그러던 것이 지금에 와서는 단지 같은 한민족이었다는 사실 하나만으로 반드시 분단이 극복되어야 하고, 다시 한민족으로 재결합되어야 한다는 주장이 과연 설득력이 있느냐라는 질문까지 받기에 이르렀다.

쉽게 말해 통일이 일제의 식민 지배 이전의 상황으로 되돌아가는 것도 아니고, 또 이미 이 땅 한반도에 두 개의 국가가 엄연히 존재하면서 어느 국가도 자신의 체제를 쉽게 포기하려 하지 않고 있는 상황에서, 분단의 지속은 계속 서로 다른 국가성을 증대시킬 것이고, 반면 분단 극복의 지향성을 그 자양분으로 하는 통일성은 계속 약화되어 갈 것인데, 과연 여기에서 발생되는 제반 과제를 쉽게 해결할 수 있느냐가 문제의 본질로 자리매김한다.

왜 이런 현상이 발생하게 되었는가? 모르긴 몰라도 민족공동체에 대한 시각의 변화와 관련 있다. 좀 더 구체적으로 말하자면, 분단체제의 지속으로 인해 남과 북은 같은 언어를 사용한다는 점을 제외하고는 체제와 생활·경제·문화의 모든 면에 있어서 서로 다른 이질성이 심각하게 유발되고 있는데, 과연 이 문제들을 쉽게 해결할 수 있겠는가 하는 입장이 대두되는데, 이는 더 이상 같은 언어를 쓰고 있다는 것만으로 민족공동체를 이뤄나가기는 힘들다는 인식과 관점이 깔려 있다.

분명 예의주시할 관점이다. 시급히 대응 논리를 마련할 필요가 있고, 우선적으로는 민족공동체 개념에 대한 역사적 맥락에서의 재구성과 반만년 기간 동안 아주 길게 이루어진 단일민족의 정체성이 고작 70여 년밖에 되지 않는 아주 짧은 분단 기간 때문에 결코 쉽게 해체되거나 흔들려서는 않는다는 사실, 또한 남북 간 통일 문제가 민족 재결합이라는 통념적 의미는 물론, 민족 개념이 공고화되는 과정에서 축적된 발전 지향성의 개념까지도 함축하고 있다*는 즉, 민족통합과 재구성은 우리 민족이 원래 갖고 있었던 민족공동체 복원과 함께 민족 부흥의 개념까지 통일 문제 안에 포함되어 있다는 사실을 간과해서는 안 된다.

그 관점에서 정수일은 해답을 우리에게 이렇게 제시한다. "민족이란 일정한 지역에서 장기간 공동체생활을 함으로써 혈연·언어·경제·문화·역사·지역 등을 공유하고 공속의식과 민족의식에 따라 결합된 최대 단위의 인간 공동체로서 역사 발전의 전 과정에서 항시적으로 기능하는 엄존의 사회 역사적 실체"라고 정의하며 민족은 혈연·언어·역사·지역·경제·문화와 같은 객관적 요소와 함께, 이러한 요소들을 직·간접적으로 반영한 귀속의식이나 연대의식, 애족사상과 민족수호 의지, 발전 지향

---

* 정수일의 『민족론과 통일 담론』(통일뉴스, 2020)에 따르면 민족을 구성하고 있는 고유 속성으로는 연대의식, 민족수호 의지, 발전 지향성이라는 이 세 가지 요소에 의해 그 철학적 기초를 가진다고 한다. 이로 볼 때 우리 민족은 앞 두 가지 측면에서 분단의 지속으로 인해 점점 약화되어 가고 있는 사실은 부정할 수 없지만, 우리 민족은 발전 지향성이라는 측면에서 여전히 그 어떤 민족보다도 의지가 높은 관계로 통일 담론으로서의 민족론이 거부될 수 없는 근본 이유라고 밝히고 있다.

성, 민족정신 등과 같은 주관적 요소에 의해 동질성과 일체성, 정체성이 보장되는 역동적 실체인데, 그중에서도 주체적 측면이 한반도의 분단 상태의 지속을 용납하지 못하는 동인으로 작용하는 통일 지향의 민족 담론이라는 것이다.

그래서 분단국가, 그것도 외세의 개입에 의해 분단된 민족국가는 더더욱 통일 지향의 민족 담론 체계에 근거한 분단 극복 운동이 필연적으로 전개될 수밖에 없다. 다시 말해 제국주의라는 근대 괴물이 남아 있고, 그 괴물에 의해 강제된 분단이 지속되는 한, 민족 담론에 의거한 통일 지향도 결코 포기되지 않으리라는 사실이다.

여기에 딱 부합하는 것이 한반도 분단이다. 그러니 지금도 분단 극복을 위한 가열찬 자주통일 투쟁이 멈춰지지 않고 있으며, 6·15 시대를 지나 판문점 시대까지 전진해왔다. 무얼 더 이상 의심하고, 잣대질해야만 한단 말인가?

여기에다 민족 재결합을 국가철학과 민족적 염원으로까지 결집해놓은 북의 의지가, 미국과의 적대관계도 곧 청산될 것이라는 사실이 민족 담론으로서의 통일 정당성을 충분히 입증한다. 북 승리 증거 첫째는, 미국은 한반도에서 정전체제가 만들어진 이후 아주 일관되게 대북적대정책의 목표로 북 체제 전환, 혹은 붕괴 전략을 구사해왔다. 그러나 지금의 북은 붕괴는커녕 오히려 자력으로 사회주의 강성국가의 반열에 진입하려 하고 있다. 명백한 미국의 패배이다. 둘째는, 미국은 동북아에서 패권적 지위를 계속 유지하기 위해 북이 자국에 위협되지 못하는 비非전략국가로 묶어두기 위한 제재정책을 일관되게 구사해왔는데, 북은 그 그물망을 뚫고 핵을 보유해 전략국가의 위상을 분명히 확보했다. 그러니 이후 북은 주동적인 관점과 자세로 조국통일공세를 펼쳐나갈 수 있는 환경과 처지가 마련되었다, 그렇게 봐야 하는 것이다.

보충설명

전략국가와 핵 보유의 상관관계

일반적 의미에서 전략국가에 대한 함의는 이렇다. 세계 체제적인 관점에서 국제질서를 변경시킬 힘을 실질적으로 가졌느냐, 안 가졌는가의 문제이다. 했을 때 3가지 요인이 공통적으로 일치해야 한다.

첫째는, 핵무기를 보유해야 한다(UN 상임이사국이 이를 증거한다.). 둘째는, 그 핵무기 보유로 인해 게임 체인지 국가가 될 수 있어야 한다. 셋째는, 그 게임 체인지를 통해 인류의 염원이라 할 수 있는 '핵 없는 세계'를 추동해 나갈 수 있어야 한다.

북은 여기에 정확히 부합한다. 그 첫째는, 북은 핵과 ICBM을 보유하였다. 둘째는, 세계유일강국 미국과의 핵 담판을 통해 미국 중심의 세계지배질서에 균열을 낼 수 있는 상황이 되었다. 구체적으로는 한미동맹 해체와 한반도 비핵지대화를 통한 한반도의 항구적인 평화체제 구축과 동북아에서의 미국 지배력 약화를 추동해 가고 있다. 셋째는, 6.12 북미정상회담에서 확인될 수 있는 바와 같이 '인류를 핵 없는 세계'로 그 추동력을 확보해낼 수 있어서 그렇다.

그런데도 계속하여 (우리는) 북의 전략국가 위상을 거부해야 한다? 참으로 정직하지 않는 북한 들여다보기일 뿐이다. 그리고 거기에는 아마도 가난하고 못살고, 미국에 맞서는 그런 국가는 절대 전략국가가 될 수 없다는 아주 오래된 고정관념이 반영되어 있어 그런 것 같다.

하지만, 위에서 정의되고 있듯이 전략국가는 도덕도 아니고, 국가의 경제력과 규모 등에 의해서 결정되는 그런 개념도 아니다. 왜냐하면 일본이 왜 전략국가가 아닌지만 봐도 알 수 있다.

그럼, 남는 문제는 대한민국인데, 대한민국도 시간이 좀 걸릴 수는 있겠으나, 촛불정부를 넘어 낮게는 미국을 용미用美할 수 있는 정부와 높게는 자주적 민주정부가 수립된다면 통일 지향 정책은 반드시 복구될 수밖에 없다. 왜냐하면 그 정부가 단순히 문재인 정부를 넘어서는 그런 정부가 되었든, 아니면 그것보다는 더 높은 자주적 민주정부가 수립되었든 그 정부들은 각자 정도의 차이는 있겠지만 자신들의 수준에 맞게 낮게, 혹은 높게 분단 극복문제와 통일을 그 국정 목표로 내세울 수밖에 없는 정부의 특성을 필연적으로 가져야 하기에 그 정부하에서는 분단체제 극복을 위한 통일 지향 정책을 펼쳐나갈 수밖에 없다.

이렇듯 민족 담론에 의한 통일문제는 여전히 '살아있는' 현재진행형으로 지금도 한발 한발 내딛고 있는 희망이자 한 땀 한 땀 수놓아가고 있는 역사적 실체로서의 운동력의 원천이다. 절대 낡은 유물로서의 오래된 미래가 아니다.

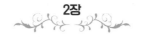

2장

독일식 통일은
대한민국 통일교본敎本이 될 수 없다

정말 지독하다. 보수수구 세력은 원래 그렇다손 치더라도 명색이 6·15 남북공동선언의 정치적 자산을 그대로 물려받았다는 민주당 집권의 문재인 정부하에서도 흡수통일 원칙이 계속 추진되고 있기에 하는 말이다.

이것은 정부기관의 통일부가 매년 공식적으로 발간하여 중·고등학교와 대학교, 공공기관, 전국의 도서관 등에 배포되어 국민 통일교육 교재로 활용되고 있는 정기 간행물 『통일문제 이해』에 잘 드러나고 있다. 2020년 2월 발간된 이 간행물에는 2019년 발간 당시에는 없었던 "독일통일의 교훈"이라는 제목의 목차를 1장 3절로 신설하였는데, 거기에는 분단국의 평화적인 통일 사례로서 1990년 동독과 서독의 통일을 반추하며 통일 전후의 시사점을 짚어내고 있다. 사달은 여기서 났다.

"北, 독일통일 사례 '통일교재'에 발끈…'흡수통일, 위험천만'"

아시아 경제의 신문 4월 8일 자 기사 제목이다. 여러 요인이 있겠지만, 근본 이유는 세목에서 바로 확인할 수 있듯이 흡수통일 부분이다. 정확한 데이터가 없어 확실하게는 모르겠지만, 아마 지금 대한민국 정치권의 대부분은 북과 합의한 연방연합 방식의 통일보다는 흡수통합이 전제된 독일식 통일에 집착하면서, 이를 본보기로 삼고 있다해도 과언이 아닐 성싶다.

그래서 이 글은 독일식 통일 경험과 교훈을 애써 무시해서도 안 되겠지만, 그렇다고 하여 우리 통일의 본보기로까지 예찬할 필요가 있는지 이를 성찰적으로 살펴보고자 한다.

1. 정부가 엉뚱한 짓의 주범이 되어서는 안 된다

독일의 통일 경험을 무조건 전혀 무시할 이유는 없다. 한 세 가지 측면에서 우리 통일의 반면교사 역할은 톡톡히 할 수 있다. 전쟁 없이도 통일이 가능하다는 것, 교류와 협력을 통해 통일로 나아갈 수 있다는 것, 그리고 논쟁의 여지가 있을 수는 있으나 매우 원론적인 의미에서 국제사회의 지지와 동의가 매우 중요하다는 것, 바로 그것이다. 이러한 통일의 방법론은 충분히 본 따르기 할 수 있다.

그런데 문제는 위 간행물, 즉 『통일문제 이해』가 독일통일의 경험과 교훈을 수용하면서 그 선을 넘어섰다는 데 있다. 다름 아닌, 독일통일의 경험을 흡수통합으로 이해하고 규정해 한반도의 통일문제도 이러한 방식으로 통일이 가능함을 사실상 암시한 것이다. 북이 반발할 것은 물론, 남측의 자주통일운동 진영과 통일을 열렬히 갈구하는 뜻있는 분들도 이를 절대 수용하지 못한다. 왜냐하면 6·15 남북공동선언을 통해 남과 북은 이미 통일 방법론으로의 연방연합방식 통일방안을 사실상 합의했는데, 이것이 부정되어졌기 때문이다. 그런데도 이걸 부정하고 또다시 한반도 통일문제를 자꾸만 흡수통합으로 귀결시켜 나가려는 음흉한 목적이 짙게 깔린 교재를 어떻게 용납하고 수용할 수 있겠는가.

없다면, 철저히 통일을 빙자한 반反통일이자 분단체제의 지속을 목적으로 하는 음흉한 속내의 흡수통합 교재일 뿐이다. 그렇다면 정부는 6·15식 통일방안에 대해 그 어떤 누구보다도 열심히 홍보하고 대중적 설득과 동의를 얻어내기 위해 노력해야 하건만, 바로 그 정부에 의해, 백번 양보하더라도 6·15식 통일방안 합의를 정치적 자산으로 하는 민주당 중심의 촛불정부인, 문재인 정부하에서 버젓이 저질러지고 있는 만행이어서 더더욱 분노가 깊고 클 수밖에 없다.

좀 더 구체적으로 들여다보면 독일통일의 경험과 교훈으로부터 세 가지로 상징되는 부분을 따라야 한다는 것과, 독일식 통일이 주는 함의를 곧바로 흡수통합이라는 결론으로 귀결시켜 내려는 저의는 완전 다른 180도 인식방식으로의 수용한 결과라 할 수 있다. 다른 말로는 정말 진지하게 검토되고 수용해야 할 위 세 가지 방안에 관한 연구는 물론이고 그에 대한 대중적 동의와 설득에는 전혀 관심이 없고, 오직 독일통일로 강제된 결과로서의 흡수통합에만 주목하고, 그리고는 그것만을 결과론적으로 수용하려는 자세와 태도가 지금 대한민국 정부의 통일문제를 대하는 현주소이자 민낯이라 할 수 있다.

이에 다음과 같이 정부를 향해 호소한다. 정작 우리가 더 많은 관심과 주목을 돌려야 할 지점은 흡수통합이라는 결과에 있는 것이 아니라, 그 이행 과정과 방법으로 나타났던 평화적 통일, 교류와 협력의 활성화, 그리고 국제사회의 지지라는 방법론에 관한 것이다. 정부는 바로 여기에 더 많은 연구와 관심을 기울이고, 이를 통한 대국민 동의와 설득력을 내오기 위해 노력해야 한다. 정부의 할 일이란 바로 그런 것이다.

2. 독일식 통일이 우리의 통일방안이 될 수 없는 이유

이렇듯 독일식 통일의 경험과 교훈이 뭐 그리 대단한 것은 아니다. 그래서 그에 대한 무조건적인 기대와 환상을 가질 하등 이유가 없다.

참고로 간단하게 정리되는 독일식 통일은 이러하다. 많은 개념 규정 중에서도 이를 정치적 개념으로 해석하여 독일통일을 정의하자면, 동독이 자신들에게 주어진 주권적 권리를 포기하고 서독으로의 흡수 통합된 결과를 일컫는다. 그런데 서독으로 통합된 지 30여 년이 흐른 지금도 흡수통합으로 인한 통일 후유증이 심각하여 치유되지 못하고 있다. 이는 독일 국민 스스로가 평가한 독일통일에 대한 입장을 보아도 독일식 통일이 우리의 통일 본보기가 될 수 없음이 명백하다. 독일통일을 직접 설계하고 최선두에서 집행시켜 나갔던 에곤 바

(Egon Karl-Heinz Bahr)는 흡수통합은 절대 권장 받을 만한 방식의 통일방안이 될 수 없다고 공공연하게 밝혔다.

2000년 6월 29일 『시사저널』의 한 보도 내용을 보면, 당시 빌리 브란트 독일 총리 밑에서 동·서독 협상의 막후 주역으로 활약했던 인물인 에곤 바가 독일 유력 일간지 프랑크푸르터 룬트샤우와 가진 대담 기사에서, 그는 "한국이 독일에서 배울 점이 있다면 독일처럼 통일해서는 안 된다는 점이다. …… 10년 동안은 연방 체제를 유지하고, 그다음 10년은 교류를 깊게 하며, 한 세대에 걸쳐 접근하는 과정이 필요하다."라고 말했다. 그런데도 왜 우리가 이런 독일통일의 경험을 무조건 본받으려고 한단 말인가? 흡수통합으로 귀결된 독일통일 경험이 이렇게 우리의 통일교본敎本이 될 수 없음이 너무나도 명백한데 말이다.

독일식 흡수통합이 우리의 통일 본보기가 될 수 없는 또 다른 한 근거는 통합과 통일의 한 주체인 북이 너무도 명백하게 흡수통합을 반대한다는 데에 있다. 당연히 거기에는 북이 처한 상황과 조건이 절대 동독과 같지 않다는 상황도 반영되어 있다.

첫째, 북은 자신들의 통일방안을 1980년 10월 10일에 열린 제6차 당 대회에서 명확하게 고려민주연방공화국 창립 방안으로 정해놓고, 독일식 통일에 대한 성격도 명확하게 규정했다.

"도이칠란드(독일)의 통일은 철두철미 일방이 타방의 사상과 제도를 집어삼킨 흡수통일"이라며 "그것이 도이칠란드에서는 통할 수 있어도 우리에게는 절대 통할 수 없다"고 밝히면서, 이어 "(독일 경험을 살려 통일시대를 열겠다는 주장은) 군대와 인민에 대한 참을 수 없는 모독이며 천추에 용납 못 할 정치적 도발"이라고 주장한다.
(로동신문, 2014. 4. 3.)

둘째, 북은 동독과는 달리 소련에 의존된 사회주의국가 체제도 아니다. 소련이 무너지자 동구권 전체가 와르르 무너진 그런 사회주의 체제가 결코 아니라는 말이다. 알다시피 지금도 북은 여전히 이 지구상에서 가장 강한 자립과 자강, 자강력에 기초해 사회주의 강성국가 건설 노선 및 문명한 사회주의 국가건설을 국가 기조로 갖고 있다. 여기에다 북미·남북문제를 푸는 방식으로 정면돌파전을 구사하는 세계 유일의 사회주의 원형 국가체제이다.

그러나 이것보다 정작 우리가 독일의 통일 경험을 통일교본으로 수용하지 못하고 심각하게 여겨야 할 근본문제는 실상 다른 데에 있다. 다름 아닌, 서독이 독일통일을 추진해가는 과정에서 통합의 대상인 동독을 과연 주권국가로 인정했는가 하는 문제이다. 브란트 정부를 포함한 그 어떤 서독 정부도 동독을 주권국가로 인정하지 않았고, 그 결과 흡수통합으로 귀결될 수밖에 없었다. 우리가 익히 알고 있는 서독의 동방정책이라는 것이 결과적으로 동·서독의 화해·협력 정책으로 잘 포장되어 있어서 그렇지, 본질은 서독의 '힘의 우위 정책'일 뿐이다.

불행히도 이 논리가 대한민국의 통일정책에서는 두 갈래로 적용된다. 보수수구 세력들에게는 흡수통합으로, 햇볕정책으로부터 시작된 민주당 중심의 남북교류·화해협력 정책도 사실상은 평화·번영 정책으로 잘 포장되어서 그렇지 '힘의 우위 정책'과 하등 다르지 않다. 서독과 똑같은 방식으로 남북통합, 혹은 한반도 통일을 꿈꾸고 있을 뿐이다. 정말 한번 진지한 성찰과 반성이 필요한 대목이다.

3. 독일식 통일이 우리에게 주는 명백한 경험과 교훈

문제의식을 그렇게 갖게 되면 현상적으로 흡수통합만이 독일식 통일의 전부라는 시각은 독일통일 경험을 우리 통일에 잘 적용하는 것처럼 보이지만, 실상은 독일통일의 경험과 교훈을 전면적으로 거부하는 것과 하등 다르지 않다. 다음과 같은 점 때문이다. 실상, 하나의 대비나 비교를 하고자 한다면, 서로 비교되는 조건이 동질同質해야 한다. 하지만, 독일통일을 우리의 통일 본보기로 삼는 과정에서는 통일의 경로 및 방식에 대한 비교를 생략하고, 대신 통일 이후의 국가상, 즉 흡수통합이라는 결과만을 대치시켜 버리는 오류가 범해졌다. 또한, 분단 원인과 과정이 우리와 독일 간에는 상당한 차이가 있음에도 이를 애써 무시했다.

어떻게? 독일의 분단은 전범국인 그들에게 종전 후 그 책임을 물어 국제사회가 응징한 결과물이다. 반면, 당시 조선은 전쟁을 일으킨 전범국가도, 패전의 책임을 져야 할 국가도 아니었다. 그런데도 분단이라는 결과가 같이 나왔다면 분명 그것은 잘못된 것이다. 오히려 막대한 전쟁의 피해를 입었고, 패전과는 하등 상관없는데도 어떻게 막 해방된 조선이 패배한 전범국가와도 똑같이 동급으로 취급되어야 하고, 책임을 져야 한단 말인가? 그래서 우리의 통일은 바로 이를 바로 잡는 것이기에 독일의 통일 방식과는 결코 같은 방식이 될 수 없다.

또, 동독과 북도 동등의 비교 대상이 될 수 없다. 이념과 체제의 내구성이 동독과 북은 하늘과 땅만큼 차이가 크다. 동독은 비非자발적이면서도 비자립적 사회주의 체제였다. 반면에 북은 출발할 때부터 주체적이면서도 자주·자립·자강의 사회주의 체제를 추구하였다. 동독은 소련의 위성국가로서의 사회주의 체제였고 소련의 입김이 절대적일 수밖에 없었지만, 북은 소련의 위성국가도 아니었고 소련의 입김도 작용하지 않았다.

구체적으로 북은 자신들의 국가를 건국한 혁명 지도자가 창시한 주체사상을 사회주의 체제 지도이념으로 명확히 하고 있으며, 자강력 제일주의를 근간으로 하는 자립적 민족경제론을 굳건히 세웠다. 또 국가의 핵 무력을 근간으로 하는 전쟁 억지력으로 정치 군사 강국의 반열에 올라서 세계 유일의 초강대국인 미국과도 거뜬히 상대할 수 있는 전략국가이다. 이렇게 여러 면에서 동독을 압도한 북이 동독처럼 쉽게 무너지지 않고 건재한 것은 너무나도 당연하다.

같은 논리로 대한민국은 서독과 같이 천문학적인 통일비용을 쓸 수도, 감당할 수도 없다. 알다시피 독일의 경제력과 대한민국의 경제력에는 큰 차이가 있고, 증명된 자료에 의하더라도 독일통일 후 독일 경제는 휘청거렸다. 실제 서독은 동독을 흡수통합하면서 그 재건 비용으로 약 1조 마르크를 예상했으나, 실질적으로는 2조 마르크 수준인 한화 약 1,000조 원을 상회해서 엄청난 경제적 충격을 겪는다. 지금까지도 그 후유증은 가시지 않는다. 뿐만 아니라 지금도 여전히 동독 주민들에 대한 2등 국민론이 대두되어 동·서독 주민 간에는 갈등이 매우 첨예하다.

상황이 이러할진대 과연 대한민국이 흡수통합으로 통일을 이뤄낸다면 막대한 통일비용을 감당할 수 있겠는가? 또 체제와 이념을 비롯해 한국전쟁을 통해 양 국민이 아직도 가지고 있는 적대 감정 등을 과연 손쉽게 해소해낼 수 있겠는가? 분명 그리할 수 없다면 우리의 통일은 절대 독일의 방식을 본보기로 삼아서는 안 되는 것이다.

이로부터 도출되는 결론은 다름 아닌, 남과 북은 절대 패배한 전범국가가 아니라는 사실이고, 그러니 그것에 구속될 하등 이유가 없고, 오직 있다면 우리 민족 스스로가 합의하고 만들어 가는 자주적 통일 방식이면 충분하다. 핵심에 자주권을 확보하면서 전국적 범위에서의 단결과 단합을 실현해 나가는 방식으로의 통일이고, 바로 이를 다 관통하고 있는 것이 6·15 남북공동선언 2항 방식으로의 통일이었다.

해서 제아무리 생각해봐도 이 방식, 즉 6·15 남북공동선언 2항 방식은 분단 70여 년의 역사와 그로 인한 이념과 체제의 이질성이 특정 체제와 이념, 제도로서의 흡수를 전제한 통합을 사실상 불가능한 데 따른 매우 현실적인 접근이다. 남과 북의 통일이 두 체제가 공존하는 방식일 수밖에 없다는 것을 매우 분명하게 상기시킨다. 이미 핵보유국이면서 전략국가이고, 수령 중심의 사회주의국가 체제이자 사회주의 강성국가를 그 목표로 하는 국가인 북北이 절대 사회주의 체제를 포기할 리 만무하다. 마찬가지로 비록 기형적으로 형성된 재벌 중심적인 자본주의와 예속적 정치체제가 강한 비판을 받을 수는 있겠지만, 그래도 그 체제의 힘으로 이미 세계 10위권 내외의 경제대국(?)이

된 그런 국가인 남南이 자유민주주의 체제를 포기하기란 사실상 쉽지
않다. 불가능하다 할 것이다. 그렇다면 남는 것은, 하나의 민족과 하
나의 국가 아래 두 체제(사회주의 체제와 자본주의 체제)와 두 정부(대
한민국 정부와 조선 정부)가 구성되는, 이른바 1민족 1국가 2체제 2정
부일 수밖에 없다. 연방연합 방식의 통일이고, 방식은 차이를 인정하
고, 통 크게 하나 되는 큰 방식으로의 통일뿐이다. 왜 흡수통합이라
는 인식 틀에서 결단코 빠져나와야 할 이유가 이렇게 명백하다.

3장

평화 담론만으로는
진정한 통일로 나아갈 수 없다

2020년 9월 21일에 발생한 연평도 공무원 피격사건은 분명 가슴 아픈 일이다. 그런데 문제는 이 땅 한반도에서 분단이 지속되는 한 언제든지 그런 제2의, 제3의 불상사는 계속 발생할 수밖에 없다는 점이다. 분단 극복 의지 없이 평화만 관리하려 들 때는 언제든지 발생할 수 있는 우리의 일상 모습이다.

왜 그런지는 사건이 터질 때마다 남북관계 불안을 먹고 자라나는 수구보수 언론들과 이에 기생하는 전문가 집단들은 늘 말초 신경을 자극하는 1차원적 분석에 충실할 것이고, 또 정치권은 정치권대로 자신들의 정파적 이해관계에 따른 분석과 논쟁만 난무하는 그런 일상이 반복될 것이기 때문에 이는 틀리지 않다. 누구 하나 본질적 문제인 분단체제를 건드려 분석해내고 설득하려 들지 않는 당연한 결과이다.

그래서 이 장에서는 분단체제 극복을 전제하지 않는 평화 추구는

가능하지도 않은 허구이며, 그런 측면에서 평화가 관리될 수 있다고 하는 사고와 인식 체계는 분단체제에 기생하는 또 다른 의미에서의 반反평화·반통일 이념임을 밝히고자 한다.

1. 정말 우리의 소원은 통일이었던가?

대한민국 초중등 교육과정이나 공식행사에서 애국가 다음으로 가장 많이 부른 노래를 조사하면 아마도 "우리의 소원은 통일"일 것이다. 수도 없이, 시도 때도 없이 그렇게 많이 이 노래를 불러댔다. 그렇다면 당연히 그만큼의 열망과 염원들이 정말 모아져 이 땅 한반도에는 이미 통일이 되었어도 남음이 있다. 아니, 골백번은 더 되었어야 하는 것이 정상적일 것이다. 그런데도 현실은 통일은 고사하고, 일각에서 말하고 있는 것처럼 오히려 점점 더 통일이 멀어지고 있다면, 도대체 이 묘한 느낌을 어떻게 설명해야만 할까?

굳이 따지자면 학교에서는 의무적으로 노래로만 불렀고, 또 동원되어 나간 정부 당국의 공식 행사나 관변단체 공연 등에서는 의례 불렀던 식전 가요였을 뿐이다. 그러니 그렇게 많이 불러댔지만 그 누구도 노래 가사에 맞춰 통일을 진정으로 생각해보지도, 또 통일을 실현시켜 나가기 위해 몸과 마음을 다 바칠 이유가 없는 '마', 그냥 노래였다.

분명 노래 가사 속에는 그 어떤 통일도 분단보다는 낫다는 철학적 의미가 깔려 있건만, 노래만으로는 분단 상태에서 제아무리 경제건설이 성공해 10위권의 경제대국(?)이 된다 한들 그것은 한낱 배부른 머슴의 신세이자 노예의 굴종된 삶에 불과하며, 도리어 한때 배곯은 한이 있더라도 통일을 이뤄 스스로 주인 노릇을 하고 사는 것이, 훨씬 더 배부른 머슴 노릇하는 것보다 낫다는 삶의 이치를 깨닫게 하기에는 버거웠다.

통일 노래만으로는 그렇게 아무것도 할 수 없었다. 통일 지향 담론으로 이어지지도 못해 분단 지속적이며 반反통일적인 분위기만 난무하는 아이러니와 역설만이 존재하게 하였다. 그래서 그랬을까. 일찍이 이 모든 것을 장준하 선생은 예감이라도 한 듯, 우리 후대들에게 "통일보다 더 나은 분단이란 있을 수 없다."고 경고하고 나섰다.

"모든 통일은 좋은 것이며, 공산주의는 물론 자유민주주의나, 평등, 자유, 번영, 복지 등의 이념을 포함해서, 모든 도덕, 모든 진리, 모든 선이 통일과 대립되는 것일 때는 그것은 우리 민족에게 있어서는 한낱 거짓 명분에 지나지 않는다. 그러므로 통일보다 나은 분단이란 있을 수 없다." (코리언 스트릿 저널, 1989년 5월 11일 자 재인용)

2. 분단 극복 없이 평화는 없다

위 장준하 선생의 말과, 만약 대한민국 사회가 정말 통일로 가는 정상적인 사회였다면 연평도 공무원 피격사건이 발생했을 때 스스로를 향한 질문과 대답은 이러해야 했을 것이다.

"우발적인 사건 하나가 남북·북미 관계를 이렇게 엄청나게 위험에 빠뜨리는, 즉 심지어는 전쟁까지 불러일으킬 수 있는 그런 시한폭탄인 만큼, 이 우발적인 사건을 계기로 우리는 이 아픔을 근원적으로 해결할 수 있는 방법을 찾아야만 합니다. 그러기 위해서는 남북이 서로 적대하지 않는 정책을 비롯해 남북관계를 획기적으로 개선해 나갈수 있는 방안과 분단체제를 궁극적으로 넘어설 수 있는 그런 근본대책을 반드시 마련해야 하고, 이것을 양 국가는 책임지고 수행해 나가야 할 것입니다."

하지만, 현실은 전혀 달랐다. 다음과 같은 미국의 움직임만 확인했을 뿐이다.

"미국은 공무원 실종 4시간 만인 22일 일본 가데나 공군기지에 있는 전략정찰기 코브라볼(RC-135S)을 오후 7시 16분께 서해 주변 상공에 띄웠고, 또한 군용기 추적 전문 트위터 계정인 "노 콜사인(No Callsigns)"에 따르면 한국의 공중조기경보통제기 "피스 아이"일 것으로 추정되는 비행체가 오후 9시 48분에 인천에서 약 100km 떨어진 서해 상공에서 서쪽 방향으로 비행했음을 확인했다. 그 시각 주한미군은 오산 공군기지에 있는 "탱크 킬러"라 불리는 A-10(선더볼트-Ⅱ) 대전차 공격기 3대를 인천과 서해 일대에 전개했다."(뉴스1, 2020년 9월 25일 자 재인용)

이뿐만이 아니다. 사건 하나하나가 발생할 때마다 불필요한 정쟁과 남남갈등도 심각해진다. 노무현 정부와 이명박 정부 때 발생한 사건들, 예를 들면 NLL에 관련된 사건들은 너무도 첨예화된 정쟁과 남남갈등으로 이어졌다. 또 천안함 폭침 사건의 경우에도 아직까지 우리 사회 내에서는 그 원인을 둘러싸고 진실 여부에 대해 심각한 분열 양상을 보이고 있다. 마찬가지로 개성공단과 금강산 관광의 경우도 지금까지 재개되지 못하는 상황이다. 그뿐만이 아니라 정치권은 하루가 멀다 하고 정쟁으로 하세월하고, 국민들도 덩달아 자신들의 성향에 따라 이념적 갈등을 통해 네편 내편으로 나뉜다. 그러면 늘 그렇듯이 북에 대한 인식은 절대 믿을 수 없는 적대국가로 재인식된다. 그밖에도 불필요한 군비경쟁으로 인한 국방예산 낭비와 군사적 충돌 위험도 엄청 배가된다.

분단체제는 늘 이렇듯 남북 간에 상시적으로 발생할 수 있는 군사적 긴장과 우발적 사건·사고들로 인해 상시 전쟁의 먹구름을 몰고 다니고, 그렇게 될 수밖에 없는 이유도 다음과 같이 비교적 명확하다.

첫째, 남과 북은 지금까지도 완전히 전쟁이 종식되지 않는 휴전 상태이다.

둘째, 정전체제에 바탕을 둔 한미동맹 체제는 늘 한반도에서의 군사적 긴장과 위협을 조성한다.(한미합동 군사훈련 및 전략자산 무기 도입 등)

셋째, 미未통일 상태는 늘 군사적 긴장과 적대가 온존할 수밖에 없는 분단 생태계를 제공한다.

바로 이 세 가지 요인으로 인해 한반도에서의 완전한 평화체제 수립은 분단의 극복을 전제할 수밖에 없다. 그 때문에 종전을 거쳐 평화협정으로 마무리되어야만 비로소 한반도에서의 항구적 평화체제는 수립되었다고 할 수 있는 것이다.

연병노 공무원 피격사건에서 찾아야 힐 진정헌 교훈이 있다면 비로 그런 것이어야 하고, 국가가 국민의 생명을 안전하게 보장하려는 책무를 제대로 이행하려 한다면 분단체제로는 늘 이런 일들이 발생할 수밖에 없으니 "분단체제 극복 없이는 평화 없다"라는 한반도 상황의 구조적 문제 인식이 매우 중요함을 알 수 있다. 즉, 분단체제이기 때문에 필연적으로 발생할 수밖에 없는 문제에 대한 이해가 더 절대적으로 필요하고, 이 분단체제를 근원적으로 해결하지 않고서는 남북 간, 혹은 북미 간에 제2·제3의 일촉즉발의 위기 상황이 언제든지 계속 발생할 수밖에 없다. 분단체제를 이렇게 그대로 두고서는 한반도에 절대 평화가 오지 않고, 평화체제가 절대 구축되지 않음을 명심해야 한다. 그리고 그렇게 정리된다면 한반도에서의 평화는 분단 극복을 통한 평화여야 하고, 분단이 극복된 결과로서 존재하는 평화여야 한다. 또한, 분단문제와 연동되지 않는 평화 담론은 근원적으로 통일문제를 외면하게 되고, 이것은 필연적으로 반통일을 내포하는 분단 고착론에 기댄 평화공존론이 된다. 바로 그 단적인 예가 문재인 정부가 국정 기조로 삼고 있는 평화 담론에 근거한 한반도 평화·번영정책이다.

3. 진정한 평화는 통일로 완성된다

좀 더 문재인 정부의 평화 담론에 대한 인식을 보다 구체적으로 한 번 살펴보자. 문 대통령 자신은 물론 통일부, 그리고 이 정부에 참여하고 있는 그 어떤 관료와 전문가들도 통일의 '통' 자도 꺼내놓지 않는다. 가장 최근의 한 예가 판문점 선언 3주년 되는 해인 2021년 4월 27일 문 대통령이 국무회의에서 한 발언 "판문점 선언은 누구도 훼손할 수 없는 **평화**(강조, 필자)의 이정표"라 말했고, 5월 10일 취임 4주년 특별연설을 통해서도 "남은 임기 1년, **미완의 평화**(강조, 필자)에서 불가역적 평화로 나아가는 마지막 기회로 여기겠다."고까지 했다. 여전히 평화만 눈에 넣고 있는 이 정부이다.

시간을 거슬러 올라가도 이는 마찬가지다. 2019년 대통령 신년사에도 "평화의 흐름이 되돌릴 수 없는 큰 물결이 될 수 있도록" 하겠다면서 통일의 '통' 자는 한 자도 없고, 대신 평화만 가득하다. 이전인 2018년 1월 10일 진행된 신년 기자회견도 똑같다. 아니, 더 우려스러웠다. 경제 이야기를 3분의 2 정도 하다가 결국 평화 얘기인 "한반도 비핵화에 대한 약속이 지켜지고 평화가 완전히 제도화될 때까지 긴장을 늦추지 않겠습니다. 평화가 곧 경제입니다."로 끝맺는다. 심지어 "당장의 통일을 원하지 않는다."고까지 하였다. 같은 해 약 2개월 뒤인 3월 21일, 남북정상회담 준비위원회 회의에서는 "남북이 함께 살든 따로 살든 서로 간섭하지 않고 서로 피해 주지 않고 함께 번영하며 평화롭게 살 수 있게 만들어야 한다."고도 말했다. 전형적인 평화 공존론의 인식이다.

평화공존론*은 양국체제론과 그 궤를 같이하고, 또 다른 반(反)통일·평화 논리일 뿐이다.

아래와 같이 평화공존론이 우리 국민들을 현혹시키고자 하는 메시지는 매우 분명하다. 통일은 분명 복잡하고 어려운 일이니 전쟁과 대결, 갈등을 막을 수만 있다면, 통일할 필요 없이 남과 북은 서로 평화적으로 공존하고 사이좋게 교류하면서 그냥 그렇게 분단체제를 용인하자는 것이다.

평화공존론과 동전의 양면관계인 양국체제론도 똑같은데, 이는 2000년부터 본격적으로 대두되기 시작한 연방연합 방식의 통일방안이 합의된 6·15 남북공동선언이 발표된 그해에 발빠르게 양산되었다는 데에서 그 상동성을 확인할 수 있다. 통일이 성큼 다가오는 듯하자 한반도에서 손을 뗄 수밖에 없을지도 모른다는 위기의식이 미국 땅을 덮쳤다. 바로 이 미국발 위기의식이 미국으로 하여금 어떻게 해서든지 자신들의 한반도

---

* 평화공존론이 우리 현실의 문제임을 자각케 하는 한 발표가 있다. 통일연구원은 2021년 7월 16일에 "KINU 통일의식조사 2021" 결과를 발표했는데, 발표내용이 가히 충격적이다. 전체 국민 58.7%는 통일이 필요하다고 생각은 하고 있지만, 남북관계 미래에 대해서는 '평화공존 선호'(56.5%)와 '통일 선호'(25.4%)로 응답이 갈렸다. 조사가 시작된 2016년부터 매년 통일 선호도는 계속 낮아지고, 평화공존 선호도는 계속 높아지고 있는 특징이 있다. 특히, 충격적인 것은 '밀레니얼세대'인 MZ세대의 경우는 평화공존 선호 71.4%, 통일 선호 12.4%로 59%P의 차이를 보이고 있다. 젊은 세대일수록 북을 통일의 대상이 아닌 공존의 대상으로 보는 추세가 확연하게 드러나고 있는 것이다.

지배 전략을 계속 유지하고자 통일을 지연시켜내야 했고, 또 설사 통일이 되더라도 한반도에서 두 개의 국가가 공존하는 그런 양국체제론이 절실했던 것이다.

그리고 그런 논리 개발은 그리 어려운 것이 아니었다. 이미 남과 북은 유엔에 독자적으로 가입해 있는 서로 다른 체제와 이념의 국가인 만큼, 무리하게 하나의 국가로 합치지 말고 양국이 독립된 각자의 체제를 유지하며 잘 먹고 잘살자는 것이 논리의 핵심이다.

또한, 이 논리가 미국에 꼭 필요했던 이유는 미국이 분단을 발생시키고 분단체제를 지속시켜 나가는 과정에서 저지른 전반의 책임을 은폐하거나 제거해버리는 논리가 담겨져 있기 때문이다. 아울러 당시 김대중 정부가 일관되게 추진해 나갔던 북과의 연대성, 즉 우리 민족끼리의 정신이 남측 사회에 퍼지는 것을 철저히 저지하려는 현실적인 의도도 분명 내포되어 있었다.

미국의 이런 의도와 집권욕에 눈먼 민주당과 그 이론가들, 그리고 개혁 진영 일부가 모여 체계화한 논리가 다름 아닌 평화공존론이었던 것이다. 대표적인 주자들로는 당시 더불어민주당 대표 이해찬을 비롯해 고려대 명예교수 최장집과 경희대 김상준 교수 등을 꼽을 수 있다. 이 중 이해찬 대표의 경우는 민주당의 이론가답게 평화공존론에다 장기집권전략까지 결부시키는 민주당 20년 집권 전략 구상까지 밝히는 정치적 음흉함까지 선보였다. 이름하여 미국의 의도대로 분단체제는 계속 유지·지속시켜 나가되 국민의 힘으로 대변되는 보수수구 세력들의 극우적 반통일 행태는 제압하면서 자신들의 권력을 지속적으로 장악해나가겠다는 것이 그가 구상한 20년 장기집권전략이었다.

평화공존론과 양국체제론은 이렇듯 분단체제를 극복할 의지가 없는 민주당 세력과 이에 영합한 일부 진보세력이 분단체제에 순응하기 위해 만들어진 그들만의 생존방식이자 존재방식이다. 철저하게 통일문제를 민족의 이익보다는 자신들만의 정파적 이해관계를 앞세우는 전형적인 접근법이라 할 수 있다.

그래서 평화공존론과 양국체제론에 대해 그 어떤 환상과 기대를 가져서는 안 된다. 당장 통일은 어려우니 멀리 밀어 두고, 남북이 공존하며 평화롭게 살자는 내용이 제법 그럴싸하게 들리지만, 실제로는 분단체제의 지속에 바탕 둔 평화공존론이고 양국체제를 그 기반으로 하는 반反통일·평화 논리이자, 분단체제유지론일 뿐이다. 그렇게 꼭 명심해야 한다.

이처럼 현 정부를 이끄는 세력들은 노골적인 수구보수 세력들과는 달리, 또 다른 의미에서 통일 지향적인 평화체제 수립 세력이 아니라 분단을 전제한 평화체제 옹호의 반反통일·평화주의자들이다. 또한, 이들은 분단과 평화가 양립 가능하다는 허구적인 논리로 온 국민의 시선을 유혹하고 혹세무민惑世誣民한다. 국민들은 그러한 그들의 반反통일성을 인식하지 못한 채, 이들에 의해 설파된 평화공존론이 마치 한반도에서 진정한 평화를 바라는 내용을 담고 있다고 착각하고 있다.

그럼, 이들의 목표는 과연 성공한 것인가? 천만의 말씀이다. 이들이 간과한 게 하나 있다. 정파적으로나 선전용으로 허구적인 논리를 잘 활용해 일시적으로는 권력의 집권세력이 될 수는 있겠지만, 그것이 계속 통용될 수는 없다. 민족사적으로나 본질적으로 살펴볼 때 천문학적 군사비용과 엄청난 사회적 비용이 지출되며 유지되는 분단체제로는 결단코 평화적 공존이 불가능하다. 또한, 분단체제 하에서 추구되는 평화가 허구인 만큼, 그에 따라 분단체제가 평화적으로 관리될 수 있다는 평화공존론도 허상임이 분명하다. 그러니 어찌 더 이상 평화공존론에 속아 넘어갈 수 있겠는가? 이뿐만이 아니다. 우선은, 당위로도 평화공존론이 갖고 있는 허구로의 증명이 뭐 그리 어렵고 복잡한 함수 관계가 아니다. 아주 간단명료한 인과론적인 결론 하나만 알면 한반도 분단 극복과 관련된 핵심 이론을 충분히 파악할 수 있다. 한반도가 안고 있는 지정학적 숙명의 문제, 즉 해양세력과 대륙세력이 각축할 수밖에 없는 태생적 숙명이 바로 그것인데, 이를 국운을 도약시키는 교두보로 활용할 수 있느냐, 없느냐는 전적으로 우리 민족의 역량과 힘에 달려있다.

달리 말하면 그렇게 해양세력과 대륙세력이 각축할 수밖에 없다면, 이 과정에서 분단된 남과 북 또한 필연적으로 이들에 맞서 민족통일이라는 민족적 염원과 지향을 가질 수밖에 없다. 이는 분단으로 인해 늘 주권의 불안정성을 겪을 수밖에 없는 상황하에서, 같은 민족끼리 대립과 갈등을 지속시키기보다는 통합과 통일을 모색하는 방향으로 나아가는 것이 우리 민족의 안전과 번영을 도모해 주기 때문이다.

평화와 관련된 현실의 문제도 있다. 한반도에서의 분단 극복은 반드시 평화와 통일이라는 두 수레바퀴에 의해 좌지우지될 수밖에 없다는 원리가 바로 그것이나. 평화라는 한쪽 수레바퀴로만, 또 통일이라는 한쪽 수레바퀴만으로는 굴러갈 수 없다. 온전히 두 바퀴가 다 평형을 맞춰 정상적으로 굴러가야만 분단 극복은 물론, 진정한 평화도 다가올 수 있다. 수레바퀴는 그렇게 굴러갈 수밖에 없는 것이다.

분단 극복은 이렇듯 필히 통일을 지향하게 되어 있고, 분단 극복과 연동되지 않는 평화란 있을 수 없다. 그러기에 한반도에서 평화와 통일의 관계문제는 "통일 진전 없는 평화 없고, 평화 진전 없는 통일 없다"이다. 다시 이는 "남북관계가 진전될 때만이 진정한 평화도 뒤따른다"는 결론으로 귀착된다.

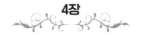

4장

6·15 남북공동선언은
왜 유일하고도 가장 현실적인 통일방안인가?

우리가 통일문제를 제대로 이해하기 위한 그 전제에는 "통합"과 "통일"에 관한 개념문제가 있다. 이 둘은 같으면서도 차이도 분명 있다. 통합이 모두를 합쳐 하나로 만든다는 의미라면, 통일은 서로 나누어진 것들을 합쳐서 하나의 완전한 것으로 만든다는 개념이다. 그래서 이 둘을 조합하면 통일은 분야별 통합을 가리키기도 하지만, 보다 본질적으로는 가장 완성된 형태의 통합이거나 도달된 최고의 통합 상태를 일컫는다. 다시 말해 통합은 통일을 성취해 나가는 과정에서 반드시 나타날 수밖에 없는 결합의 한 형태이고, 그런 통합은 반드시 통일을 통해 그 과정이 완성된다.

이를 이 땅에서 분단의 극복으로 표현되는 통일에 적용해보면 통일은 분단으로 인해 남과 북으로 나뉘어 있던 한반도가 하나로 합쳐진다는 의미에서의 통합이고, 그렇게 합쳐진 통합이 서로 의존성을 갖는다는 의미에서의 통일이다. 상관관계는 통합으로 향하는 그 구심력과 그 결과로서 존재하는 것이 곧 통일이다.

1. 6·15 통일방안이 합의될 수밖에 없는 필연적 이유

위 논리를 좀 더 진전시켜 보자. 이렇듯 통일은 분단 그 너머에서 우리의 희망으로 존재하는 통합의 결과물이다. 또한, 두 개념이 서로 그렇게 상보적이기는 하지만, 그렇다고 하더라도 하나로 된다는 의미에서의 통합과, 그 통합의 정치적 해석으로서의 통일이 단순히 분단 이전 상태로의 회귀적 개념만은 아니라는 사실에도 주목해야 할 필요가 있다.

설명하자면, 남북은 이미 분단으로 인해 서로 다른 제도와 조건, 즉 상이한 체제와 이념을 각기 자기의 고유한 속성으로 정립해놓고 있다. 이런 상황에서 일체一體의 의미가 담긴 완전한 하나의 국가체제로 곧바로 통합한다는 건 매우 어려운 과정이 될 것임이 분명하다. 그러면 남는 것은 결국 앞으로 만들어질 역사와 체제에 대한 서로 깊은 존중과 보다 더 큰 하나의 통합으로 된 통일을 지향할 수밖에 없게 된다. 단순히 영토적 의미에서만 하나로 된다는 그런 의미에서의 통합이 아닌 진짜 통일을 이뤄내야 하는 것이다.

어떻게? 상이한 정치·경제 제도는 서로 다른 하나의 큰 틀로 통합되고, 오랜 세월 동안 이질화되어 왔던 문화가 다시 하나로 융합되는 창조의 과정과도 정확히 비례해야 한다. 이것은 한민족으로서 하나의 큰 단일 정체성을 갖고 있기는 하지만, 분단 이후 70여 년 동안 서로 다른 이념과 체제하에서 생활해왔던 국가성으로 인해 정서상 같은 국민이라고 느껴질 만큼의 국민감정으로까지 지금 공유되고 있다고 보기 어렵다는 데서 연유하고, 그래서 통일의 통합 과정은 이런 이질성을 극복하고 같은 국민이라는 생각이 들 정도로까지 진행되어야 하는 것이다.

통일은 이렇게 역사와 시간과의 긴 싸움이다. 원래 하나의 단일민족 국가였던 우리 민족이 분단으로 인해 서로 적대적인 상이한 국가·정치체제를 이루게 된 상황은, 하나의 민족 하나의 국가라는 정체성에 바탕을 두면서도 결국 현실적으로 존재하고 있는 두 체제와 두 정부의 형태라는 차이성을 극복해내는 방향으로 현재화될 수밖에 없다. 1민족·1국가·2체제·2정부의 통일방안이 왜 자기의 고유성과 현실성을 가질 수밖에 없는지도 그 이유가 바로 여기에 있으며, 그런 방향으로 현재의 분단 상태가 극복되어야만 하는 이유 또한 그렇게 명확해졌다 하겠다.

통일은 이렇게 민족 정체성을 유지하면서도 서로 각기의 차이를 인정하고 통 크게 하나 되는 방향으로의 정치·경제·사회·문화 통합이 가능해야 한다. 그리고 이를 가능하게 하는 방식은 오직 하나, 연방연합 방식일 수밖에 없다. 이와 정반대되는 방식은 전쟁밖에 없는데, 이는 정의의 측면에서나 현실적인 상황에 비춰볼 때 매우 위험한 발상이다. 왜냐하면 통일의 최종 목적이 부강한 국가와 자주권의 확립에 있다고 했을 때 전쟁의 방식은 오히려 우리 민족을 자멸케 하기 때문이다. 해서 우리 민족의 통일은 반드시 분열이 치유된 통합과 민족부흥이라는 운명공동체로서의 통일을 지향하게 되어 있는데, 6·15

남북공동선언의 2항은 바로 그런 측면에서 현실적이고도 유일할 수 밖에 없다.

"남과 북은 나라의 통일을 위한 남측의 연합제안과 북측의 낮은 단 계의 연방제안이 서로 공통성이 있다고 인정하고 앞으로 이 방향 에서 통일을 지향시켜 나가기로 하였다."

설명하면 이렇다.

첫째, 남측의 연합제와 북측의 낮은 단계의 연방제는 공히 서로를 하나의 민족으로 인정하는 특성이 있어 위 개념 정립과 정확히 부합 한다.

둘째, 남측의 연합제와 북측의 낮은 단계의 연방제는 공히 두 개의 제도, 두 개의 정부를 인정한다.

셋째, 그래서 결론이 하나의 민족, 하나의 국가라는 그런 공동의 이해관계로 통합될 수 있다.

분단 극복은 이렇듯 원칙적이면서도 매우 현실적인 연방연합 방식 의 원리와 원칙에 기초할 수밖에 없다. 당연히 통합되지 않는 통일이 있을 수 없음도 매우 분명하다.

6·15 남북공동선언 2항 합의는 이렇게 두 국가의 통일 지향과 열 정, 의지가 반영되어 있다. 특히, 북은 낮은 단계라는 용어까지 동원 해가면서 그 의지를 보였다. 결국 북의 낮은 단계의 연방제 안에 대 해 남이 수용했고, 남의 2단계 통일 과정인 남북연합의 단계를 북이 수용했다. 통일중앙정부의 구성을 최고 꼭지에 두고 있으면서도 연

방공화국 창립 이전에는, 양측이 서로 상대방의 사상과 제도를 그대로 인정하고 용납하는 기초 위에서 동등하게 참가하는 단계를 서로 합의하고 수용하였다는 점에서 6·15 남북공동선언 2항의 합의는 다시 한번 말하지만, 최선이었고 유일하다 할 수 있겠다.

그래서 국가연합 또는 낮은 단계의 연방제는 분명 통일로 가는 첫 걸음이고, 그 첫걸음에 걸맞은 연방연합제라 할 만하다. 동시에 통일이라는 이름 아래 서로의 체제와 제도가 인정되는 그런 연합연방 방식의 통합이기도 하다.

2. 6·15 남북공동선언 2항에 대한 올바른 이해

결론적으로 여러모로 고려해봤을 때, 향후 자주통일운동이 힘 있게 전개되기 위해서는 이 6·15 남북공동선언의 2항에 대한 올바른 이해가 관건적인 문제가 된다. 이는 알아야만 면장_{免墻}하듯, 모든 대중 실천도 반드시 대중 의식화라는 선결 요건을 거쳐야만 하고, 고故 노무현 대통령의 "깨어 있는 시민의 조직된 힘"도 그 연장선상에 있다.

그런 의미에서 6·15 남북공동선언의 2항을 전면 해부하고, 똑바로 이해하는 것은 매우 중요하다 하겠다. 만약 그렇지 못하면 6·15 남북공동선언 2항의 내용을 두고 일각에서 쏟아내는 아주 강한 혹평에 부화뇌동하게 된다. 공통성이 없는데도 억지로 연결고리를 만들어냈다는 비판이 그것인데, 과연 그런가? 발표 21년째인 지금 읽어봐도 남과 북이 합의할 수 있는 통일방안으로서는 이보다 더 좋을 수 없으며, 이보다 더 유일하면서도 현실적인 통일방안이 있을 수는 없다. 남북의 두 국가는 정권수립 이후 거의 한 세기 동안 서로 다른 사상과 체제, 제도와 이념을 지켜오고 있다. 그런데 어느 한쪽이 어떻게 자신의 사상과 체제, 제도와 이념을 스스로 양보할 수 있겠는가? 없다면, 제아무리 자유민주주의와 자본주의로의 통일이 남쪽에겐 바람직할지라도 북쪽은 흡수통일이라며 거세게 반발할 것이고, 그 반대인 사회주의로의 통일이 제아무리 북쪽에서 원하고 바람직한 통일방안이라 하더라도 남쪽은 이를 도저히 받아들일 수 없을 것이다.

1) 합의문 2항이 나오게 된 배경과 의미

그래서 6·15 2항 합의는 현 단계에서 남북이 합의할 수 있는 최선이고 유일할 수밖에 없다. 그러니 당연히 남북이 분단 극복을 향한 여정에서 6·15 남북공동선언은, 남과 북이 분단된 이후 합의한 최초의 통일방안이라는 역사적 의미가 있을 수밖에 없고, 민족 공동의 통일 이정표이자 통일의 대강으로서의 그 위상을 차지할 수밖에 없다. 분석적으로는 1항에 "남과 북은 나라의 통일문제를 그 주인인 우리 민족끼리 서로 힘을 합쳐 자주적으로 해결해 나가기로 하였다."라고 하여 통일 당사자 원칙을 확립하였다. 2항에는 "남과 북은 나라의 통일을 위한 남측의 연합제안과 북측의 낮은 단계의 연방제안이 서로 공통성이 있다고 인정하고 앞으로 이 방향에서 통일을 지향시켜 나가기로 하였다."라고 하여 현존하는 두 체제가 합의할 수 있는 최대치이자, 현실 역학 관계 속에서 두 체제가 공존·공리·공영할 수 있는 유일한 통일방안임을 합의해낸 것이다.

그래놓고 이를 정치적으로 재구성하면 이른바 남측의 연합은 김대중 대통령의 3단계 통일방안(연합→연방→통일국가) 중 제1단계인 연합을 의미한다고 할 수 있다. 이때 연합은 북의 연방제와는 달리 1민족 2국가 2체제를 지향한다. 즉, 서로의 국가와 체제를 인정하면서 상호 교류와 협력을 통해 다음 단계로 나아가자는 것이 그 본질이다.

반면, 북의 공식 통일방안인 고려민주연방제는 기본적으로 1민족 1국가 2체제 2정부를 지향한다. 남측의 2국가와는 달리 1국가라는 점에서, 외교권과 군 통수권 등에서 중앙권력의 통합성을 강조하고 있다. 그런데도 북은 6·15 남북공동선언에서 낮은 단계로서의 연방제라는 표현을 등장시켜 중앙권력과의 관계에서 과도기적으로 지방정부의 독자성을 인정하는 변화를 충분히 보여줬다.

6·15 남북공동선언은 이렇게 철저하게 구동존이求同存異가 만들어낸 멋진 결과물이다. 연합제는 연방으로 나아가는 길을 터줬고, 낮은 단계의 연방제는 연합제의 일부를 수용했다. 공통성은 그렇게 만들어졌고, 차이성은 3항에서 5항까지 담아 1, 2항으로 향하게 했다.

"3항, 남과 북은 올해 8.15에 즈음하여 흩어진 가족, 친척 방문단을 교환하며 비전향 장기수 문제를 해결하는 등 인도적 문제를 조속히 풀어 나가기로 하였다.
4항, 남과 북은 경제협력을 통하여 민족경제를 균형적으로 발전시키고 사회, 문화, 체육, 보건, 환경 등 제반 분야의 협력과 교류를 활성화하여 서로의 신뢰를 다져나가기로 하였다.

5항, 남과 북은 이상과 같은 합의 사항을 조속히 실천에 옮기기 위하여 빠른 시일 안에 당국 사이의 대화를 개최하기로 하였다."

즉, 1항과 2항에서는 통일 이행의 원칙과 당사자 원칙, 그리고 통일방안에 대한 합의를 내오고, 3항에서부터 5항까지는 당국자 회담 등을 통해 경제협력 및 다양한 분야에서의 교류와 협력을 이뤄내고, 이것이 중앙정부로의 구심력과 통합성을 높여나가는 그런 방향으로 통일문제를 해결해 나가자는 합의가 이뤄졌음을 증명해 준다. 그리고 그 결과는 6·15 남북공동선언이 조국의 자주적 통일방안임을 확인시켜 준다.

2) 연방연합 방식의 핵심 쟁점: One Korea 대 Two Korea

다들 알다시피 남의 공식적인 통일방안은 1994년 김영삼 정부 때 만들어진 "민족공동체통일방안"이다. 자주, 평화, 민주의 3대 원칙을 바탕으로 한 화해협력(1단계), 남북연합(2단계), 완전통일(3단계)이라는 3단계를 거쳐 통일을 실현한다는 것이 그 핵심 내용이다. 하지만, 심각한 문제는 마지막 단계에 절대 가능할 수 없는 자본주의 체제로의 흡수통합을 그 전제로 하고 있다는 점이다. 3단계 완전통일에서 통일국가 형태를 "자유, 인권, 행복이 보장되는 민주국가"로 규정하여 남의 자유민주주의 체제로 북을 흡수하겠다는 의도를 명백히 드러냈기 때문에 북으로서는 도저히 동의할 수 없는 통일방안이 되었다.*

그런데도 6·15 공동선언의 2항을 합의할 수 있었던 것은 위에서 잠시 언급하였듯이, 남북이 서로 구동존이 하는 상황에서 북이 민족 공동의 운명문제인 통일문제에 대해 남측 정부에 대한 신뢰, 그리고 자주통일 역량에 대한 확신 등이 크게 작용하여 과감한 통 큰 양보를 해내었기 때문이다. 즉, 민족의 운명문제를 아직 다가오지 않은 미래에 저당 잡힐 것이 아니라, 지금 가능한 수준에서 합의해 그 운명문제를 우리 민족 스스로 개척해나가겠다는 국가적 신념과 의지가 있었고, 그것이 "남측의 연합제안과 북측의 낮은 단계로의 연방제안이 서로 공통성이 있다고 인정하고 앞으로 이 방향에서" 찾기로 합의하게 한 것이다.

해서 2항 합의 핵심은 무엇보다 남측의 민족공동체통일방안의 2단계인 남북연합과 1991년 김일성 주석이 주장한 낮은 단계의 연방제 사이에 그 공통점이 있다고 합의한 대목이 무척이나 중요하다. 민족공동체통일방안의 2단계 구상인 남북연합의 연합제가 남북이 대외적으로 각각 주권을 유지하는 독립국으로 서로 다른 체제와 정부를 유지하며 통일 지향적인 협력관계로 발전시켜 나가겠다는 것이 국가연합의 형태를 뜻한다면, 낮은 단계의 연방제 또한 남북이 서로 다른

* 참고로 민족공동체통일방안이 확립되어 가는 과정을 한번 살펴보면, 1994년 8월 광복절 경축사에서 김영삼 대통령이 남북 사이의 체제경쟁은 끝났다고 선언하면서 "우리의 자유민주주의는 어떠한 희생을 치르더라도 반드시 수호될 것입니다. …… 통일을 추진하는 우리의 기본 철학 역시 자유와 민주를 핵심으로 하고 있습니다."라고 주장하여, 반드시 자유민주주의 체제로 통일이 되어야 한다는 점을 못 박았다. 이후 모든 남측의 정부는 이 인식에서 벗어나지 못했다. 민주당 정권이라 할 수 있는 김대중 정부와 노무현 정부는 물론이고 지금의 문재인 정부도 여기로부터 예외는 아니다. 이렇게 대한민국 정부 차원에서는 단 한 번도 포기된 적이 없는 인식문법이다.

정부와 제도를 유지하면서 각각 정치, 군사, 외교권을 비롯한 현재의 기능과 권한을 지니되 그 위에 민족통일기구를 설치하여 하나의 연방 국가를 이루는 그런 형태를 구상했는데, 이를 비교하면 다른 체제와 정부를 유지하는 그 부분에서는 분명 두 방안의 동일성이 있고, 다만 민족통일기구의 구성과 성격, 역할 등을 어떻게 규정할 것인가에 대해서는 서로의 상이성이 존재하게 되는바, 이를 어떻게 잘 조절하고 협의해 낼 수 있느냐가 핵심 쟁점으로 남았음을 알 수 있다. 그런데 북은 바로 이 후자 부분에 대해 상당한 융통성을 보여줌으로써 6·15 식 통일방안을 합의할 수 있는 입구가 마련되어졌다고 볼 수 있다.

이로부터 정리하면 이렇다. 첫째, 남북연합 단계에서 통일방안 공통성은 남측의 입장에서 봤을 때는 통일의 최종단계, 즉 3단계에 대한 최종합의가 아니기 때문에 정부 차원의 정치적 부담은 상당히 적을 수밖에 없었다. 왜냐하면 최종단계 3단계에서는 언제든지 그 형태가 바뀔 수 있다는 장점 때문이다. 즉, 2단계에 들어설 경우에도 남북이 서로 공동 운용해보면서 최종적으로 합의할 수 있는 통일정부의 형태를 결정하면 된다는 뜻으로의 2항 합의이니 남으로서도 절대 손해 볼 일은 아니고, 국가의 공식적인 통일방안인 민족공동체통일방안에서도 결코 후퇴한 것이 아니게 된다.

둘째, 6·15 남북공동선언 2항의 합의는 남북 두 방안 모두 2체제, 2정부를 유지하면서도 두 정부 사이의 협력 체제의 필요성을 인정하고, 그걸 전환 국면으로 삼고 있다는 점에서 합의를 내올 수 있는 연결고리였다. 거기다가 당분간, 혹은 상당 기간 남북 두 정부가 정치, 군사, 외교권을 각각 갖고 협력기구를 운영해 나간다는 의미이니 더

더욱 합의하지 못할 이유가 없었던 것이다.

셋째, 그러니 6·15 남북공동선언 합의문 3항과 4항, 5항에서와 같은 정치, 군사, 경제, 사회 등 각 분야별 대화와 교류 협력을 통해 통일의 기반을 충분히 넓혀나간다면 그 성과만큼, 남과 북이 이후 합의할 수 있는 공통성과 공간은 훨씬 더 넓어질 것이라는 분명한 사실도 2항의 합의를 내올 수 있는 동기 요인이었다.

넷째, 하지만, 숙제가 전혀 없는 것도 아니다. 국가연합이 대외적으로 두 개의 국가인데 반하여, 낮은 단계의 연방제에서 말하는 국가형태는 대외적으로 하나의 국가라는 점이다. 설명적으로는 연합제는 연립주택처럼 2개의 독립국가가 나란히 붙어 협력하는 형태의 "2국가 2정부 2체제"라고 할 수 있다면, 낮은 단계의 연방제는 한 지붕 아래 두 가족처럼 밖으로는 하나의 독립국가를 이루면서 안으로는 2개의 지역정부가 협력하자는 형태의 "1국가 2정부 2체제"이다. 그러니 바로 이 충돌 지점, 즉 "2개의 국가"와 "1개의 국가"라는 이 차이를 어떻게 하면 해소시켜 나갈 것인가가 향후 6·15 남북공동선언 2항 합의의 실질적인 핵심 과제라 할 수 있을 것이다.

3) 2항 합의에 대한 좀 더 깊은 해설: 민족자주 역량만이 이를 해결할 수 있다

여기까지 글을 전개하면서 구동존이가 이렇게 6·15 남북공동선언을 내올 수 있었던 하나의 극적인 바탕이 되었다면, 앞으로의 다음 과제는 그 존이存異를 해결하기 위해 남과 북이 과연 어떤 전략적 지혜와 해법을 발휘할 것인가가 핵심 과제로 남는다. 특히, 남의 입장 변화가 무엇보다 중요하다. 이유는 북이 통 큰 입장의 변화를 내왔기 때문에 2항의 합의가 가능했다면, 남도 3단계의 완전통일의 부분에 대해서는 좀 더 유연화된 입장을 취하고, 아집은 과감히 버려야 한 다. 역지사지易地思之해 보면 이 사고와 답은 금방 나온다. 북이 낮은 단계의 연방제라는 낯선 용어를 선보이면서까지 자신들의 통일방안 에 대해 융통성을 선보였듯이, 남도 흡수통합이라는 결론만 고집하 지 말고 이른바 '포용적' 통일이라든지, '공존형' 통일 내지는 '통섭형' 통일 등과 같은 용어의 변경을 통해 2항 이행의 실질적 출구를 열어 줘야만 한다. 여기서 참고로 북이 열어준 활로는 이러하다. 이미 잘 알려진 바와 같이 북의 공식적인 통일방안은 고려민주연방제이다. 이 방안에서 북은 고려민주연방공화국의 중앙정부가 외교권과 군 통 수권을 지니고, 남북의 정부는 각각의 정권만 갖는 통일정부를 설계 했다. 멋진 이론적 접근이지만, 남과 북이 처한 지금의 현실로는 도 저히 지금 당장 이 방안으로 합의하기에는 매우 어려운 실정이다. 왜 냐하면 중앙정부에게 외교권과 군 통수권 모두를 갖게 하는 것은 남 정부가 당장 수용하기에는 절대 불가능해서 그렇다. 그래서 1개의 국 가냐, 2개의 국가냐 하는 그런 쟁점은 남과 북이 일단 보류해두고, 통 칭 과도기 단계 설정으로 설명되고 있는 2단계 "남북연합"의 단계에 서는 "낮은 단계의 연방제"와의 공통성을 충분히 거치면서 남과 북이 서로 신뢰하고, 통일 형태에 대한 입장과 믿음이 충분히 무르익었을 때 통일중앙정부의 구성을 내오는 것이 현실 가능한 방법이 되는 것 이다. 그래서 북은 이 지점에서 기존 완성된 고려민주연방제 대신 남의 과도기를 인정해 접근해줬고, 바로 북의 그런 융통성으로 인해 남으로 하여금 6·15식 통일방안에 합의할 수 있게 하였던 것이다.

북의 양보는 그렇게 신의 한 수이자 나름 매우 큰 용기와 지혜가 필요했던 전략적 선택문제였다. 남북 합의를 위해 편의상 자신들이 설계한 연방제를 두 단계로 나눠 외교권과 군 통수권은 중앙정부가 갖는 매우 "높은 수준의 연방제"로 설정하고, 이에 도달하기 위한 현실적 방안으로 낮은 단계의 연방제를 설정하여 외교권과 군 통수권을 상당 기간 지역 정부가 갖는 형태를 구상했다고 할 수 있으니 어찌 그렇지 않다고 할 수 있겠는가. 전제하에 낮은 단계의 연방제에 대해 한번 알아보면 1991년 신년사에서 김일성 주석이 처음 등장시키면서 나온 "느슨한 연방제"와 비슷한 개념이다. 두 가지 큰 의미를 발견할 수가 있다. 하나는, 남南의 입장에서는 6·15 공동선언 2항의 합의가 남측의 2단계인 남북연합 단계에 부합하고, 북北의 입장에서는 느슨한 연방제를 낮은 단계의 연방제라 이해할 수 있다. 다른 하나는, 실질적 해석 문제로 연방제를 2단계, 즉 높은 단계와 낮은 단계로 나눠 놓고, 낮은 단계에서는 중앙정부가 외교와 군사권을 가지지 않으니 사실상 2개 국가를 인정한 꼴이 되어서 남의 남북연합 단계를 훼손하지 않은 측면은 있으나(그래서 남南이 수용 가능), 그렇다고 국호나 국기 정도의 초보적 상징조차 합의해내지 못한다면 국가연합이라고 봐야지 낮은 단계일망정 연방제라고 부르기는 어려울 것이니, 이를 북의 입장에서 보면 자신들의 연방제가 수용되지 않은 것과 하등 다를 바가 없다. 그래서 비록 낮은 단계라는 수식어가 붙어 있기는 하지만, 연방제라는 큰 틀 속에서 낮은 단계와 높은 단계가 있는 것이니 만큼 낮은 단계가 점차 높은 단계로 이행하는 것이 순리적으로 맞게 된다.

즉, 북은 연방제를 낮은 단계와 높은 단계로 구분하고 낮은 단계에 서는 "연합"에 초점을 두어 남북이 각각 군사와 외교권을 갖는 국가 주권의 "형식적" 측면을 수용하고, 이후 높은 단계에서는 "연방"에 초 점을 두어 "내용적" 측면을 채워 넣어, 남과 북의 각 지역 정부가 갖 고 있던 군사와 외교권 등을 중앙정부로 이동시켜 명실상부한 하나의 통일국가 형성이 가능하다고 본 것이다.

이렇듯 구동求同이 여기까지 오게 했다. 하지만, 存異문제는 북은 북 대로 북이 의도한 대로 낮은 단계에서 높은 단계로의 질적 전환이 가 능하겠는가 하는 그런 문제와, 남도 과연 3단계에서 이뤄져야 할 흡 수통합을 포기할 수 있는가 하는 문제가 최후적으로 남는다. 분명 깊 은 고민이 필요하겠지만, 더 분명한 것은 전적으로 민족자주 역량만 이 이를 해결해낼 수 있다는 사실이다.

3. 자주통일운동 관점에서의 연방연합국가 살림살이 에 대한 '옳은' 이해

여기에서는 6·15 남북공동선언 2항이 갖는 의미를 분석해낸 토대 위에서 어떻게 하면 연방연합 통일방안에 대한 보다 폭넓은 이해를 내올 수 있을까 하는 문제로 접근해볼까 한다. 이유는 그래야만 6·15 2항 합의가 갖는 의미와 정당성, 그리고 향후 자주통일운동이 확신을 갖고 6·15 2항 합의 이행 투쟁을 힘차게 벌여나갈 수 있는 실천적 원동력이 확보될 수 있어 그렇다.

크게 두 종류가 있다. 국가연합 방식의 연방제와 연방국가 형태가 그것이다. 그중에서도 연방국가는 단일연방 형태와 연방연합 형태로 나눠진다.

이 중 먼저, 국가연합 방식에 대한 이해 부분이다. 국가연합 방식은 우선, 외교권(조약 체결권, 사설권 등)과 관련해시는 연합에 소속한 국가들이 서로 완전히 별개의 권한을 갖는다. 드러나는 양태는 제3국과 외교 관계를 맺거나 별도로 국제기구에 가입할 때이며, 각국이 조약을 따로 체결해야만 한다.

둘째, 국적 문제와 자국민 보호권에 관련해서도 서로 별개의 권한을 갖는다. 국가연합의 소속 구성원들은 공통의 국적을 가질 수 없다. 각기 자기가 속한 구성국의 인민일 뿐이며 다른 구성국의 인민에 대해서는 자국민의 보호권을 행사할 수 없다.

셋째, 국제법상 국가연합에 소속된 국가들은 서로 별개의 나라이기 때문에 내정권도 없다. 그래서 타他 구성국 인민들에 대한 행정권도 행사하지 못함은 물론이고 구성국 정부에 대해서도 명령권이나 관할권을 행사하지 못한다.

마지막으로, 국가연합 방식에 의한 연방제 구성은 국제법상 통일국가로 인정받지 못한다. 그 때문에 분쟁이 일어난다면 그것은 한 나라 안에서 일어난 내란이 아니라, 국제법상 나라와 나라 사이에서 일어나는 국가 간의 전쟁으로 간주한다. 그래서 연합방식의 연방정부는 군사권, 선전권宣戰權, 강화권講和權을 행사하지 못하고, 권한은 구성국 고유권한으로 남는다.

이렇듯 국가연합은 복수의 국가권력과 그 권력을 행사하는 복수의 국가기구를 어떻게 하나로 통합할 것인가가 그 본질임을 알 수 있다. 그래서 사선석 성의는 복수의 주권국들이 공동이익을 위해 계약을 맺어 결합한 국가 형태라고 볼 수 있다. 그 유형에는 유럽연합(EU)이나 독립국가연합(CIS) 등이 있는데, 실제 이들 국가는 별개의 주권 국가들이 자국의 이해관계에 기초해 국가연합을 구성하고 있다.*

다음으로, 6·15 남북공동선언 2항의 합의 방식인 연방연합 방식의 연방국가 형태에 대해서 한번 살펴보자. 연방연합 방식은 우선, 복수의 주권국들이 결합하여 단일한 정치 공동체를 형성한 국가 형태가 된다. 또 연방연합 국가의 중앙정부(또는 연방정부)는 구성국들의 모든 영역에서 최고의 지위와 권한을 가지는 동시에 대외문제에 대해서도 주권(외교권, 군사권 등)을 행사할 수 있다.

둘째, 연방연합 국가 구성국들은 독립국가로서 가지고 있던 국가 주권을 연방연합 국가의 중앙정부에 이양하게 되어 있어 국제법상 지위를 잃어버리게 될 뿐만 아니라, 구성국들 주민들도 공동의 국적을 가지게 된다.

셋째, 연방연합 국가 구성국들 사이의 분쟁은 국가연합 방식의 연방국들과는 달리 내란으로 간주하고, 연방연합 국가의 해체에는 중앙정부의 승인하에서만 연방 결합으로부터 분리될 수 있다. 따라서

---

* 복수의 주권국들이 동맹적으로 결합한 공존 상태이고, 그 유형이 지금의 유럽연합(EU)과 소련이 해체된 뒤로 지난날 연방에 결합되었던 구성국들이 느슨한 형태로 결합된 독립국가연합(CIS)이 있다.

그러한 일이 실제 발생해서는 안 되겠지만, 구성국이 떨어져 나가는 경우라면 이는 분열이 아니라 분리·독립이 된다. 이렇게 국가연합과 연방국가 형태는 확연한 차이가 있다.

1) 연방국가에 대한 제대로 된 이해방식

이와 관련 우선은, 연방국가 형태를 부정석으로 바라봐아만 힐 이유가 전혀 없다. 근거는 지금 이 순간에도 지구상에는 넓은 의미에서의 연방제 형태를 띤 국가가 수없이 많다는 사실이 이를 증명한다.

미국은 물론이고, 각국마다 형태가 조금씩은 다를 수 있지만, 이 지구상에는 대략 20여 개의 연방국가가 존재한다. 러시아, 독일, 캐나다, 스위스, 오스트리아, 호주, 멕시코, 아르헨티나, 말레이시아 등이 그런 국가들이다. 연방국가가 그리 낯설지 않은 이유이다. 그런데도 연방제에 대한 불필요한 오해와 불신, 거부감을 드러내는 것은 매우 적절하지 않다. 그래서 만에 하나 연방제 방식의 통일을 단지 북이 먼저 제안했다는 그 단 하나의 이유로 '불경죄'로 만든 것이 그 직접적 원인이라면 더더욱 적절하지 않다. 왜냐하면 그럼 20여 개로 현존하는 연방제들은 뭐가 되냐, 그것도 우리 대한민국이 무조건적으로 추종하는 미국도 연방제인데. 해서 연방제에 대한 일체의 편견을 버리고 유연하게 바라볼 필요가 있다. 예를 들어 '하나'가 된다는 의미를 상대에 대해 서로 흡수·통합한다는 의미에서의 하나(一)라기보다는 서로 공존할 수 있다는 의미에서의 하나(연방통일)를 생각해보면 이는 쉽게 이해된다. 물론 이것이 흡수통합으로 한반도에서의 평화통일이 가능하다면 문제는 충분히 달라질 수 있지만, 현실적으로 그러한 흡수통합이 평화적으로 이뤄지는 게 가능하지 않는데도 계속 그 방식만을 고집한다면 분단은 영구화될 것이고, 그러면 그만큼 한반도에서의 평화와 번영, 통일도 멀어진다. 그러면 이에 비례해 남과 북은 주어진 지정학적인 운명에 숙명처럼 떠안고 사는 불운한 처지에 놓여지게 된다. 그래서 비록 연방제의 형태라 하더라도 "따로, 그리고 같이"와 같은 살림살이를 하고 사는 것이 영구 분단된 채 맨날 으르렁거리며 사는 것보다는 백번 더 낫다는 상상력이 그 어느 시기보다 절실하다고 할 수 있다. 앞서 장준하 선생은 이를 분명하게 선견지명으로 증명해주고 있다.

또한, 이는 앞서 언급했듯이 연방제 국가 형태는 각기 약간의 차이들은 있을 수 있겠지만, 이미 많은 국가들이 오래전부터 채택하고 있는 방식이어서 그리 낯설지 않은 국가 형태이다. 영국도 넓은 의미의 연방 방식의 국가이고, 중국도 일국양제一國兩制로 표징되는 연방연합 방식의 한 국가 형태이니 남북이 연방연합 방식으로 통일한다 해도 전혀 이상하지 않다. 해서 분명한 것은 연방제 방식의 통일국가는 늘 이렇게 우리 곁에 있었다. 단지, 우리가 그걸 의도했던, 의도하지 하지 않았던 인식하지 못했을 따름이다.

2) 분단국들의 경험과 교훈: 사회통합의 장기성에 대한 이해

혹자는 지금의 남북관계가 잘 안 풀리는 요인으로 남과 북이 공히 자기 체제의 독자성 강화와 이에 기인한 상호 적대성 증가, 대립적인 체제 이데올로기와 경제적 비대칭성의 확장, 세계화와 탈脫민족화에 따른 통일의식 약화, 한반도 주변국들의 통일에 대한 비협조 등을 지목한다. 충분히 그럴 수 있는 지적이다. 하지만, 조금만 더 깊이 곰곰이 생각해보면 단견에 지나지 않음도 자명하게 알 수 있다. 여전히 남북에는 공동의 민족 정체성이 남아 있고, 전민족적 범위에서의 민족적 단합과 단결을 실현시켜 낼 수 있는 3자 연대의 힘도 있다. 무엇보다 2000년 이후부터 연속적으로 일어나고 있는 정상회담과 서로 합의한 남북공동선언들의 통일대강이 있다는 점도 원심력보다는 구심력이 강하게 작동하고 있음을 증명한다. 이로부터 남측 사회는 정권 차원에서도 이제는 "한반도에서의 평화와 번영"이라는 국정과제를 채택해야만 할 정도가 되었다.

이를 또 다른 한 측면에서 보자면 한반도에서 이미 두 체제 간의 힘의 균형이 이뤄진 상태이기도 하거니와, 6·15 남북공동선언 2항의 합의로 인해 체제와 이념이 서로 다른 상이한 상태에서 흡수통합이나 적화통일, 무력통일 등이 다 배제되거나 최소한으로 억제되고 있다. 즉, 두 체제가 서로 공존·공영·공리 하는 방식으로의 통일이 추구될 수밖에 없는 엄연한 실정이라는 말이다. 철저한 구동존이 방식이고, 최종 지향은 민족 통합에 두되, 현실적으로는 가장 먼저 가능한 정치 통합을 우선시할 수밖에 없다.

왜 그런지는 정치통합이라는 것이 국가 주권의 3요소인 내정권, 외교권, 군사권을 하나의 단일한 정치구조 안으로 통합시키는 과정과 정확히 일치하는데, 그러했을 때 6·15 남북공동선언 2항 합의는 바로 외교권과 군사권(민족 자주권)을 종국에는 연방정부로 통합시켜 나가기 위해 대외주권을 연방정부가 행사하도록 보장해주겠다는 것으로 나타날 수밖에 없어서 그렇다. 그것도 2국가가 아닌, 1국가 통합 방식으로 이행 경로도 분명하게 밝혀냈다. 2항 합의에서 드러난 바와 같이 낮은 단계를 설정하여 한꺼번에 대외주권을 해결하겠다는 욕심을 버리고, 대외주권을 단일한 연방정부(또는 연합정부) 관할 아래에서 정치협상과 단계적 절차를 거쳐 차츰 기구를 세워 중앙정부로 귀속하여 통합시켜 나간다는 것이다.

반면, 내정권은 좀 사정이 다르다. 내정권은 주권국가가 갖는 대내주권을 말한다. 그렇다면 그것은 경제적·사회적·문화적 통합, 곧 넓은 의미에서의 사회통합을 일컫게 되는데, 현실적으로 체제가 서로 다른 상태에서는 완전한 사회통합이 가능하지 않다. 그러니 정치적으로는 이미 두 국가가 단일한 연합국가(혹은 연방정부)를 구성하였다 하더라도, 남과 북의 두 자치정부(또는 지역정부)가 내정에 있어서만큼은 각기 독자적인 권한을 행사하면서 단일한 연방국가 내부의 상호협력 체계를 구축하는 방향으로 내정권을 작동시켜 나가게 될 수밖에 없음을 안내한다. 그러기에 현실적으로 사회의 성격을 단일한 것으로 동질화하는 공동 작업은 아주 오랜 시간이 필요하고, 또 그렇게 진행될 수밖에 없는 특징을 갖고 있다고도 말할 수 있다. 해서 2항에서 합의한 연방연합 방식의 통일이 왜 2체제 2정부인지 배경이 되는 이유도 바로 여기에 있고, 이는 동시에 사회통합까지 포괄하는 민족대통합은 미래세대의 몫으로 남겨주자는 말과도 연결된다. 달리는 왜 정치통합이 우선되어야 하는지 그 이유도 명백하다. 또 이를 연장하면 6·15 남북공동선언의 2항 합의에는 남과 북의 통합이 각각 주권을 행사하는 국가와 국가 간의 협약이라는 측면도 있지만, 동시에 민족적 단합과 단결을 실현하는 과정에서 맺어지는 정치적 약속이라는 측면도 있다.

그래서 이를 확장해보면 한반도에서의 통일은 원래부터 두 개의 주권국가를 하나로 합치는 문제가 아니라, 외세에 의해 일시적으로 분단된 하나의 주권국가를 재결합시키는 과정으로 이해해야 한다. 이 사실로부터 한반도에서의 통일은 궁극적으로는 사회 문화적 통합을 최종 지향하되, 당장은 복잡하고 시간이 오래 걸리는 사회 문화적 통합보다는 두 체제가 공존·공영·공리 하는 연방연합 방식의 정치통합을 우선시하자는 합의 방식이 더 정당성과 현실성을 띠고 있음을 보여준다. 2항의 합의는 바로 이 정신을 정확하게 반영하고 있다.

다음과 같은 점을 고려해보아도 그 타당성은 분명하다. 체제대결과 냉전 인식, 반북·반공적 대결 구도, 그리고 종북과 혐북이 뿌리 깊게 상존하는 상황에서 단일한 연방정부를 쉽게 구성할 수는 없을 것이다. 설령 구성하였다 하더라도 이질화되어 있는 이념적 장벽과 문화생활(생활풍속까지 포함), 의식 등 사회 전반적 요소들이 쉽게 바뀔 수 없다는 것은 불문가지이다. 따라서 두 체제의 완전한 화학적 결합인 사회통합은 긴긴 시간과 세월을 거쳐 이질감들을 해소해 나갈 수밖에 없다.

타국들의 경험적 사례로서도 이는 충분히 증명된다. 베트남의 경우는 북베트남으로 흡수 통합된 이후 지금까지도 근 30여 년의 세월이 흘렀지만, 지금도 완전한 사회통합을 이루지 못했다. 이로부터 분단의 장기화, 내면화가 더 많이 이루어졌던 분단국일수록 사회통합은 그만큼 힘들며, 오랜 시간이 걸린다는 것을 우린 아주 명확하게 유추할 수 있다.

독일도 다르지 않다. 통일 이전 많은 시간과 장기간 교류와 협력 등을 통해 사회통합을 이루려고 노력했지만, 그런데도 막상 통합통일이 된 이후 동독 주민들은 통일된 지금까지도 아직 자본주의적 생활양식에 적응하지 못해 심리적 부담감을 느끼고 있는 상태다. 일부 청소년층에서는 신新나치운동이 전개되는 등 심각한 사회 문제가 되고 있으며, 옛 동·서독 주민 간의 2등 국민 논쟁도 유발되고 있다.

예멘도 마찬가지이다. 이런 문제들을 해결하지 못해 정치통합이 된 이후 결국 다시 분열되는 과정을 겪었을 뿐만 아니라, 급기야 내전 등 정치적 혼란으로 인해 사회통합은 엄두도 내지 못하고 있다. 여기에다 가족 문제, 여성 문제, 생활 습성에 따른 이질감 등은 아직도 아주 심각한 고질병으로 남아 있다.

바로 이상의 예들에서 체제 간의 이질성 심화 문제가 얼마나 진정한 사회통합에 가장 큰 걸림돌이며, 통일 과정에서 장기적으로 사회통합을 추진할 필요성이 있음을 보여준다. 또한, 흡수통합과 무력통일 방식으로 이뤄진 통합통일이 갖는 한계도 분명하게 보여주고 있다. 따라서 6·15 남북공동선언의 2항 합의가 갖는 현명성과 합리성, 유일성은 아무리 강조해도 지나치지 않는다. 조국통일의 기본골격이자 정치통합에 해당되는 이념, 체제, 제도를 포함한 사회의 기본 성격의 통합을 우선 추구하고, 사회통합은 다음 세대에게 넘기자는 현명한 지혜가 양 당사자 간에 나왔던 것이다. 분단 이후 오랜 세월을 거쳤지만 끝내 이렇게밖에 이뤄질 수 없음을 극명히 보여준다.

3) 일국양제와의 비교: 왜 연방연합 방식의 통일방안이어야만 하는가?

이렇게 연방 방식의 통일이 분명 쉽지만은 않다. 부정적 시각, 또한 분명 있다. 많은 이유들이 있겠지만 우선, 북이 제안했다는 이유도 꽤 클 것이다. 다음으로, 이념과 체제가 다른 두 개 이상의 국가들이 평화적으로 단일한 연방 형태의 국가로 통일된 사례가 없다는 점도 분명 작용할 수 있을 것이다. 그래서 이러한 이유들을 들어 6·15 남북공동선언 2항의 연방연합 방식의 통일은 사실상 불가능한 통일방안이고, 불가능한 것만큼 이 합의는 당시 두 정상이 서로의 필요에 의한 정치적 산물이고, 결국에는 체제와 제도를 어느 한쪽 방향으로 동질화시키자는 흡수통합을 전제하고 있다는 좀 엉뚱한 지적까지 받는다.

그럴 수 있다. 세부적으로는 첫째, 1민족 1국가라는 구조가 두 자치정부의 체제 대결적인 관점이 지속될 경우 이를 조정하고 중화할 수 있는 완충 지대가 없기에, 양 정부 간 적대적 대립이 반복된다면 결국에는 연방연합 방식의 국가통합이 붕괴로 이어질 수밖에 없지 않는가 하는 의문이다.

둘째, 연방을 구성하는 지역정부 중에 한쪽이 우세할 경우, 다른 한쪽을 압도하여 오히려 합법적인 흡수통일을 진척시키며 더 나아가서는 무력충돌로까지 빚어질 수 있다. 또 연방에 중앙정부를 구성하면 그 권한이 부여된다는 점에서 결국 남과 북의 두 지역정부는 그것을 차지하기 위해 정쟁을 벌일 수밖에 없다는 사실도 제도적으로 넘어서야 할 벽이다.

둘 다 충분한 문제의식이다. 하지만, 그렇게 문제의식이 충분히 일리 있다 하여 그것이 곧 6·15 남북공동선언 2항이 폐기되어야 한다는 논리로 둔갑되는 것은 다른 차원의 문제이다. 다음과 같은 이유 때문이다. 첫째는 그와 같은 문제점이 비록 있을 수 있다손 치더라도 이보다 더 나은 대안을 찾을 수는 없다. 둘째는 무력통일은 부강한 통일조국과는 어울리지 않고, 흡수통합도 두 국가 간 존재하는 체제 균형으로 인해 현재로서는 완전 불가능하다. 그렇다면 남는 방식은 평화적 방식에 의한 정치적인 합의 방식뿐인데, 그건 바로 6·15 남북공동선언 2항의 합의 방식이라는 것이다. 다른 대안이 없는 상태에서는 나름 최선의 결과가 그렇게 만들어졌고, 통일대강이 되었다.

그 구체성 첫째는, 단일민족이라는 민족적 유대감이 있다면 상이한 이념과 체제의 공존도 가능할 수 있다는 식으로 인식의 지평이 확장되었다. 다시 말해 단순히 민족적 유대감만으로 통일이 이뤄질 수 있다는 식의 과도한 믿음은 분명 경계되어야 할 지점이 맞겠으나, 그렇다 하더라도 단일민족이라는 특성이 일정 기간 다른 이념과 체제를 가지고 적대적으로 대립했던 두 국가라 할지라도 통일을 이루는 데 있어서는 아주 중요한 이념적 토대가 될 수 있다는 그 사실조차 부정할 수는 없다. 특히, 우리 민족의 경우 단일민족이라는 민족적 귀속감이 서구와는 비교될 수 없을 만큼 역사적으로 아주 견고하게 작동해왔음을 상기한다면 절대 그것만을—일정 기간 다른 이념과 체제를 가지고 적대적으로 대립했던 두 국가라는 그 사실만을 절대화할 수는 없다.

둘째는, 국가연합 형태의 연방국가도 처음에는 생소했다. 그래서 연방연합 방식의 통일방안이 생소하다는 이유만으로 바람직한 통일방안이 될 수 없다는 논리로의 비약은 다소 생뚱맞다. 이는 앞에서도 분명 언급했듯이 연방제 형태에는 미국이 취하고 있는 단일국가 방식의 연방 형태가 있을 수도 있고, 또 대만의 문제가 풀어져야 하기는 하지만, 어쨌든 중국과 같은 일국양제의 형태도 있을 수 있고, 또 남과 북이 합의한 6·15 남북공동선언 2항의 연방연합 방식의 연방 형태도 있을 수 있기 때문이다.

연방제가 꼭 이렇게 부정적이어야 할 이유는 전혀 없다. 뿐만 아니라 6·15 남북공동선언 2항 합의가 일명 일국양제와 같은 그런 방식으로의 통일방안이 될 이유도 전혀 없다. 중국의 일국양제와 비교해 봐도 이는 금방 알 수 있는 것으로서 다들 알다시피 중국의 일국양제는 "일개국가一個國家 양종제도兩種制度"를 줄인 말로 하나의 국가 안에 서로 다른 두 제도가 존재한다는 뜻이다. 실제 사회주의 국가인 중국은 1997년 영국으로부터 홍콩을, 그리고 1999년에는 포르투갈로부터 마카오를 이양받아 이들 두 지역에 고도의 자치권을 부여하고 자본주의 체제를 보장해주고 있다. 남은 것은 영토의 복속이 대만인데, 대만에 대해서도 위 홍콩과 마카오와 같이 자본주의 체제의 자치권을 부여하며 하나의 중국을 이뤄내겠다는 것이 이른바 일국양제의 골자이다. 그리고 이는 당장 하나의 체제로 통합되기가 매우 어려우니 당분간은 두 체제를 공존시키며 완전한 통일은 후대들이 결정하게 하자는 일국양제가 갖는 근본 속성에 따른 당연한 귀결이다.

해서 그런 측면에서는 6·15 남북공동선언 2항의 합의도 중국의 일국양제와 매우 유사한 듯하다. 지금 서로 다른 이념과 체제를 가진 각각의 남북 정부가 구성되어 있어 언뜻 보면 중국의 문제의식과 일정 같은 궤를 형성하고 있는 것처럼 보인다. 즉, 일시에 완전한 체제 통합은 불가능하니 우선 연방제 형식을 취하자는 것이다. 따라서 남북이 합의한 2항을 형태적으로만 본다면 사실상 중국이 대만에 제안한 일국양제의 통일방안과 매우 비슷한 것이다.

하지만, 여기에는 결정적 차이가 하나 있다. 다름 아닌, 2항에는 남쪽 자본주의 지방정부와 북쪽 사회주의 지방정부가 동등한 지위로 수평적 관계를 이루지만, 중국의 일국양제는 본토의 중앙정부에 대만, 홍콩, 마카오 등의 지방정부가 종속되는 수직적 관계를 이룬다. 여기에다 분단의 역사적 배경과 통일을 이루고자 하는 목적도 분명 다르다. 그래서 6·15식 통일방안을 일국양제의 통일방안이라 하지 않고, 중국과는 달리 연방연합 방식의 통일방안이라 하는 것이다.

📢 보론
자주적 민주정부와 연방연합 통일정부

이 보론에서는 인문학적 상상으로 우리의 통일문제를 한번 살펴보자. 프랑스의 작가 폴 부르제(Paul Bourget)가 『정오의 악마(Le Demon de mid)』(1914년)라는 책에 다음과 같은 구절이 있다.

"생각하면서 살지 않으면 사는 대로 생각하게 된다.

(One must live the way one thinks or end up thinking the way one has lived.)"

그래놓고 한번 생각해보면 우리는 주위에서 "통일이 당장 되겠어? 우선은 평화야", 또는 "통일이 밥 먹여주나"라는 말을 흔히 듣게 된다. 언뜻 보면 맞는 말 같기도 하고, 나름 현실을 똑바로 직시하는 것 같기도 하다. 하지만, 한 꺼풀만 벗겨내고 그 의미를 직시하게 되면 매우 불편한 속뜻이 숨어 있다는 것도 알게 된다. 이 말에서는 사실상 통일에 관심이 없거나, 좀 더 심하게 표현하면 통일 그 자체를 반대하는 논리가 숨겨져 있어서 그렇다. 즉, 평소에 생각하지 않은 문제였으니, 당연 통일이 밥 먹여줄 리 없는 것이고, 통일을 사실상 먼미래 일로 치부하거나 자신들의 인식으로부터 완전 제외시켜 버린다. 그런데도 과연 이것이 괜찮다고 할 수 있는 것인가?

결론적으로 말하면 전혀 괜찮지 않다, 이다. 먼저 헌법의 사문화 문제이다. 대한민국 헌법에는 헌법 전문을 비롯해 제4조, 제4장 제1

절 66조 3항 등에 통일과 관련하여 성실한 이행 의무를 적시해 놓고 있다. 그런데도 이를 이행하려 들지 않는다? 우리 모두 스스로가 범법자가 되고 있다.

다음으로는 통일이 저절로 되는 것이 아니라면 통일을 위한 목적의식적인 노력이 절대적으로 필요하다. 그런데도 우리의 인식은 전혀 그렇지 못하다. 사실 이 부분이 부르제가 언급한, "사는 대로 생각하지 않게"끔 하기 위해 국민들로 하여금 통일과 관련하여 생각할 수 있도록 국가는 끊임없이 자극을 줘야만 한다. 구체적으로는 통일교육을 통해, 혹은 정부의 올바른 통일정책을 통해, 더 나아가서는 통일사업과 통일운동에 참여할 수 있는 동기 부여 등 다양한 형식과 방법을 통해 통일을 생각하게끔 하도록 해야 한다. 국가는 그러한 국가적 의지와 통일정책 흐름을 만들어 나가야 하는 것이다.

그런데 국가가 이를 만약 이행해내지 않는다면 부르제가 말한 대로 "생각하지 않으면" 이른바 세속적 인격체만 형성되어 미래는 설계되지 않고, 삶은 반복되고, 행동은 경직화된다. 즉, 익숙한 습관에만 젖어 들어 (통일과 관련된)생각하는 능력 자체를 점차 잃어가게 된다는 말이다. 정보화시대에는 더더욱 그렇다. 그래서 결국 자신의 행동에 무슨 문제가 있는지, 뭐가 잘못되고 있는지, 뭐가 부족한지도 모르다가 종국에는 성찰하는 것까지도 까먹는 괴물 같은 존재가 된다.

마찬가지로 분단체제에 익숙하게 되면 그와 비례하여 분단적 사고는 계속 점점 더 커지게 되고, 그렇게 분단적 사고에 빠져들어 아무 생각 없이 살다 보면 통일의 염원은 온데간데없이 사라진다. 다시 말해 자본과 물질의 힘이 이끄는 데로만 향하게 되고, 결과는 우리 모두 '분단 안에서의 평화'라는 전혀 엉뚱한 세상만 갈구하게 된다. 절대 그렇게 되어서는 안 된다.

1. 통일은 왜 해야 하나?

이 질문에 대답하기 위해서는 부르세의 문제의식이 다시 한나 아렌트(Hannah Arendt)의 논리로 이어져야 한다. 한나 아렌트는『예루살렘의 아이히만』에서 전쟁에서 범죄나 악행을 저지르는 이들은 국가에 순응하는 자신들의 행동을 죄악이라 여기지 않고 지극히 평범한 것이라 여긴다고 보며 이를 "악의 평범성(Banality of evil)"이라 하였다. 이 말을 원용하면, 통일에 대해 모두 그렇게 집단 망각의 체면에 빠져 자신이 뭘 잘못하고 있는지도 전혀 모르는 상황이 되니 가히 모두가 "망각의 평범성"에 빠졌다 할 수 있을 것이다. 이미 모두가 그렇게 익숙해져 버렸으니 모두가 공범자 의식이 생겨나게 되는 것이고, 이는 다시 분단 극복을 위한 통일에 대해 잊어버려도 누구 하나 뭐라 할 수 없으며, 아무렇지도 않게 된다. 과연 이게 정상적인가? 정상적이지 않다면 언제까지 통일을 이렇게 무관심 속에 내버려 둘 수만은 없다. 예전과 같이 단어 그 자체만으로도 가슴 설레고, 흥분되게 해야 한다. 과거 우리의 소원은 통일이었던 시기와 같이 심장 깊은 곳에서 약동되게 해야 한다.

동시에 다음과 같은 반문反問에는 단호해야 한다. 정치권에서, 혹은 전문가라는 사람들이 자신들의 이해관계와 요구로부터 같은 민족이라 하여 반드시 하나의 국가를 이루고 살라는 법은 없지 않은가? 독일과 오스트리아의 예를 보라. 원래 이들 두 국가는 같은 민족이었지만, 지금은 각각의 국가를 이루고 살아가고 있지 않느냐?

인뜻 보면 맞는 말 것처럼 보이지만, 이는 하나만 알고, 둘은 모르는 처사이니 다음과 같은 정답을 반드시 갖고 있어야 한다. 우리(민족)의 분단문제를 이들 두 국가 사례에 그대로 적용하기에는 매우 부적절하다. 독일과 오스트리아 간에 존재하는 민족성은 "같은" 생물학적 동질성이지만, 남과 북 간에 존재하는 민족성은 "같은" 생물학적인 동질성뿐만이 아니라 오랜 기간 사회 역사적 집단으로 공고하게 형성된 "민족적" 동질성까지 함께 갖고 있다. 그 때문에 독일과 오스트리아와 같은 사례로는 설명할 수 없다. 우리 민족은 같은 핏줄과 언어, 문화, 경제, 역사성 등을 공유했고, 단군민족 형성 이래로 5천여 년 동안 같이 살아온 민족국가이다. 독일과 오스트리아의 관계와 남과 북 간의 관계에 있어서 있고, 없고의 차이는 이처럼 명확하다. 그렇게 말이다.

이외에도 남과 북이 통일해야만 되는 이유로는 민족 자주성의 회복 문제가 있다. 남과 북은 식민지 민족해방 과정에서 온전히 하나의 민족국가로 되돌아왔어야 했으나, 외세에 의해 자의적이고도 일방적인 결정에 의해 국토가 강제 분할당했다. 이것은 우리 민족에게 매우 큰 아픔을 주었을 뿐만 아니라 한 국가로의 통합성을 완전 파괴하였다. 당연히 비례해 민족의 동질성은 계속 옅어만 가고, 민족의 자주성도 온전하지 못하게 되었다.

현실은 한 치도 이를 다르지 않게 보여주고 있다. 한쪽에서는

OECD 가입국인데도 진정한 주권국가인지 의심받아야 하고(南), 또 다른 한쪽은 분명 전략국가인데도 가난한 국가로 평가되고 있다(北). 분단국으로 남아있는 한 민족의 서러움은 그런 식으로 계속될 것이다. 해서 분단과 민족적 자주성은 절대 양립할 수 없다. 그리고 민족의 자주성은 원래 자주적으로 살며 행복을 누리려는 민족적 의지와 요구에 의해 만들어진다. 그런데 외세의 강요와 강권에 의해 민족적 자주성이 짓밟혔다면 그 자주성을 되찾기 위해 분연히 떨쳐 일어나서는 것은 너무나도 정상적이다(3.1만세운동, 항일독립운동 등). 따라서 외세로 인해 강제된 국토 분할과 그로 인해 파괴된 국가의 통합성을 회복하기 위해서는 당연히 그 회복을 위한 투쟁에 나서야 하고, 또 민족 분열이 장기화되면서 발생한 민족의 정체성 위기는 민족 동질성 수호와 민족적 자주성을 확보해나가는 방향에서 해결되어야만 한다. 이는 한 국가를 이루는 가장 포괄적인 사회적 한 집단형태가 민족이라 했을 때 민족의 온전한 자주성은 완전한 국가 통합으로 나타나는 것이 매우 정상적이기도 하기 때문이지만, 그것이 우리 민족 스스로 원해서 그렇게 된 것이 아니라면 더더욱 그래야만 한다. 왜냐하면 외세에 의해 짓눌려진 비정상성, 즉 우리 민족의 주권과 자주성이 계속 그렇게 무참히 짓밟히게 내버려 둘 수만은 없기 때문이다. 우리 민족의 분단 극복의 정당성이 이처럼 명확하다.

2. 통일을 어떻게 해야 하고, 의미는 무엇인가?

우리 민족의 통일이 그렇게 절체절명의 위업이고, 정당하게 여겨진다면 다음과 같은 문제에도 귀 기울여야 한다. 그것은 우리 민족 통일이 독일통일의 경험에서와 같이 국제적인 지지와 협력도 매우 중요하지만, 보다 더 중요한 것은 철저하게 자주적이고도 평화적으로 이뤄져야 한다는 사실이다. 자주적이라는 것은 분단의 성격에 따른 주체성 강조이고, 평화적이라는 것은 분단 극복의 방법에 대한 대답이다. 원칙과 방법에 대한 이해가 그렇게 필요한 것이다.

먼저, 왜 자주적이어야 하는가. 한반도에서의 국토 분단은 미·소가 일본군의 무장 해제를 명분으로 인위적으로 38선을 그은 것이 결정적 원인이다. 이로부터 한반도 통일문제는 근본적으로 외세를 반대하고, 전 민족이 단합하고 단결하여 전국적 범위에서의 자주권을 되찾는 것을 통일의 본령으로 삼을 수밖에 없게 하였다. 때문에 통일은 반드시 외세를 반대하고 배격한다는 의미에서 자주의 원칙을 견지해야만 하는 것이다. 이것이 왜 우리가 너무 많은 국제적 공조-지지와 협력에 기대서는 안 되는 이유이다.

다음으로, 왜 평화적이어야 하는가. 분단 이후 남과 북은 각기 자신들만의 정부 수립으로 인해 생긴 체제분단과 1950년 발발한 한국전쟁은 향후 통일의 방도가 반드시 평화적인 이행 과정으로 진행되어야 함을 각인시켜 주었다. 전쟁 명세표가 분명 이를 확인해준다. 전쟁은 비록 재래식 무기가 사용되었지만, 한반도 전역이 초토화될 만큼의 엄청난 재난이었다. 수많은 사람들의 목숨을 앗아가는 것은 물론, 산업시설과 기반 시설이 붕괴되고 전 국토가 황폐화되면서 지대한 후유증을 유발시켰다.

그렇다 하여 전쟁이 일어나지 않는 것만 바랄 수도 없다. 왜냐하면 분단국가에서는 전쟁이 없다 하여 이것이 곧 평화는 아니기 때문이고, 이는 다시 세계 질서로서의 냉전체제와 그 하위로서의 분단체제를 그대로 두고서는 남북 간 그 어떤 사소한 긴장과 불신도 언제든지 곧 전쟁으로 비화될 수밖에 없는 항시 위험성을 안고 있어서 그렇다. 그래서 만약 전쟁이 터진다면 그 전쟁은 경우에 따라서는 제3차 세계대전, 혹은 핵전쟁의 화약고로 전환될 수도 있다. 한반도 평화는 이처럼 반드시 통일을 통해서만 완성될 수밖에 없고, 의미意味도 마지막 남은 세계냉전질서를 극복해내는 것이다.

이를 국제정치 이론적 관점에서 보면 이렇게 된다. 국토가 분단되었기 때문에 서로 다른 체제가 들어설 수밖에 없었고, 그 다름은 결국 체제경쟁과 분단 극복 방식이 전쟁을 통해 통일을 이루려고 하는 극단적 형태가 발현될 수밖에 없었다. 분단국가에서 전쟁은 이처럼 한 숙명과도 같고, 또한 분단국가에서 전쟁(사실상 의미로는 내전)은 사실상 통일의 한 과정이기도 하다. 하지만, 한국전쟁은 당시 미·소 중심의 세계적 냉전 질서를 뛰어넘지 못하고, 하위로서 존재했던 분단체제에 갇혀 통일전쟁이 일어나다 보니, 전쟁이 내전이면서도 미·소 중심의 국제전 양상을 띨 수밖에 없었다. 결과도 우리 모두가 익히 다 알고 있듯이 다시 냉전체제의 하위 개념으로서 정전체제를 낳았고, 지금까지도 분단체제가 지속되고 있는 것이다. 해서 지금의 분단된 한반도는 현現 시기 가장 중요한 국제적 모순이 집약되어 있고,

동시적으로 아래 표에서 확인받듯이 한반도 통일은 엄청난 세계사적 의미와 민족사적 의미를 동시에 갖는다.

3. 자주적 민주정부 수립과 연방통일정부와의 상관성

한반도 분단극복(통일)문제는 이렇듯 여타 분단국가들과는 달리, 우리 민족만이 가지는 자기 고유성, 즉 외세 개입으로 인한 분단이었기에, 이는 필연적으로 외세 개입을 배격하는 자주화의 원칙이 성립될 수밖에 없다. 이로부터 한반도에서의 통일은 첫째, 전민족적인 힘과 역량을 하나로 모을 수 있는 전략과 노선이 필요하다. 둘째, 외세의 부당한 지배와 간섭에 맞서 이를 극복해낼 수 있는 정부가 들어서는 것이 매우 중요하다.

첫째와 관련해서는 자주통일운동이 왜 통일전선조직으로 전민족적인 역량이 모아져야 하는지에 대한 문제이다. 이유는 내치문제와는 달리, 분단체제에 똬리를 튼 외세를 몰아내기 위해서는 전민족적인 힘과 역량이 하나의 틀로 모아져야 하고, 그 조직적 형태가 다름 아닌 통일전선조직이기 때문이다. 다시 말하면 조국통일문제는 주권국가로서 미국과의 관계 정상화뿐 아니라, 전국적 범위에서 자주권을 유린하고 있는 미국에 대해 완전 자주권 회복을 그 본령으로 하기 때문에 이에 대한 이해와 요구 관계가 있는 모든 남·북, 해외역량을 총집결해 그 외세-미국에 맞서야 한다. 그러려면 당연히 전민족적인 단합과 단결이 필요하고, 그 과정에서 비록 남측 정권이 한계가 있다손 치더라도 남북관계의 개선 및 조국통일의 이행을 위해서는 이들 정권과도 적극적인 지지와 연대·연합을 추구해내어야만 한다. '크게' 하나 되지 않고서는 절대 이 외세- 미국을 이겨낼 수 없기 때문이다. 그러니 수구세력은 어쩔 수 없다손 치더라도 민주당 중심의 정치세력과는 연대·연합 관점에서 그들을 포용해 가야만 하는 것이다(더 백 번 양보하면 보수 세력이라 하더라도 연방연합의 통일에 동의한다면 그들까지 포용해 나가야 한다.).

둘째와 관련해서는 외세의 압력을 이겨낼 수 있는 정부 구성의 문제이다. 미국의 부당한 지배와 간섭을 이겨내고 분단체제를 극복해 나갈 수 있는 정부는, 대중적 진보정당이 직접 권력을 잡거나, 그게 아니라면 진보정당이 중심된 연정 형태의 자주적 민주정부를 수립해내는 길밖에 없다. 그 최소치는 지금의 민주당과 진보세력이 연대·연합하는 민주연립정부 구성 정도이다.* 이것이 자주적 민주정부가 수립되었을 때만큼은 철저하지는 않겠지만, 그래도 미국의 내정간섭과

---

* 미국의 부당한 지배와 간섭을 극복해낼 수 있는 완전한 정부 형태는 자주적 민주정부가 수립되는 길밖에 없다. 그런데 진보세력이 그러한 정부 형태를 독자적으로 구축해내기가 만만치 않다는 데에 그 문제의 심각성이 있다. 그러다 보니 자주적 형태의 민주정부 수립의 최소치에 있는 민주당 중심의 정권 형태에 진보세력이 참여하는 민주연립정부 구성이 단계화된다. 이후 진보진영 역량이 성숙되고 커지면 민주연립정부 하에서도 주도성이 커지고, 그에 비례해 독자적으로 정권의 담지자·담당자가 될 수 있다.

부당한 압력을 이겨나가면서 남북관계 개선이나 6·15식 통일방안의 이행 등을 조금씩 진행시켜 나갈 수 있다. 이의 증명은 지금의 문재인 정부 모습을 보면 금방 알 수 있다. 진보정당이 직접 정권을 장악하거나, 아니라면 최소한 진보정당(혹은 세력)이 결합된 자주적 민주연립정부 구성 정도라야 미국의 벽을 넘어설 수 있음을 명확히 보여주었기 때문이다.

한미 워킹그룹은 단연 그 실증적 증거이다. 개성공단 기업인의 단순 방문도, 미국의 승인과는 아무런 상관도 없는 인도적 지원사업의 일환이었던 의약품(타미플루) 지원사업도 결국 이 내정간섭기구의 허가를 받아야만 했다. 이 외에도 미국은 철수할 생각이 전혀 없으면서도 주한미군 철수 카드로 민족의 운명을 농락하며 방위비를 인상시켰고, 전작권의 환수 시기를 지연시켜 나가고 있다. 또한, 지금의 북핵위기가 미국 자신들의 대북적대정책을 철회하지 않는 데에 그 문제의 본질이 있건만, 이를 왜곡하면서 그것을 빌미로 동북아에서의 패권 유지와 제재 국면을 지속시키는 명분으로 활용한다. 바로 이러한 전략적 의도에 꼼짝 못 하는 이 정부—문재인 정부의 모습을 보면서 이 모든 상황은 진보정당이 직접 권력을 장악하거나, 최소한 진보정당(혹은 세력)이 참여하는 민주연립정부의 등장 없이는 아주 자그마한 남북관계 개선마저도 미국의 승인에 막혀 추진할 수 없게 되고, 통일의 '통' 자도 꺼낼 수 없음을 분명히 보여준다.

참고로 민주연립정부 구성에 있어 진보정당(혹은 세력)이 중심이 되었을 때와 그렇지 않고 민주당이 중심이 되었을 때 자주의 문제가 어떻게 구현될 수 있는지 그 차이를 다음과 같이 조심스럽게 구분한다.

먼저, 민주당 중심의 민주연립정부가 들어섰을 때의 경우이다. 정부 차원에서 전개되는 자주 문제는 용미用美로의 접근이다. 다시 말하면, 변혁적 사회운동이 하는 것처럼 대놓고 미국 반대나 반미자주화 운동을 전면적으로 전개할 수는 없다는 말이다. 그래서 할 수 있는 차원은 첫째, 불평등한 한미동맹을 정상적인 한미동맹으로 재정립해내는 것. 둘째, 남북공동선언을 민족 공조 관점에서 견지해나갈 수 있도록 주권의 자율성을 최대한 미국으로부터 사실상 양해 받는 것. 셋째, 불필요한 한미합동군사훈련 중지 및 남북 간 군사적 긴장 고조 억제와 군축 등을 실현해나가는 것이다. 이처럼 핵심은 현실적 조건에서 국가와 민족의 이익에 맞게 쌍무적 동맹 관계로 한미관계를 재조정하는 데 맞춰져야 한다(그러므로 자주통일운동 진영도 이 성격에 맞게 정부를 압박하고 견인하는 유연한 전술의 개발이 꼭 필요하다).

다음으로, 진보정당(혹은 세력)이 중심이 된 민주연립정부가 들어섰을 때의 경우다. 정부 차원에서 전개될 수 있는 자주의 문제는 민주당 중심 때와는 확연히 다르다. 본질적인 의미에서 자주를 중심에 놓는 근본적인 조국통일 정책이 수립되어야 한다. 이의 기본 원칙으로는 자주통일운동의 본령에 맞게, 그 높이에서 미국과의 관계가 재정립되고 남북관계 개선이 이뤄질 수 있도록 해야 한다. 첫째, 동북아 집단안보체제 구축을 지향하며 한미동맹 해체와 주한미군 철수를 위해 혼신의 노력을 다해야 한다. 그리고 그 과정은 평화협정 체결과 한반도 평화체제 구축과 당연히 비례하게 해야 한다. 둘째, 6·15식 통일방안의 합의 이행이 전면화되어야 한다. 민족통일기구 구성은 물론 쟁점으로 남겨 놓았던 "1국가" 합의까지 반드시 나아가야 한다.

셋째, 단순 남북교류와 협력을 넘어 남과 북을 하나의 경제권으로 묶는 민족경제 원리가 작동하게 해야 한다. 즉, 수출주도형 경제정책을 멈추고 한반도경제론에 기초한 내수 중심과 남북 공동의 일자리가 창출되는 통일경제정책이 추진되어야 한다.

2부

분명하게
바로잡아져야 할
몇 가지 것들

북北 얘기다. 미국과 국내 추종세력들은 자신들의 체제 유지와 장기 집권을 위해 철저히 북을 악마화해야만 했고, 가짜 담론들을 체계적으로 정립시켜 국민들이 북에 대해 정확히 인식하지 못하도록 막아야만 했다. 그 과정에서 가공의 '북한'이 만들어졌다. 엄연히 '조선민주주의인민공화국'*이라는 국가명이 있고, 약어가 필요하면 당사자 요청을 수용하는 관례에 따라 '조선'으로 표현해줘도 될 일인데, 기어이 이 지구상 어떤 곳에서도 존재하지 않는 유령 국가를 만들어냈다. 그래야만 거짓과 왜곡에 유리하기 때문이다.

의도는 적중했다. 우리 안에 반북과 체제 우월 의식을 확실히 심었고, 그에 따라 북에 대한 잘못된 인식은 분단체제를 지속적으로 유지

---

* 이 책에서는 문장에 따른 가독성을 높이기 위해 조선민주주의인민공화국의 약어로 필요에 따라 '조선'과 '북', 또는 '북측'이라는 용어를 혼용해서 사용한다. 독자들의 양해를 바라며, 동시에 대한민국도 필요에 따라 '한국', '남', 또는 '남측'으로 혼용해서 쓴다.

시키는 주범이 되었다. '기·승·전·반북'이라는 이념적 장애가 그렇게 만들어졌다. 하지만, 생각을 조금만 바꿔보면, 즉 북을 긍정적으로 대하고, 무조건 적으로 적대하는 일이 없다면 대한민국 20대 청년들이 20대 청춘 전반기를 군 복무로 인해 시간 낭비를 하지 않아도 되고, 또 대학등록금은 물론이고 청년실업 문제 등도 상당 부분 해소될 수 있었을 것이다. 근본적으로는 한반도에 평화가 정착되고 통일도 훨씬 더 가까워졌을 깃이다. 그런데 맹목적 반북의식 때문에 아무것도 할 수 없게 되었다. 뒤늦게 잉태된 '북맹'과 '혐북'은 이들 반공·반북과 일란성 쌍둥이로 결합되고, 종북은 이란성 쌍둥이로 결합되어 모두 똑같이 북의 진상을 흐리게 하고, 통일을 가로막는 주범 노릇을 한다.

5·16쿠데타, 유신체제, 12·12쿠데타, 광주학살, 1987년 대선 등등 이런 모든 중요한 시기마다 분단적폐세력들*은 늘 항쟁을 무력화하고 정권을 연장시키기 위해 북을 이용해왔다. 심지어 1997년 대선을 앞두고선 당시 한나라당 이회창 후보가 북에 군사도발을 청탁했다는 총풍사건이 일어나기도 했다. 이뿐만이 아니다. 이명박, 박근혜 정권 시기에는 서울시 공무원 간첩조작 사건을 일으켜 보수 세력의 여론 형성에 이용하려 하였다. 필요에 따라서는 생사람까지 잡는다. 모란봉악단 단장으로 알려진 현송월이나 김영철 조선로동당 부위원장이 숙청됐다는 가짜뉴스 등이 그 예다. 그리고는 아주 뜬금없이 통일을

---

* 여기서 말하고 있는 분단적폐세력들은 보수수구세력은 물론이고, 유신세력, 친미친일세력, 반공반북세력 등 이 땅에서 통일을 바라지 않고, 반민중적인 정책으로 일관하고 있는 모든 세력들의 총합이자 일체를 말한다.

어떻게 이룰 것인지에 대한 청사진 하나 제시하지 않고 그냥 어느 날 갑자기 도둑 찾아오듯 "통일은 대박"이라며 속 빈 구호를 내건다. "북은 반드시 망할 것"이라는 그들의 간절한 바람까지 담으면서 말이다.

1980년대 말에서 1990년대 초 소련을 위시한 현실 사회수의권 붕괴 때, 1994년 김일성 주석의 사망 때, 1990년대 중후반의 식량난 때, 그리고 최근 김정은 위원장 건강 위중설까지 그들은 단 한 번도 이런 기대를 포기한 적이 없다.

한편, 이와는 정 반대편의 모습으로 대한민국을 짓누르는 또 다른 하나의 담론 체계가 있다. 바로 한미동맹에 대한 숭배의식이 그것이다. 영락없는 현대판 재조지은再造之恩으로서의 맹목적 신념체계이다. 대한민국 정치권과 전문가 집단들, 그리고 관료 사회는 말할 것도 없고 군대, 언론, 학계, 심지어는 많은 류의 일반시민 사회도 그렇다고 봐야 한다. 그래서 나타나는 양태는 제아무리 미국이 잘못해도, 혹은 남북문제를 남과 북이 합의한 대로 민족 공조 차원에서 풀어나가려 해도 "우리가 미국 눈 밖에 나면서까지", "우리가 미국을 배신하면서까지" 그렇게 눈살 찌푸리고, 종국에는 "미국한테 감히?", "미국의 보복을 감당해 낼 수 있겠어?"라는 식으로 숭미崇美·공미恐美의식으로 강박한다. 너무나도 분명한 체질화된 스톡홀름 신드롬(Stockholm Syndrome)현상이다.

그러나 그나마 다행스러운 것은 이런 숭미와 공미 이데올로기가 우리 민중들 스스로의 힘에 의해 엄청난 파열구가 생겨났다는 점이다. 1980년 광주민주항쟁에서 미국의 실체가 밝혀진 이래 미국에 대한 인식이 차츰차츰 변해왔고, 최근 미국 트럼프 행정부에 의해 주도된 주한미군 방위비 5배 인상 문제가 대한민국 국민들로 하여금 이 문제만큼은 도저히 수용할 수 없게 하였다.

해서 이 장에서는 이 두 측면, 하나는 북이 과연 미국의 이런 파상적인 압박 공세에도 굴하지 않고 버텨낼 수 있을까, 아니 종국적으로는 이겨낼 수 있을까 하는 의문에 답을 주고, 또 다른 하나는 맹신화된 한미동맹 체제가 어떻게 무너져가고 있는지, 혹은 왜 무너져야만 하는지에 대한 분명한 사유적 담론 형성에 도움이 되었으면 하는 바람을 담았다.

1장

왜 '북한'보다는 '조선'이라는
정명正名을 써야 하는가?

없는 국가명 '북한(North Korea)'이라 불리는 나라가 있다. 정식 명칭은 조선민주주의인민공화국(DPRK, Democratic People's Republic of Korea, 이하 조선)으로, 국제연합(UN)에 가입된 실제 국가의 이름이다. 이렇게 엄연히 정식 국가명이 있는데 우리에게는 '북한'이라는 이름이 더 익숙하고, 정식 국호는 오직, 올림픽 등 전 세계가 함께하는 공식 경기 외엔 잘 사용되지 않는다. 철저하게 악마화된 가상의 북한만이 우리들의 인식을 지배하게 만든 반反조선 책동의 결과이다.

도대체 왜 이런 일이 발생했을까? 분명 북한이라는 국가는 이 지구상에 없는데도 말이다. 그런데도 그 없는 국가가 미국의 악마화 시도와 대한민국의 반공·반북의 틀에 갇히는 순간 이유를 불문하고 존재하는 국가가 되어야 했다. 특히, 국가보안법상으로는 반국가단체가 되어야만 했다. 대한민국 정부 공식 발표문에도, 다음Daum과 네이버 두산백과 사전에도 북한이라는 키워드를 쳐넣어야만 설명이 가능한 나라가 되었다. 입력하면 조선 국기가 나오고, 명칭도 '북한 국기'로 되어 있다. "아시아 한반도 북쪽에 있는 공산주의 정권"이라는 부연 설명과 함께. 실체 없는 가상으로서의 북한이 그렇게 존재한다.

정치적으로는 이보다 더 심각하다. 불량국가여야 하고, 깡패국가여야 한다. 세습국가여야 하고, 독재국가여야 한다. 더해서 아주 가난한 국가여야 한다. 자유민주주의 국가체제인 대한민국과는 다른 체제를 갖고 있기는 하지만, 그래도 인민들은 여느 국가들처럼 자주독립국가 인민들로서의 권리와 의무를 다 누리는데, 실체와 달리 만들어진 이들의 이미지는 이렇게 그 정반대이다. 엄청난 국가 피해자들이자 이 지구상에서 가장 불쌍한 인민들이다. 무상교육·무상의료·무상주택의 혜택이 주어지는 세계 유일의 국가임에도 완벽하게 부정되거나 잊혀져야 한다. 여전히 미해결되어 지금까지도 엄청난 홍역을 치르고 있는 대한민국과는 달리 철저하게 일제 식민잔재가 청산된 민족 정체성마저도 부정되거나 망각되어야만 한다.

더 있다. 우리 민족이 원치 않았지만 분단된 이후, 미국의 대북적대정책에 맞서 '우리식' 사회주의 체제를 유지해온 주체조선임도 부정되어야만 한다. 대한민국 제19대 문재인 대통령이 2018년 9월 진행된 남북정상회담 기간 중 행한 평양 연설에서 "어려운 시절에도 민족의 자존심을 지키며 끝끝내 스스로 일어서고자 하는 불굴의 용기를 보았습니다."라고 말했으나, 끝끝내 한낱 외교적 수사로만 존재해야 되는 '없는' 조선의 모습을 보아야만 한다.

북한이라는 마법의 틀은 이처럼 간고하고, 질긴 생명력을 갖고 있다. 왜 그럴까? 수많은 이유가 있겠으나, 핵심은 존재하지 않는 명칭이지만, '있는' 국호로 둔갑되어야만 하는 원인에서 찾아야 한다. 그래야만 북한과 조선이 우리 인식상 등치되지 않는, 즉 "북한 ≠ 조선"으로 될 수 있어 그렇다. 그래야 또 일제의 식민잔재를 철저히 청산하여 민족 주체성을 되살린 자주독립국가 조선보다는, 이 지구상에서 가장 가난하면서도 호전적으로 악마화된 독재국가 북한으로서의 이미지가 반국가단체로 각인시키는 데에 훨씬 유리해질 수 있다. 이 사실들로부터 조선을 이해하는 문법은 명확해졌다. 정반대, 즉 정명 正名하는 수밖에 없다. 도표화는 아래와 같다.

정명으로 인식하지 못한 경우	깡패국가, 세습국가, 독재국가, 이 지구상 가장 가난한 국가 등
정명으로 인식하는 경우	•사회주의 체제: 유일사상체계에 근거한 수령-당-대중의 혼연일체 사회주의 체제 •인민복지국가: 무상의료, 무상교육, 무상주택 •완벽한 친일청산과 국가정체성 확립 •전략국가의 위상: 미국과의 세기의 대결

1. '북한'만 있는 국가보안법의 위력

사람들 간의 소통 관계는 주로 말을 포함하는 언어에 의해서 매개된다. 그래서 말과 언어는 한 인간의 의식을 일정하게 지배하고, 또 거기에서 사람의 생각이나 사상 및 신념 체계도 드러난다. 같은 사유로 조선이라는 단어를 그토록 인정하지 않으려는 이유도 바로 여기에 있다. 무심코 사용하는 북한이라는 단어가 왜 위험하고, 세뇌로 작용되어 정상적 사고를 할 수 없게끔 하는지의 이유도 알 수 있다. 자기도 모르게 반공·반북이 분단의 용어로 포획되어 국가로 실재하는 조선을 이 지구상에는 존재하지 않는 북한으로 대체하고, 마음속에 삼팔선을 그렇게 그어놓게 된다.

국가보안법은 그 최종 결정판이다. 아무런 의심 없이, 아무런 자각 없이 반공·반북 이념에 길들어 아무렇지 않게 북한이라는 용어를 사용하게끔 한다. 그렇게 자신의 사고 안에 조선을 절대 인정하지 못하는 국가보안법 제2조 ①항이 똬리를 튼다.

> "제2조(반국가 단체) ① 이 법에서 반국가 단체라 함은 정부를 참칭하거나 국가를 변란할 것을 목적으로 하는 국내외의 결사 또는 집단을 말한다."

그러므로 북한은, "대한민국 영토는 한반도와 그 부속 도서로 한다."라는 대한민국의 헌법 제3조에 근거해 한반도 '유일' 국가 대한민국에 의해 반드시 수복되어야만 하는 부속 도서일 뿐이다. 또한, 북한이 대한민국 부속 도서이기 때문에 반국가단체로 규정해놓을 수 있는 근거가 되는 것이다. 그러니 조선이라는 국가가 어떻게 대한민국에서 완전한 자주독립 국가로서 인정될 수 있겠으며 왜 조선 대신 북한이라고 불러야 하고, 인식되어야만 하는지 그 이유가 그렇게 발생한다. 반통일·반민주·반인권의 총체이자 헌법 위의 헌법과도 같은 국가보안법이, 현대 민주주의 국가에서는 절대 있을 수 없는 우리 안의 온전한 생각과 사상을 옥죄이며 조선을 절대 인정하지 않는 '사실상의' 사상 검열 장치이다. 나아가, 민족적 관점에서 조선을 바라보는 시각을 절대 허용하지 않는 현대판 일제의 치안유지법이다.

검은 양 효과(Black Sheep Effect)

검은 양 효과란 쉽게 말해 자기 집단을 편애하기 위해 희생양을 삼는 것을 말한다. 이 마법에 한번 빠지면 어떤 검증도 이성적 판단도 불필요하다. 철저히 외눈박이로, 북에 대한 시각이 꼭 그렇다. 즉, 극도의 혐오와 부정적 시각만으로 북을 이해해야 한다. 정권의 필요에 의해 가공된 정보만을 진실인 양 믿어야 한다. 미국과 대한민국의 권력 지배층이 70여 년의 긴 세월을 지금까지도 고수하고 있는 국가보안법과 똘이장군식 북 이해 문법만을 그대로 수용해야 한다. 결론적으로, 1차 정보에 대한 철저한 접근 금지를 통해 자기들 외에는 그 누구도 북의 생각과 정서를 읽어낼 수 없게끔 만든 이 현실에 대해 언감생심 토를 달지 않아야 한다.

그 결과, 다음과 같은 북의 인식만이 대한민국 사회를 지배하게 한다. 어떤 사람이 김정은 국무위원장의 리더십을 개방적인 스타일로 분석하면 그 사람은 틀림없이 진보적이거나 친북 인사가 되어야 한다. 반면에 아무런 근거는 없지만 그냥 북 붕괴가 임박했다고 주장하면 그 사람은 분명 애국적인 인사로 칭

송된다. 또 남북관계가 비록 좋지 않다고 하더라도 북에 대해 계속 포용정책을 펼쳐나가야 한다고 주장하면 틀림없이 그 사람은 친북 좌파로 내몰리게 되고, 반면 강경정책을 밀어붙여야 한다고 주장하면 그 사람은 필히 모범적인 대한민국의 인물상이 되는 것이다.

통일 대박론도 이 문법에 그대로 적용될 수 있다. "통일이 곧 대박"이라는 뜻을 자본 문법이나 이념 문법에 구속되지 않고 본다면 대박 자체를 싫어할 이유는 없다. 그래서 대박은 필요에 따라 축제와도 같은 분위기를 연출할 수도 있다. 그러려면 국민 모두 자유롭게 통일과 관련된 얘기를 나누거나 그런 흐름과 분위기가 사회적으로 만들어지고, 정치권도 이를 수용해 정책과 제도화를 실현하기 위해 노력해야 하는 것이 정상적이다. 분명, 그게 정상이다. 그래서 통일 대박의 분위기도 그렇게 형성되어야 한다.

하지만, 당시 사회적 분위기는 오히려 정반대였다. 신은미 사태에서 확인할 수 있듯이 북에 대한 자유로운 해석과 북 바로 알기가 활성화되기는커녕 더더욱 꽁꽁 얼어붙었다. 해서 통일문제와 남북문제, 분단문제 등과 관련된 그 어떤 담론과 의제도 함부로 얘기할 수 없었다. 두말할 필요도 없이 신은미 사태에서 확인된 국가보안법이 뒤에 그렇게 딱 버티고 서 있으니 더더욱 생산적 논쟁은 될 수도 없었다.

대박을 터트리자면서 통일 분위기는 오히려 더 꽁꽁 얼어붙게 하였다. 차이보다는 공통점을 내세워 연북聯北해도 통일이 될까 말까 한데 여론은 그 정반대를 형성하게 했다. 여기서 잠깐, 다음과 같은 생각을 해보면 통일은 점점 더 가까워져야만 통일을 할 수 있는 것이다. 이웃 간에 정이 생기는 세상 이치와도 똑같다. 교류하고 왕래하면서 정이 싹터야 가까운 이웃이 된다. 그런데도 상대방인 북과 우리가 살고 있는 남을 철저히 구별하라고만 한다면, 그것도 모자라 북을 적대화·악마화하여 비난하라고 한다면 이는 통일하지 말라는 것과 하등 다르지 않다. 바로 이것이 검은 양 효과이다. 종북 이념의 추종자로 낙인찍은 것도 이와 똑같다. 내가 살아남기 위해 사실과는 아무런 상관없이 특정의 검은 양羊 하나를 찾아내 모든 불만과 오류의 책임을 전적으로 그에게 전가하듯 자신과 공동체는 평안과 안녕을 누리려는 집단따돌림 의식이 고스란히 북 들여다보기에 적용된다. 마찬가지로, 정권에 불편한 사람이나 집단, 혹은 정치세력에 대해 종북주의로 매도해 사회로부터 완전 격리시키려는 시도 또한 결국은 결만 좀 다를 뿐 또 다른 의미에서의 분명한 검은 양 효과이다.

이의 법적 제도화가 바로 국가보안법이다. 국가정보원은 그 악어새다. 그리고 이들은 이 작동 원리와 심리를 누구보다도 잘 알기에 국가보안법 뒤에 숨어 너무나도 이를 잘 활용하고, 자신들에게만 독점되어 있는 북 정보의 접근 권한을 절대 개방하지 않아 설령 거짓 정보로 탄로가 난다 하더라도 어느 것 하나 사실 관계 확인을 요구하지도, 또 요구할 수도 없는 특성을 이용해 없었던 일로 해버릴 수 있다.

실례로 한때 모란봉악단의 단장 현송월과 관련된 오보가 완벽한 거짓 정보로 판명되어도 누구 하나 책임지는 사람이나 사회적 분위기는 없었다. 당시 보도는 처형 장소가 어디고, 누가 지켜봤으며, 어떤 방식으로 죽였는지를 마치 그 현장에 있었던 것처럼 생생하였다. 그런데 정작 5년 후 2018년 평창 동계올림픽에 예술단장 자격으로 남측을 방문했는데도, 그 당시 누가 어떤 목적으로 그런 가공된 가짜 정보를 만들어 국민들을 현혹하려 했는지에 대해 누구 하나 책임지고 변명하지 않는다.

이런 사례들은 다 열거할 수 없을 정도로 많다. 뜬금없이 어느 날 갑자기 남측 언론 등을 통해 북 고위급 인사 동정이 발표된다. 대부분 믿을 수 없는 내용들이다. "건성건성 박수를 치거나 삐딱하게 앉은 모습", "손을 주머니에 꽂은 채 김정은을 수행한 죄", "김정은 연설 도중 안경을 닦은 게 꼬투리가 되어 공개처형", "최고지도자 앞에서 졸았다는 이유로 총살당했다"는 등 희한한 제목의 뉴스가 호들갑 떨며 수없이 많이 방송 매체를 탄다. 그런데 훗날 그들이 아무 일이 없었다는 듯 북 방송에 나타나거나, 또는 실제 지병으로 사망했다 하여도 상황은 하나도 변하지 않는다. 원래 아무런 일이 없었던 양 오보에 대한 사과도 설명도 없다.

장성택 숙청은 그 최고 정점이다. 최고위급 인사들 대부분의 숙청 보도가 같은 형태이기는 하였지만, 장성택 숙청 관련 기사는 왜곡 정도가 매우 심각했다. 단 한 사람을 처형하기 위해 기관포나 곡사포까지 동원해 쐬 죽였다는 어처구니없는 허위 보도였지만, 곧이곧대로 받아쓰는 언론들과 전문가들만 있지 어느 누구 하나 오보 정정이나 반론을 제시하지 못했다. 결과, 사실 여부와는 상관없이 국민들 사이에는 이미 북에 대한 강렬한 적개심과 혐오만 남겼다. 국정원과 보수수구 세력들이 의도한 노림수가 그대로 통했고, 완벽한 검은 양 효과이다. 이의 정치적 학습은 종북의 덫에 걸린 대한민국의 자화상이다.

검은 양 효과와 종북이념은 그들이 의도한 대로 확실히 마르지 않는 샘물과 같다. 문재인 정부가 들어섰다 하여 이는 예외이지 않다. 세 번의 정상회담과 두 번의 남북공동선언을 내와 "한반도의 평화와 번영, 통일"을 얘기하고 있는데도 대한민국 대부분의 사람들 머릿속에는 여전히 극심한 경제난을 겪던 1990년대의 북 영상만 남아 있다. 전적인 이 영향 탓이다.

자력으로 핵을 보유한 전략국가이자 탄소하나(C1) 화학공업 및 주체철과 주체섬유로 이어지는 주체공업이 발달하고, "기계를 만드는 공작기계"로 알려진 CNC를 비롯한 각종 자동화 설비를 갖춘 공장들이 가동되고 있는 북의 모습은 절대 보려 하지 않는다. 아니, 볼 수가 없다. 북을 똑바로 보는 것을 가로막는 여러 반북 문법들이 철통같이 작동되고 있는데 무슨 수로 어떻게 볼 수 있단 말인가?

그나마 반북 문법들에 포섭되지 않은 사람들조차도, 즉 남북 간의 교류와 협력을 강조하고, 남북경협을 통한 남북관계의 개선을 말하는 사람들조차도 북의 값싼 노동력과 풍부한 지하자원만 인정할 뿐이다. 북의 과학기술 발달이나 자력발전노선에 대해서는 영 인정하지 않는다. 심지어는 가능하지 않다고 본다. 또 북의 미사일이나 핵 등 국방과학기술, 즉 북 용어로 '군수경제' 발전을 인정하는 사람들조차도 이후 군수산업이 민수로 이전될 수 있다는, 그래서 북 경제가 획기적으로 발전할 수 있다는 사실을 전혀 수용하려 들지 않는다. 북에 대한 반 푼짜리 인식은 여기서 끝나지 않는다. 사실상 서구의 4차 산업혁명에 해당되는 북의 '새 세기 산업혁명'이 자강력과 과학기술중시정책에 근거한 5개년 경제발전전략이 김정은 국무위원장의 직접 지도하에 본격적으로 추진되고 있다는 사실조차도 전혀 모르고, 또 알려고 하지도 않는다. 오직 굶주리고 배고픈 인민들과 잘못된 체제와 그 체제를 유지·강화하려는 김정은 위원장의 무모함만 본다. 아주 인색한 점수가 그렇게 남발된다.

결국 이 모든 것에는, 우리 사회 전체가 북을 미워하고 조롱하면서 북을 제대로 바라보지 않으려는 '북맹' 시대로 진입했다는 뜻을 가진다. 매우 위험하고도 왜곡된 북 인식이건만, 어느 누구 하나 이를 교정하려 들지 못한다.

20년, 길면 30~40년 전의 북 모습만 보려 한다. 다른 말로는 검은 양 효과와 종북의 덫을 무기로 생명력을 유지하는 분단체제의 위력이 이렇게 크고, 견고하다. 그리고 그 비례는 이러한 상황이 지속되는 한 분단은 절대 극복될 수 없고, 마찬가지로 이에 기생하며 뿌리 박고 있는 우리 사회 안의 적폐 세력들도 절대 없어지지 않는다. 그렇다면 다른 길도 있을 수 없다. 긴 불행이 이어지지 않기 위해서는 무엇을 어떻게 해야 할지, 보다 분명하다.

2. '조선'과 '북한'이라는 이름은 하늘과 땅 차이

그럼, 실재로서 '조선'의 모습은 어떠한가. 불량국가나 깡패국가라는 이미지 대신 사회주의 체제를 유지하려는 주체 조선의 강건함이 보인다. 그뿐만이 아니라 세습국가나 독재국가가 아닌, '절대존엄' 수령을 중심에 놓은 인민민주주의 국가체제의 모습도 보인다. 더 나아가, 이 지구상에서 가장 불쌍한 인민들 대신, 그 어떤 국가들보다 자주 독립된 국가의 인민이자 나름 줏대 있는 행복한 인민들 모습도 투영된다. 무슨 근거로? 서방 경제지표로서는 분명 낮은 GNI(Gross National Income, 국민총소득)일 수 있겠지만, 무상의료·무상교육·무상주택의 혜택이 주어지는 세계 유일무이의 국가이자 높은 행복지수의 조선이 그 증거다.

뿐만 아니라, 미국의 온갖 추잡한 공작과 더불어 미국에 추종하는 국내 세력들의 집요한 반ɒ조선 책동 이데올로기를 뚫고 온전한 조선의 입장으로만 이해할 수 있다면 지금의 정세에서 조선이 미국을 압박하며 추진하는 '선평화체제', '한반도 비핵화', '새로운 조미관계 수립(적대정책 철회)' 등의 정책도 분명 드러날 것이다.

또, '북한'이 조선이란 이름으로 바로잡힌다면, 국가보안법 폐지만이 북을 제대로 바라볼 수 있다는 결과론적인 인식도 도달할 수 있을 것이다. 그러면 민족적 관점에서 조선을 대할 수 있을 것이고, 전략국가로서의 위상과 지위에 오른 조선의 모습도 볼 수 있을 것이다. 미국 중심의 동북아 질서가 새롭게 재편돼 한반도 비핵화 실현에 공조해 나가는 대한민국 역할도 보일 것이고, 평화적으로 이행되어가는 민족 통일의 가능성도 보일 것이다.

반면, 그 정반대는 여전히 북한이란 이름으로 실상을 가리면, 조선은 절대 전략국가가 될 수 없는 불량국가이자 반국가단체다. 미국으로부터는 체제 보장과 굴욕적인 비핵화가 맞교환되는 악마화된 북한이다. 그렇게 조선의 실제가 가려진 북한 체제는 지독한 독재체제이고, 세계 질서의 절대강자이자 유일 강대국인 미국으로부터 북핵 문제 해결이 강제되어 불안정했던 북한 체제가 정상적인 국가로 되돌아가야 할 나라로 보일 것이다. 어떻게? 미국의 대북 적대와 제재에 굴복하여 사회주의 체제를 포기하고, 개혁·개방된 자유민주주의 체제로 전환될 수밖에 없다는 인식이다. 비례해 우리들의 인식은 계속하여 숭미·공미의식에 지배당할 것이다.

그러면 미국을 중심으로 하는 세계·남북정세를 바라보는 인식 구조가 자리 잡고, 북미 대결과 관련된 핵심 개념에는 미국의 입장만 반영된 '선先비핵화'나 '북핵 비핵화', '체제 보장'이라는 결과만 보여질 것이다. 철저하게 조선에 대입된 정세 인식이 아니라, 북한에 대입된 정세 국면의 인식 구조가 자리 잡을 것이다.

두 시각은 이렇게 완전 정반대이다. 과거나 지금이나 계속 그렇게 존재해오고, 여전히 우리에게는 어느 인식 편에 설 것인지를 묻는다. 계속 국가보안법이나 반북·반공 이데올로기를 핑계 삼아 북한이라는 단어와 말, 인식에 머물러 있을지, 아니면 촛불시대와 4·27 판문점 선언 시대에 걸맞게 깨어 있는 시민이 될지에 대한 물음을 계속 던지고 있는 것이다.

당연히 이제는 '조선'을 향한 왜곡과 편견의 상징 '북한'이라는 용어는 버리고, 원래의 이름으로 바로잡힌 조선으로 인식해야 한다. 정녕 몰랐다면 이제부터라도 반공·반북·혐북의 태도에 기초한 북한 인식문법은 버리고, 당장 빠져나와야 한다. 왜냐하면 그것이 촛불시대와 4·27판문점 시대에 걸맞는 '조선' 인식문법이기 때문이다.

당당히 촛불시민답게 북한이라는 단어 대신에, 원래의 국가 명칭인 조선으로 정명하여 조선에 대한 이해를 바로 하고, 70여 년 지속되어 온 분단 세월을 끝장내고, 통일의 영마루를 힘껏 달려나가는 자랑찬 주체가 되어야 한다.

3. 정명正名과 조선

한 예를 살펴보자. 멀리 갈 것도 없이 문재인 정부가 2018년 9월 평양공동선언 부속합의서인 남북군사합의서를 비준한 것을 두고, 조선일보와 당시 자유한국당 등이 "국가 안위 걸린 '남북 군사합의' 정부 일방 비준, 위헌 아닌가?"라는 주장을 했다. 이에 당시 청와대 대변인이었던 김의겸이 답변하기를 "(조선일보와 자유한국당이) 주장의 근거로 들고 있는 헌법 60조는 국회의 동의가 필요한 조약의 요건에 대해서 얘기하고 있다. 여기서 조약이란 문서에 의한 '국가' 간의 합의를 뜻하지만 **헌법과 법률 체계에서 북한은 국가가 아니**(강조, 필자)"라며 "따라서 **북한**(강조, 필자. 정부의 공식 발표에도 영락없이 조선 대신에 북한이라는 낱말이 사용된다)과 맺은 어떤 합의와 약속은 조약이 아니고, 헌법이 적용될 수 없다. 위헌이라는 말 자체가 성립되지 않는다."고 반박했다.

잘된 반박일까? 천만의 말씀이다. 촛불 민심에 의해 이 땅에서 분단적폐세력으로 낙인된 보수수구 세력의 한낱 반격에 그 정도밖에 답변하지 못하는 정부의 공식 논평치고는 너무나도 초라하다. 오히려 논란만 키웠고, 남북 군사합의서 자체의 정당성마저 훼손시켰다. 다음과 같은 반론에 직면하기 때문이다. 다수의 헌법 학자들은 조약이 국가 간에 맺는 것만 해당되는 것이라면, 당시 한국전쟁의 휴전협정 당사자가 유엔군사령부와 조선군이었다는 사실에서 국가가 아닌 반국가단체인 북한이 휴전협정 당사자로 참여했다는 말인데, 그럼 이 사실을 어떻게 설명해내려 할 것이냐며 반론을 제기하고 나섰다. 조선을 두고 촛불정부임을 자임하는 문재인 정부에서조차도 실체로서의 조선을 인정하는 대신, 북한으로 대함으로써 발생한 어처구니없는 해프닝이다. 사뭇 씁쓸함이다.

말 나온 김에 좀 더 논리를 이어가 보면 청와대 입장에서는 그들의 그러한 주장에 반박하기는 해야겠는데, 남북 군사합의서에 대해 민족 자주의 관점이 부족하니 반박의 초점이 잘못 맞춰졌다. 아무리 급했다 하더라도 헌법 제3조를 내세워 보수수구 세력들의 논리를 반박하고자 한 것은 빈대 잡으려나 초가삼간 다 태우는 꼴과 하등 다를 바 없다.

물론, 김 대변인의 의도를 모르진 않는다. 남북관계라는 것이 원래 국가와 국가 간의 관계가 아니라, 통일을 지향하는 과정에서 발생한 특수 관계임을 들어 보수수구 세력들의 '위헌' 주장을 되레 위헌이라 맞받아쳐 내고 싶어서 그랬을 것이다. 그래서 일면 이해해야 할 만한 구석도 있다. 하지만, 조금만 더 깊게 생각했더라면 그 답변에는 아주 몇 가지 큰 인식 상의 문제가 있었음도 알아챘어야 했다.

첫째, 남북관계가 여느 때와는 달리 남북정상회담 바로 직후라 최상의 관계를 유지하며 좋은 국면으로 진입하려 하는데, 굳이 그 국면에서 북을 적대하고 인식상의 혼란만을 불러일으킬 수 있는 그런 대응을 꼭 했어야만 했는가 하는 성찰적 물음을 건너뛰었다.

둘째, 본질적 문제로서 대변인의 논리대로라면 조선이 "반국가단체인데, 그럼 왜 그 단체의 수괴와 만났고, 그런 회담을 남북정상회담이라고 불러야만 하는가?"라고 국민들이 되물었을 때 어떻게 대답하려 할 것인지에 대한 구상도 이미 끝내져 있어야 했다.

그리고 위 두 물음에 답할 길은 오직 '조선'을 매우 정직하게 대면해야만 답을 얻을 수 있다. 즉 그런 기회를 이용해서, 조선일보와 당시 자유한국당의 반격을 촌철살인寸鐵殺人같이 맞받아내어 왜곡된 북에 대해 실체로서의 조선을 그대로 드러내면서 그와 연동해 "북 바르게 알기"의 필요성을 널리 확산시키는 국면으로 전환시켜내는 지혜가 꼭 필요했다.

어떻게? 우선은, 대전제를 조선의 지위가 좀 복잡하다는 점을 인정하는 것으로부터 그 출발점을 삼았어야 했다. 현행 헌법상으론 조선이 한반도 미未수복 지역이고, 또 국제법상으론 UN에 가입된 자주독립국가이며, 남북관계의 발전 법상으론 특수한 관계라는 것, 거기다가 세계 정치질서 속에서는 북이 전략국기의 지위까지 갖춘 실체적 국가였던 것만큼, 그 위상과 지위에 걸맞게 인정하는 예법이 필요했음을 알아차렸어야 했다.

이렇게 조선을 절대 일면적으로만 파악해서는 안 되는 이유가 있었다. 매우 중첩된 이해의 당사자이자 통일을 이뤄나가는 과정에서 반드시 손 맞잡을 수밖에 없는 동반자이고, 또 민족 공동체적 관점이 우선시되어야만 하는 그런 국가이자 민족구성원이며, 나아가서는 조선이라는 국가의 역사적 맥락과 위상은 물론, 민족과 통일의 상관관계 등을 다 함께 살펴보며 접근되고 이해되어야만 설명이 가능한 나라임을 인지했어야 했다.

다음, 공자가 세상을 바로잡고자 할 때 꼭 견지해야 할 것으로 주장했던 정명正名의 원칙에 입각해 북을 '조선'으로 반드시 제자리에 갖다 놓았어야만 했다. 그러면 분단 이념이 낳은 반북·반공의 가짜 북한이라는 국가는 없어지고, 없어졌으니 우리의 언어와 말에는 '조선'이라는 정식 국호가 들어오게 될 수 있다. 만약, 조선이 정 익숙하지 않으면 '이북'이나 '북측'이라는 민족적 관점과 용어를 사용해 점차적으로 익숙해나가는 단계적 방법도 괜찮았다.

그러면 그 과정에서, 10위권의 경제대국임을 자랑하나 아직껏 친일청산 문제 하나 해결하지 못하고, 여전히 사대 매국에서 자유롭지 못한 대한민국과는 달리 매우 철저하게 일제의 식민잔재를 청산해낸 같은 민족으로서의 조선도 보이고, 또 분단 이후 비징싱직인 한미동맹에 완전 포획된 대한민국과는 달리 자주·자립·자강으로 무장해 미국의 대한반도 지배정책과 적대에 맞서 우리식 사회주의 체제를 고수해나가는 주체 조선의 배짱도 보인다. 그리고는 이 모든 함의로서의 문재인 대통령이 평양에서 한 연설 "어려운 시절에도 민족의 자존심을 지키며 끝끝내 스스로 일어서고자 하는 불굴의 용기"라고 말했던 그 조선의 모습도 보인다. 비례적으로 남쪽에서는 그들의 반북·반공 논리에 휘둘리지 않는 자신들의 촛불정부 자긍심도 보였을 것이다. 하지만, 애석하게도 문재인 정부는 그러하질 못했다.

보충설명

반북과 대북 우월주의

크게 봤을 때 북을 싫어하는 방식은 두 가지다. 이념적 영역에서 북을 싫어하는 것이 주로 기성세대들의 방식이라면, 젊은 세대들에게는 감성적 영역으로서 가난을 이유로 들어 북을 싫어하는 경향성이 나타난다. 그리고는 이 둘 다 대북 우월주의와 연결되어 있기는 마찬가지이다.

하지만, 곰곰이 생각해보면 북이 대한민국보다 서구적 개념의 '가난하다'에 진입한 시기는 1970년대를 훌쩍 지나 1980년

대부터이다. 역전된 지 불과 30여 년의 세월밖에 안 된다. 이전에는 북이 여러모로 대한민국을 앞섰다. 사례들로는 다음과 같다. 남측은 달러라는 외화 획득을 위해 베트남전에 용병을 자처했다면, 북은 그 반대로 베트남이 미국에 맞서 사회주의의 승리에 기여할 목적으로 자체 생산된 군수물자 절반 이상을 베트남에 지원하였다. 또 단순비교이기는 하지만, 국토통일원(통일부 전신)이 1978~1979년에 걸쳐 실시한 "남북한 총력 추세 비교 연구"에 의하더라도 1960년 남북의 1인당 국민소득은 87달러와 148달러로 북이 남보다 1.6배 더 높았다. 다음과 같은 한 유명한 일화도 이를 증명해 준다. 당시 중앙정보부장이었던 이후락은 방북 후 방북 보고를 했는데, 이에 충격을 받은 박정희는 북의 학생소년궁전을 모방해서라도 어린이회관을 지어라 했고, 이는 당시 대한민국의 경제 능력으로는 도저히 북이 앞서 취해 나갔던 무상교육과 무상의료, 무상주택 정책을 도저히 따라갈 수 없었기에 부득불 그렇게라도 맞대응해 생색내기를 취할 수밖에 없었다. 박정희 정권이 받았을 충격이 얼마나 컸는지가 짐작 가는 대목이다.

바로 그런 시절의 대한민국도 있었다. 그래서 지금 좀 대한민국이 북보다 잘산다고 하여 그것으로 위세 떨고 깔보는 것은 마치 자신의 올챙이 시절을 생각해내지 못하고, 체제 우월주의가 병적으로 발현되어 북을 깔아뭉개는 가학적 행위에 다름 아니다. 우리 안의 조현증(schizophrenia)과 같은 정신질환의 모습이라 해도 틀리지 않다.

한편, 정보화시대를 살아가는 요즘 정보가 부족해서 북을 제대로 알지 못한다는 말은 철 지났다. 오히려 지나치게 넘쳐, 어떤 것이 사실이고 거짓인지를 가려내기가 더 어렵다. 이런 시대에 북에 관한 정보에서만큼은 오히려 정반대로 북을 제대로 알 수 있는 정보가 매우 부족하다. 국가보안법이 가둬놓고, 여기에다 종북 이념이 우리 안에 강력한 울타리를 치고 있기 때문이다. 대신 반공주의 반북주의에 기초한 잘못된 교육으로 북에 대한 이해가 형성되는 단계에서부터 왜곡된 정보를 주입시켜 우리의 대뇌를 지배한다.

또한, 여기에는 미국의 이념과 시선으로 들여다보고자 하는 대한민국 안의 숭미·공미 의식도 매우 큰 몫을 한다. 마치 과거 우리 조상들이 중화주의 관점으로 모든 사물과 가치, 제도, 질서를 세워내고 인식하였듯이 지금은 미국이 그 21세기판 중화주의를 대신한다. 숭미·공미주의 관점으로 보면 순도 100%의 변방 오랑캐가 북이다. 불량국가에다 깡패국가이고, 곧 무너질 빈국이다. 하지만 당시 정묘호란이나 병자호란이 명·청의 세력교체기라는 객관적인 세계정세마저도 보지 못하게 했던 중화주의의 결과물이라 했을 때, 지금의 숭미·공미주의도 북을 있는 그대로 보지 못하게 하는 인식 주범과 똑같다.

현실적으로는 미국이 북에 대해 그토록 체제 전환 및 전복을 시도하면서 핵 보유를 막아 나섰지만, 이제는 북이 단순히 버티는 것을 넘어 핵을 보유한 전략국가의 반열에 오르며 사회주의 강성국가 및 문명한 국가건설을 목표로 나아가고 있는데도 우리 사회 안에서는 여전히 북의 이러한 모습을 전혀 보지 못한다. 오직 미국적 관점과 시각, 대북 우월주의, 그리고 여야를 막론하고 대한민국 지배층 세력들이 자신들의 연속 집권을 위해 만들어낸 반공·반북·종북 이념, 거기에다 외눈박이 인식만이 있다.

하지만, 그 모든 외눈박이 인식을 벗어던져 버리면 다음과 같은 북이 분명 보인다. 먼저, 국가의 기본 철학과 이념의 좌표 문제이다. 우리 남측의 숭미崇美와는 달리, 북은 자주로 설정한 것이 또렷하다. 둘째, 우리 남측과는 달리, 북은 정권 수립과 동시에 친일청산을 철저하게 단행했다. 셋째, 우리 남측과는 달리, 토지와 적산가옥 등에 대해 무상몰수 무상분배를 실시함은 물론, 무상의료와 무상교육 등을 국가 운영 원리로 구축한 것이 그것이다.

그 외에도 수없이 많다. 우선은, 불량국가라는 거짓 허울이 벗겨질 것이다. 불량국가라는 인식 구조는 철저하게 미국의 잣대일 뿐이다. 최고지도자의 고맙다는 말 한마디에 인민 전체가 울고, 지도자도 덩달아 우는 그런 국가가 어찌 불량국가일 수 있겠는가? 다음, 북은 강대국의 협박에 순응하는 약소국이 아니다. 전략핵을 보유한 명백한 전략국가이다. 같은 우방인 소련과 중국의 간섭도 허용하지 않고, 심지어 미국과는 카스라·

태프트 밀약 이후 지긋지긋하게 이어온 미국의 한반도 지배 침략사를 끝장내려 한다. "그들은 우리의 승인 없이 아무것도 하시 못한다."는 미국 트럼프 대통령의 빌인에 제 목소리도 못 내는 대한민국과는 완전 다르다. 끝으로, 대한민국 역대 대통령들 대부분은 말로가 좋지 않았다. 반면에 북은 존경받고 심지어는 영생으로 표현된다. 실례로 베트남의 호찌민이 존경받고 국부 자격을 획득하였던 요인이 "베트남판 목민심서" 구현자로서의 그의 모습과 그가 서거했을 때 평생 모은 재산이라고는 딸랑 "옷 두 벌과 폐타이어로 만든 샌들 한 켤레"로 상징되는 청빈에 있었다. 북도 이 점에서는 유사하다. 김일성 주석은 자신의 금고에 평생 혁명 동지였던 낡은 사진 한 장만을 보관하였다고 한다. 김책의 사진이었다. 이어 김정일 국방위원장도 자신의 마지막 비준 수표였던 "물고기 공급 안"을 실행할 곳에 현지 지도를 나서려다 자신의 전용열차에서 급성 심근경색으로 서거했다. 이런데도 우리 남측이 북측으로부터 진정 배울 것이 하나도 없단 말인가? 답해야 한다.

2장

북 붕괴론에 대한 거짓, 혹은 진실

정세현 평화통일자문회의 부의장(전 통일부 장관)은 몇 해 전 어느 한 칼럼에서 이런 말을 한 적이 있다.

"북한 붕괴론이 20년 넘게 한반도 상공을 유령처럼 배회하고 있다. 남쪽에 진보정권이 서면 모습을 감췄다가 보수 정권이 들어서면 대낮에도 활개 친다. 그러나 북한 붕괴론은 아직 현실로 구현되지 않고 있다."(『한겨레신문』, 2015. 10. 11.)

말 그대로 북 붕괴론은 실체가 없는 유령의 배회일 뿐이다. 그런데도 왜 이 유령은 소멸되지 않고 우리 곁을 맴도는 것일까? 근본에는 미국과 분단적폐세력들이 자신들의 영구 지배와 통치를 강화하려는 목적으로 철저히 활용하고 있기 때문이다. 박근혜 정권 시절 남재준 당시 국정원장은 "오는 2015년에는 자유 대한민국 체제로 조국이 통일돼 있을 것"이라며 간부들과 "조국 통일 달성을 결의하는 자리"를 마련하였다. 이를 뒷받침이나 하듯 박근혜 대통령은 2014년 초 느닷없이 통일 대박론을 들고 나왔다. 이렇듯 이들이 권력 잡기를 포기하지 않는 한 위와 같은 망상은 늘 우리 곁을 맴돌 것이다. 그러니 분단 적폐세력들이 제거되지 않거나, 또 통일이 이뤄지지 않는 한 그들은 늘 시도 때도 없이 북이 붕괴하거나, 혹은 붕괴시켜 통일을 완수해야 한다는 명분으로 이 실체 없는 유령을 계속 무기로 활용하려 들 것이다.

또 다른 한 장면을 보자. 1997년 4월 20일, 에어필리핀 특별기가 경기도 성남 서울공항에 도착한다. 두 명의 망명 노신사는 비행기 트랩을 내려오면서 한 손에 모자를 든 채 두 팔을 들어 올린다. "대한민국 만세!" 그중 한 명은 황장엽 전 조선로동당 국제담당 비서다.* 남으로 망명한 그는 이날 발표한 성명서에서 이렇게 말한다.

"북조선은 …… 기형적 체제로 변질됐으며 경제는 전반적으로 마비 상태에 들어가고 …… 인민들은 기아에 신음하고 …… 빌어먹는 나라로 전락됐습니다."

기획됐던 대로 발언의 파장은 컸다. 1994년 김일성 주석 사망 뒤 "석 달을 못 간다"는 주장까지 나오던 상황이었으니, 북 붕괴론에 기름을 부은 격이었다. 이후 북 고위급(?) 외교관 망명은 이렇게 늘 정

---

* 나머지 한 명은 김덕홍 전 조선여광무역연합총회사 총사장이다. 두 사람은 같은 해 2월 중국 베이징의 한국 총영사관을 찾아 망명을 신청한 지 67일 만에 서울에 도착하였다. 지금까지 북 최고위직 망명이고, 황장엽에게는 항상 "주체사상의 대부"라는 수식어가 따라붙었다. 그의 망명은 곧 "주체사상의 망명"이라는 뜻으로 말이다.

권의 필요와 이를 퍼 나르기에 급급한 언론들 및 전문가들에 의해 매번 대서특필되는 단골 메뉴였고, 북 붕괴론은 사그라들지 않는 그들만의 만병통치약이었다. 패턴도 다음과 같이 매우 도식화되었다.

최고지도자 사망 → 권력투쟁 → 급변사태 → 체제붕괴 → 흡수통일

예로는 1980년대 말~1990년대 초에 발생했던 현실 사회주의권의 붕괴와 1994년 김일성 주석의 사망, 1990년대 후반 식량난 때, 그리고 MB를 지나 박근혜의 통일 대박론이 등장하였던 때, 또 가장 최근 예로는 2021년에 빅터 차의 북 붕괴론* 등등. 모두 다 위 도식에 한 치 오차 없는 그 궤를 같이한다. 그런데도, 여전히 북은 붕괴하지 않았다. 오히려 그들은 그들만의 방식으로 전략국가가 되고, 사회주의 강성국가와 문명한 사회주의국가로 진입해 간다. 진실은 과연 어디에 있는 것일까?

1. 북 붕괴론의 논리 구조와 사례

북 붕괴론에 대한 그들의 신념은 어제오늘 뿌리내린 것이 아니다.

---

* 빅터 차(미 전략국제문제연구소, 한국 석좌교수)는 2월 16일(현지시각) 워싱턴 포스트에 글 하나를 기고하면서 바이든 행정부가 "코로나19, 핵무기, 붕괴하는 경제가 혼재한 재앙적인 상황을 맞고 있는 북한의 위기를 경계해야 한다"고 주장한다. 이른바 북 붕괴론을 빅터 차가 다시 끄집어낸 것이다.

2008년 이명박 정권 등장과 함께 그들은 과거 10년의 민주당 정권하에서 진행된 모든 남북교류와 협력 정책을 부정하려고 하였다. 이런 식이다. 대북 퍼주기였고, 결과도 핵 개발로 되돌아왔다. 북의 화폐 개혁이 실패해 물가는 대폭등했고, 생필품 거래는 끊겼다. 배급이 제대로 이뤄지지 않아 시장은 위축됐고, 곡창지대 황해도 등지에선 정권의 식량 수탈에 반발하는 움직임 및 폭동도 있었다. 더 나아가서는 권력 엘리트층이 분열되었다는 식으로까지 호도하였다. 자연스럽게 북도 곧 루마니아처럼 최고 권력자의 사망과 함께 멸망할 것이라 예상하였다. 이는 마치 마르크스가 1848년에 발표한 공산당 선언에서 "하나의 유령이 유럽을 배회하고 있다. 공산주의라는 유령이"라는 문구가 떠올려질 만큼, 북은 곧 붕괴(혹은, 멸망)될 것이라는 신념이 그들의 사고로 확실하게 굳어졌고 국민들도 이를 철석같이 믿기를 바랐다.

여기에서 우린 그들의 논리적 인식 구조에 다음과 같은 몇 가지 인식문법이 작동되고 있음을 알 수 있다. 다름 아닌, 자신들의 희망적 사고에 의해 포착된 몇 가지 불안 요인들을 나열하고, 그리고는 "그래서 이런 혼란이 오면 급변사태가 발생한다"는 동어반복과 논리 비약이 이뤄지고 정설로 굳어진다. 근거도 자신들이 희망한 "북 멸망론" 내지, "김정은 체제 부인론"이다. 마치 남쪽의 지배 체제에 대해 "성골 체제: 보수수구 정권", "진골 체제: 김대중 정권", "평민 체제: 노무현 정권"으로 규정하고 DJP 연합정권의 진골 체제까지는 그래도 참겠는데, 도저히 노무현과 같은(노무현으로 상징되는) 평민 체제는 용납할 수 없다며 끝내 인정하지 않으려 했던 자신들의 인식문법과도 너무나 똑같이. 아니, 그것보다 더 지독하게 말이다.

1) 북 붕괴론의 진원지

좀 더 그들의 논리를 한번 따라가 보자. 분명하게도 그들의 뇌에는 오직 북 붕괴론만 있다. 그래서 그들은 숙명적으로 늘 흡수통합으로 북 체제를 교체하는 생각과 정책만을 추구할 수밖에 없다. 구체적으로는 한미동맹 체제 강화를 통해 북에 압박을 주고, 이행 전략으로는 한미합동 군사훈련, 전략무기 구입, 통일세, 북한인권재단 설립, 인도적 지원 등을 빙자한 인권문제 거론 등 온갖 모략과 자극을 통해 북 체제가 무너질 수 있도록 하는 공작과 내정간섭을 벌인다. 그 3각 편대는 아래와 같다.

(1) 1차적 진원지

흔히 탈북자라 불리는 체제 이탈자* 집단이 있다. 그들의 입장에선 자신들의 체제 이탈을 최대한 합리화할 필요가 있는 데다, 국정원의 요구도 외면할 수 없으니, 북을 무조건 비난하고자 하는 욕망을 쉽게 뿌리칠 수 없다. 대략 3만 명 정도(2020년 현재)의 체제 이탈자들이 국내에 거주하면서 이 같은 활동을 하는데, 그 부작용이 만만치 않다.

박근혜 정부 때는 매우 심각했다. 대통령이 직접 나서서 이들을 활

---

* 이 책에서는 탈북자 대신, 체제 이탈자라는 용어를 사용한다. 이유는 이 용어가 개념 설명에 더 부합한다고 보기 때문이다. 그럼에도 오해가 있을 듯하여 일반론적인 의미에서 체제 이탈자들이 갖는 속성을 아래와 같이 덧붙인다. "체제 이탈자들 중에는 상당수가 자신들의 잘못에 따른 처벌의 두려움이나, 혹은 권력투쟁에서 밀려난 소외감으로 탈출할 수도 있기 때문에 이를 절대 간과하지 않아야 한다." 특히, 고난의 행군 이후 시기부터는 체제 이탈자들 대부분이 생계형 체제 이탈자들이다. 그런데 이들이 국내에 악착같이 정착하기 위해 대한민국 사회가 듣고 싶어 하는 것을 가공하여 북 얘기를 들려준다는 측면에서도 탈북자라는 용어보다 체제 이탈자 개념이 더 정확하다 하겠다.

용한 북 붕괴론을 공개적으로 언급할 정도였으니 말이다. 2016년 8월 22일 당시 박 대통령은 국가안전보장회의(NSC)에서 "북한 엘리트 층조차 무너지고 있고, 주요 인사들까지 탈북과 외국으로의 망명이 이어지는 등 심각한 균열 조짐을 보이는 등 체제 동요 가능성이 거지고 있다."고 말했다. 태영호 영국 주재 북 대사관 공사의 망명(2016. 8. 17)을 계기로 내부 균열을 언급한 것이다. 그 이전인 2011년 6월, 이미 이명박 대통령은 "통일은 도둑같이 올 것이다. 한밤중에 그렇게 올 수 있다."고 했다. 바로 이 모든 인식의 기저에는 이들 체제 이탈자들의 증언이 놓여 있다.

(2) 2차 진원지

분단체제의 지속에 이해관계를 가진 정치집단들이 이에 해당된다. 미국의 딥스테이트 세력 및 국내 보수수구 세력들의 정치적 집합체들이라 할 수 있는 국민의힘과 그들의 정치적 기반체인 각급 국민운동단체들이 그 존재들이다.

증거로는 다음과 같다. 주한 미 대사를 지낸 그레그가 쓴 『역사의 파편들』(창비, 2015)을 보면 이들의 인식과 대한민국의 민낯이 고스란히 드러난다. 지난 역대 정부 모두는 공히 "보고 싶은 것만 보는" 희망적 사고와 "우리가 보다 민주적이고, 잘산다"는 체제 우월적 사고에 젖어 한쪽(보수수구 세력)에서는 북한 붕괴론에 빠져 있고, 또 다른 한쪽(민주당 중심의 정치세력)에서는 교류·협력을 전개하면 언젠가는 북이 개혁·개방의 길로 나올 것이라는 집단사고(groupthink)의 오류에 매몰되어 있다는 것이다. 그러니 당연 그들 임기 내내 제대로 된 통일정책을 기대한다는 것은 마치 나무에 올라가 물고기를 얻으려 하는 연목구어緣木求魚와 같은 것이다.

첫째 사례, 이명박 정권 때인 2011년 11월 위키리크스(Wikileaks)가 폭로한 비밀 외교 전문에 따르면, 2009년 7월 현인택 통일부 장관은 커트 캠벨 미 국무부 동아태 차관보에게 "북한은 오래 가지 못할 것이다. 한미 양국은 (북한 붕괴를) 기다리며 압박을 가해야 한다."고 말한 것으로 기록되어 있다. 또 2010년 2월에는 천영우 외교부 2차관이 캐슬린 스티븐스 주한 미 대사에게 "북한은 이미 경제적으로 붕괴하고 있고, 김정일 위원장이 사망하면 2, 3년 내 정치적으로 붕괴할 것"이라고 주장한 걸로 나타나 있다. 같은 해 커트 캠벨(Kurt Campbell) 당시 미국 국무부 부차관보가 자국을 방문한 일본 의원단에게 "북은 6~7개월 버틸까 말까 하는 상황"이라고 장담했다.

둘째 사례, 박근혜 정권하에서는 북 붕괴론에 대한 신앙심은 더 깊어진다. 그 단적인 예가 2013년 12월 21일 국가정보원 송년 모임에서 당시 남재준 국정원장이 "2015년에는 자유 대한민국 체제로 조국이 통일돼 있을 것"이라는 발언이 그것이다. 발언 뒤 공교롭게도 2014년 새해 기자회견에서, 박 대통령은 통일 대박론을 처음 들고 나왔고, 곧바로 통일준비위원회를 출범시켰다. 과연 우연의 일치였을까?

(3) 3차 진원지

3차 진원지는 조·중·동으로 대표되는 보수수구 언론 매체 및 그들에게 기생해 있는 보수수구 계열의 전문가(학자, 지식인 등)와 일부의 진보적 대북 집단들이다. 더해 국방의 의무보다 직업 군인화된 군인집단도 예외이지는 않다. 1996년 게리 럭(Garry Ruck) 당시 주한미군사령관이 미 하원 안전보장위원회 세출위원회에서 북 붕괴에 대해 "붕괴할 것인가, 아닌가의 문제가 아니라 언제인가라는 시기의 문제이다."라고 진술했다. 또 한미 당국이 수립한 "작전계획 5029"의 일부 내용에는 "1. 식량난으로 굶주린 주민들의 불만이 증폭되고, 다수가 국경을 넘는다. 2. 민심을 의식한 지도층 다수가 불만을 표출하며 북한을 탈출한다. 3. 급기야 민중봉기가 일어나고 군부가 호응해 정변을 일으킨다. 4. 김정은을 제거하고 정권을 교체 내지 전복시킨다."라고 하여 김정은 체제의 몰락 및 전복을 기정사실화시킨다.

2) 외눈박이로 된 그릇된 인식들

진원지 분석이 그렇게 끝났다면, 외눈박이로 북을 인식하는 사례도 한번 살펴보자. 심각하기는 매한가지이다.

"3-3-3 붕괴설"은 그 정점이다. 전형적인 '묻지 마'식 붕괴설이고, 1994년 김일성 주석의 서거 직후 이 담론 '유령'은 거의 기정사실화되었다. 빠르면 3일 혹은 3개월, 그것도 아니라면 3년 내에는 북이 반드시 붕괴할 것이라는 가짜뉴스와 확증 편향이 우리 사회에 유령처럼 떠돌았다. 그러나 알다시피 북은 김정일 체제로 안착, 지속되었다. 그럼에도 이 설은 사라지지 않고, 고난의 행군 시기(94~97년)에도, 김정일 서거 이후에도, 장성택 숙청을 전후한 시기에도, 그리고 가장 최근은 김정은 건강 위중설과 맞물려 또다시 부활한다. 항상 그렇게 그들의 희망적 사고에 기생하고, 늘 필요에 따라 언제든지 써먹는다.

정말 기이한 현상이다. 왜냐하면 일반적으로는 거짓말이 그렇게 지속되면 양치기 소년에서 함의되는 바와 같이 이제는 더 이상 그런 주장이 용납되지 않거나, 설 땅이 없어져야 하는 것이 정상적이다. 그런데도 어찌 된 판인지 북 붕괴론과 관련해서는 "어떤 보이지 않는" 그 무엇(세력)의 필요에 따라 없어지지도 않고, 계속 부활하고 진화만 거듭된다. 틈만 나면 부활의 기회를 갖고, 그렇게 북 체제의 멸망이라는 희망적 사고가 전년 대비 경제지표가 조금만 나빠져도, 혹은 겨우 대외공관 공사 정도의 인사가 망명해도 붕괴 지수는 곧장 비약되어 멸망론으로 둔갑한다.

"북한은 반드시 붕괴되어야 할 집단"이라는 그들의 맹신적 사유가 조·중·동이라는 매체를 타고 끊임없이 그렇게 확대 재생산된다. 그러니 우리 국민들은 단 한 번도 북에 대한 실체적 진실과는 직면해보지 못하고, 오히려 북 지도자가 죽으면 내분이 일어나 자멸하는 북 시나리오만 정답으로 여기며 살아가게 된다. 그렇게 우리는 알게 모르게 그들의 북 붕괴 확증 편향에 물들고, 그들과 같이 공범이 되어간다. 그리고 그 공범의식은 또다시 그들에게 정치적 사냥감으로 작용해 북 붕괴를 거의 맹신에 가까운 믿음으로까지 이어지게 한다. 이것이 양치기 소년 현상과는 달리 '북 붕괴론'에 생명을 불어넣고, 역설(paradox)적 현상을 일으킨다.

하지만, 북은 해방 이후 비록 고난의 행군은 있었을망정 단 한 번도 정권의 위기와 체제위기를 겪지 않았다. 누가 더 진실의 편에 서 있는지는 이렇듯 분명하다. 해서 수없이 많은 가짜뉴스들 가운데서도 아래 몇 가지와 같이 대표적으로 추려 북 붕괴를 바라는 이들의 인식이 얼마나 허황되며, 잘못된 것인가를 반박하는 자료로 활용하려 한다.

(1) 체제 이탈자 수로 북 붕괴론을 신봉한다?

박근혜 정부 때의 일이다. 당시 박근혜 대통령은 체제 이탈자 수를 언급하면서 북 붕괴가 이제 얼마 남지 않았다며 예의 그 핏대를 올려댔다. 분명 이는 무지의 소치였지만, 그래도 일국의 대통령이 그러하니 누구도 반박해낼 생각을 하지 못했다. 수많은 국책기관과 전문가들, 그리고 자문 그룹들로부터 수시로 보고받고 조언도 들을 것인데, 어찌 이런 인식이 가능했던가? 모르긴 몰라도 보고하고 자문하는 사람들 인식도 그 대통령과 별 차이가 없었으리라. 반면, 이들 그룹에 속하지 못하는 필자의 반박은 이렇다. 뭐 거창하지도 않다. 너무나도 상식적인 수준의 논리이다. 만약 그런 논리대로라면 쿠바의 카스트로 체제는 열백 번 더 붕괴되었어야 했다. 쿠바인의 체제 이탈자 수는 무려 2백여만 명(2020년 현재)에 이른다. 그런데도 쿠바 체제가 붕괴되고 있단 소리는 그 어디에도 들리지 않는다.*

(2) 식량난으로 북 붕괴는 가능하다?

제일 흔한 그들의 논리이고, 이름하여 식량난에 대한 그들의 희망

---

* 같은 논리로 북의 체제 이탈자가 남측에 정착한 수가 현재까지 약 3만 명이다.(이 중에서 사망자, 사회 부적응자 등을 빼고 나면 2만5천 명 정도이다) 확률적으로 북의 체제 이탈자 수가 쿠바보다 1/66에 불과하다. 66배나 더 높은 쿠바 체제도 붕괴되지 않는데, 어떻게 북 체제가 붕괴한단 말인가?

적 사고이다. 논리 전개로는 미국 등 국제사회가 세기적으로 취하고 있는 북에 대한 각종 제제가 먹혀들어 경제가 어려워지고, 먹고사는 문제가 최악이라고 한다면 그 상태에서는 제아무리 북 체제라 하더라도 버티지 못하고, 붕괴될 수밖에 없다는 시나리오를 맹신한 결과이다. 충분히 어느 정도는 성립될 수 있는 가설이다. 하지만, 그렇다 하더라도 이 단순가설만으로는 북 붕괴론이 성립되지는 않는다. 첫째 이유는, 역사적 경험에 바탕 한다. 역사적으로 기난 그 자체 때문에 한 국가체제가 붕괴된 적은 없다. 둘째 이유는, 또 백번 양보해 앞 첫째 이유를 수용하지 않는다 하더라도 그렇다면 북보다 더 가난한 아프리카 일부 국가 등은 예전에 이미 국가체제가 붕괴되었어야 했다. 그런데 그 어디에도 그런 소리는 들려오지 않는다. 그렇다면 이처럼 북 체제 이탈자가 조금 늘어났다 하여, 혹은 조금 못 먹고 가난하다는 이유 때문에 북 체제가 붕괴한다고 하는 것은 참으로 순진한 망상일 수밖에 없다.

(3) 핸드폰 가입자 수數 증가가 북 붕괴론의 신호다?

2018년의 일이다. 당해 년도에 남북정상회담이 이뤄졌기에, 이후 2019년 북미정상회담에 대한 기대가 잔뜩 반영된 시기였다. 마침 그때 부산에서 "남북정상회담 성과와 북미정상회담 전망"에 관련한 강연회가 열렸다. 발제자도 문재인 정부하에서 친정부적으로 매우 왕성한 활동을 벌이고 있는 어떤 한 분이었기에 기대가 매우 컸다. 그렇게 시간은 흘러 강연 중간쯤 그 발제자는 "지금 북에는 핸드폰의 가입자 수가 급속히 늘어나고 있다. 개혁·개방의 징조다."라는 논지를 이어갔다. 그 말을 듣는 순간 정말 어처구니가 없었다. 북 붕괴에 대한 희망적 사고는 보수수구 세력을 넘어 당시 촛불정부를 자임하는 문재인 정부에서까지도 비껴가지 못하는구나 하는 생각과 함께, 전문가라는 사람들조차도 사회주의 북에 대한 이해가 얼마나 친박하고 부족한지를 단적으로 드러내는 것 같아 강연 내내 씁쓸했다. 동시에 이런 사람들이 문재인 정부하에서 전문가랍시고 대북정책을 자문하고 조언해주고 있으니, 문재인 정부의 대북정책 실패도 불을 보듯 뻔하겠다는 생각을 했다.

다음과 같은 이유 때문이었다. 사회과학 이론에서 사회주의가 자본주의보다 더 가난해야 한다는 사회과학적 근거는 없다. 도리어 사회주의 체제는 자본주의 체제의 극복을 통해 나타나는 사회 발전의 진화 과정이다. 그러므로 이 문제는 핸드폰 가입자 수 증가가 체제 후퇴로서의 자본주의 회귀가 아니라, 이른바 원래대로 사회주의 체제하에서의 물질문명 고도화가 이뤄지고 있다고 생각해야 하는 것이 보다 더 정상적이다. 해서 이 현상은 오히려 북이 정상적인 사회주의의 발전 경로를 따라가고 있는 모습을 증명해주는 징표로 볼 수 있고, 그렇게 설명해 줘야 하는 것이 맞다.

그런데도 그 전문가는 그렇게 설명해내지 않았다. 아니, 못했다고 해석하는 것이 더 맞을 것이다. 왜냐하면 전문가 정도의 수준이 이 이론을 이해하지 못한다는 것은 말이 되지 않기 때문이다. 그래서 이 문제는 다른 차원에서 설명되어야 한다. 즉, 사회주의 체제를 인정하는가, 안 하는가와 상관없이 그들의 인식구조가 철저하게 정치적으로 정파화되어 있기 때문이라는 사실. 즉, 문재인 정부의 대북정책 당위성과 정당성을 설명해내기 위해 그 논리를 억지로 합리화하다 보니 그들도 어색한 그런 사달을 만들어 낸 것이다. "봐라. 도와주니 (교류·협력하니) 북이 그렇게 개혁·개방하고, 자본주의화 되지 않느냐. 그러니 너희들은 그런 대북정책에 딴지 걸지 마라." 뭐 그런 노림수였을 것이다. 말도 안 되는 그런 꼼수 논리로라도 그렇게 문재인 정부의 대북정책을 지지해주고 싶었을 것이다.

하지만, 그런 논리로는 절대 대북정책에 대한 정당성이 그리 오래 가지 못함은 물론, 장기적으로도 북에 대한 진실이해를 방해해 북과의 진정한 남북교류 및 협력, 통일로 나아가게 하지 못한다. "있는 그대로의 북 이해하기" 원칙과 철저하게 위배됨은 물론, 비례해 북에 대한 잘못된 인식만을 자꾸만 가져 북에 대한 엉뚱한 생각과 정책생산에 매달리게 하기 때문이다. 해서 분명히 해야만 한다. 역사의 발전 단계로서의 사회주의는 자본주의 체제를 극복해낸 체제라 했을 때, 이론적으로 사회주의는 자본주의 체제보다 더 잘살고 문명한 사회다. 그렇다면 오히려 그동안의 현실 사회주의 국가가 그렇게 되지 못한 것이 더 문제였다. 바로 그렇게 인식을 가져 북에서의 핸드폰 가입자 수 증가는 자본주의 체제로 전환할 가능성을 보여주는 지표가 아니라, 자신들의 사회주의 체제가 원래 이론적으로 그러했듯이 과학과 물질문명의 혜택을 더 누려가는 지극히 정상적인 과정으로 이행해가고 있는 국면임을 말해줘야 했고, 결론은 북 사회주의 체제가 보다 건강하게 유지되어가고 있다는 지표로 분석해줘야 했다.

(4) 김정은 국무위원장은 제2의 등소평이다?

김정은 국무위원장이 2018년 4월 14일 중국 공산당 대외연락부장 쑹타오(末濤)를 만난 자리에서 "중국 공산당의 경험을 거울로 삼아 배우고 싶다."고 밝혔다. 그런데 이 말은 곧 국내 언론에서 "북은 이제 중국식 개혁·개방으로 가는 것이 시간문제일 뿐"이라는 말로 둔갑해 대서특필되었다. 추측은 김정은 국무위원장이 배우고 싶다는 것이 아마도 등소평의 흑묘백묘黑苗白猫 이론이라고 믿고 싶은 국내 언론들의 희망적 사고가 그대로 드러났음이다. 또한, 바탕에는 김정은 국무위원장이 외국(스위스) 유학을 다녀왔고, 제재 국면임에도 불구하고 경제개발구(경제특구)를 추진한다는 것, 인민 생활 향상과 개혁·개방은 서로 연결되어 있을 수밖에 없으며, 장마당이 활성화되고 있고, 핵 포기와 그 대가로 경제적 지원을 원하고 있다는 등등 이런 허황된 사례와 거짓 정보를 근거로 북 지도자 김정은이 개혁·개방을 원하며 제2의 등소평이 되려 한다고 주장한 것이다.

하지만, 이들은 하나만 알았지, 둘은 몰랐다. 그동안 북이 중국식 개혁개방 모델에 대해 매우 비판적이었다는 것을 안다면, 이러한 기사는 절대 나올 수 없다. 그리고 이 논리가 설득력을 가지려면 적어도 북의 변화가 어떤 목적에서 어느 방향으로 흘러가고 있는지, 또 그 변화를 강제해내고 있는 근본 축은 무엇인지 그런 요인들에 대해 종합적으로 분석하고, 그 바탕하에서 결과를 도출하여 전망해내었어야 했을 것이다. 그런데 국내 전문가와 언론인들은 이 모두를 다 건너뛰고 김정은 위원장의 말 한마디만을 근거로 곧바로 중국식 개혁·개방으로 나아가는 북의 모습을 둔갑시켜 냈다.

정말 탁월한(?) 재능에 '어렵지' 않은 반론은 이렇다. 첫째, 북은 개혁·개방과 전혀 상관없는 철저한 사회주의 완전승리노선을 채택하고 있다. 지난 제7차 당 대회(2016년)는 물론이고 제8차 당 대회(2021년)에서도 북은 이 노선을 확고하게 견지했다.

"이번 당 대회 보고에서 우리 당을 백전백승의 향도적 역량으로 강화 발전시키고 우리나라를 국력이 강한 **사회주의 강국**(강조, 필자)으로 일떠세워준 불멸의 혁명업적을 총화했다."(제7차 당 대회)
"자체의 힘으로 경제발전을 지속시켜 나갈 수 있는 소중한 밑천이 마련"되었고, "우리식 사회주의의 존립의 물질적 기초이고 생명선인 자립적 민족경제, **사회주의경제의 기틀을 견지**(강조, 필자)하고 그 명맥을 고수했다."(제8차 당 대회)

둘째, 북은 지난 동구권의 사회주의 몰락에도 불구하고, 지구상 거의 유일하게 사회주의국가 체제의 원형을 그대로 유지하고 있다. 그렇다면 북이 진정 자본주의 체제로 전환하고자 했다면 바로 이때 했어야 하는 것이 보다 더 논리적 정석이다. 그런데도 지금 북은 정치적 상부구조로서의 유일정당체제와 경제적 토대로서의 국가계획경제제도를 유지하는 유일한 사회주의 이론의 원형국가이다. 그런 국가가 어찌 자본주의식 개혁·개방을 할 수 있단 말인가?

셋째, 북의 경제는 무역과 수입에 의존하는 경제 체질이 아니다. 그러니 서구 자본주의 방식으로 산출된 지표로는 파악할 수 없는 부분이 있음을 인정해야 한다. 예를 들어 특구가 몇 개 더 늘어났다거나 공장 가동률이 몇 %이고, 장마당 숫자가 얼마나 변동이 되었는가 하는 것 등을 가지고 자본주의적 요소가 무조건 강화되었다고 판단해서는 안 된다는 뜻이다.

그럼, 김정은 위원장의 이 발언은 어떻게 이해하여야만 하는가? 다른 데 있지 않다. 자신들의 사회 경제가 원래 계획했던 것처럼 제대로 굴러가지 않은 것은 맞지만, 이것이 사회주의 경제체제의 자체 결함이라고는 보지 않는다. 그건 북이 만약 사회주의 체제 자체의 결함으로 경제가 제대로 굴러가지 않았다고 판단했다면, 당연히 그 해법으로 사회주의 체제 외의 해법, 즉 자본주의 체제의 도입이나 자본주의 체제 방식으로의 개혁·개방 해법을 도입했을 것이다. 하지만, 북은 김정은 국무위원장이 제8차 당 대회에서도 발언하고 있듯이, "사회주의 경제 제도가 작금의 북 경제 상황과 현실 여건에 맞지 않는 것에 대해 부분적으로 **개건과 개선 같은 방식으로**(강조, 필자) 사회주의 경제체제를 좀 손보겠다"는 것에서 찾고 있다. 그런데도 이를 자신들의 희망적 사고로 침소봉대針小棒大하여 등소평의 길로 나아가겠다고 단정하는 것은 그야말로 무지의 소치이거나 그것도 아니라면 의도적인 깔아뭉개기일 뿐이다.* 마치, 오우천월吳牛喘月, 아니면 자라보고 놀란 가슴 솥 뚜껑 보고도 놀라고 싶은 자신들의 '슬픈' 자화상 모습과 똑같다.

---

* 북은 이미 제8차 당 대회를 통해 개혁·개방노선으로 오해하지 않도록, 자신들의 사회주의 경제노선을 보완하고 고쳐나가겠다는 의미로 사회주의 노선의 정비·보강 전략을 채택했다.

2. 그들도 모르는 북 붕괴론의 실체

이렇듯 북 붕괴론의 실체가 없으니, 북 붕괴설은 늘 틀릴 수밖에 없다. 그리고 이 핵심에는 북 붕괴론만을 외쳐대는 그들도 실상은 북 붕괴론의 실체가 뭔지 모르고 있다는 데 있다. 그냥 북 붕괴론만을 주구장창 떠들 뿐이다. 도대체 왜 이런 현상이 일어났을까? 근본에는 체제 우월주의가 자리 잡고 있는데, 이 글에서는 두 가지 지점에서 동시적으로 살펴보고자 한다.

하나는, 단정斷政으로 인한 체제경쟁 문제이다. 이념대결과 체제대결에서 살아남아 대한민국에 그 정통성이 있음을 확립하려면 북은 무조건 깔아뭉개져야만 하는 대상일 뿐이다. 그러니 국가보안법과 같은 악법은 물론이고 여러 제도와 기구를 총동원한다. 그런데 문제는 그런 체제경쟁의 이면에 대한민국 체제의 정통성 불안이 아킬레스건으로 존재한다는 사실이다. 이를 달리 말하면 대한민국 체제에 그만큼 자신감이 없다는 것이다. 왜 그런지는 태생적으로 봐도 대한민국은 북보다 정부 수립 과정에서 국가 정통성이 취약했다. 국가를 건국한 정치세력 및 친일청산 문제, 외세로부터 자주를 챙기는 문제 등에서 사실상 북에 뒤처진 것이 분명 맞기 때문이다. 그러니 늘 불안하다. 세계 10위권의 경제대국이거나 미국식 신자유주의 체제 추종도 이를 해소시켜 주지는 못한다.

다음으로는, 1980년대 말에서부터 1990년 초까지 봇물 터지듯 진행된 동구 사회주의권의 몰락이 또 다른 의미에서의 직접적 요인으로 보인다.

"오늘날 제아무리 북한이 부인하더라도 전 세계 사람들은 공산주의 진영 대부분이 붕괴된 것처럼 결국에는 북한도 무너지고 말 것이라고 믿고 있다." (척 다운스, 송승종 옮김, 『북한의 협상전략』, 366쪽)

이 외에도 후쿠야마(Francis Hukuyama)의 『역사의 종말』에서 언급된 "자유민주주의 체제로 역사는 이미 끝났다"고 말한 우월적 사고의 영향도 크게 한몫한 듯하다. 그렇지만 정작 이 발언 뒤 후쿠야마가 한 또 다른 발언에는 우리가 주목하지 않는다. 다름 아닌, 그는 트럼프의 정치 행태를 보면서 자신의 명제가 틀렸음을 뒤늦게 인정하고서는 "민주 국가도 퇴행(현지시각, 2017. 2. 9.)"이 가능하다는 입장으로 되돌아왔다. 그래서 사회주의 체제만 몰락(혹은, 멸망)하는 것이 아니라, 자본주의 체제도 충분히 몰락할 수 있다는 것을 경고했다. 그런데도 우린 여전히 몰락한 사회주의 체제만 보고, 세계화와 미국식 신자유주의 이념으로 인해 엉망진창이 되어버린 자본주의 체제의 위기와 몰락은 보지 않는다.

그런데 무엇보다 더 큰 문제는 북 붕괴론의 실체가 불명확하거나 아예 없다는 데에 있다. 다시 말하면 그들이 말하는 북 붕괴론이 명확하게 무엇을 의미하는지 그 누구도 모른다는 사실이다. 오직 자신들의 정치(정파)적 이득과 필요에 따라 북 붕괴론을 남발했던 그들의 한심스러운 민낯만 있을 뿐이다. 달리 말하면 그들 스스로 북 붕괴론이 현실적으로 불가능하다는 것을 잘 알고 있으면서도, 그저 자신들의 정치적 목적에 따라 내뱉은 술수라는 사실이다. 덩달아 국민들 또한 그들이 말하고 있는 북 붕괴론이 무얼 의미하는지, 또 실체가 무엇인지 아무도 모른다.

온 나라가 이렇게 어느 누구 하나 북 붕괴론 실체를 모른다. 그래서 이런 가설이 성립 가능하다. 정말 그들이 북 붕괴론을 현실 가능한 상황으로 믿고 있었다면, 그들의 (정치)체질과 인식 논리상 아주 철저하고도 정교하게 북 붕괴 의미를 정확하게 정립해 효과적으로 대국민 설득과 홍보에 나섰을 것이다. 그러나 그들은 절대 그렇게 하지 못한다. 이유는 북 붕괴론의 실체가 없었으니 그럴 수밖에 없고, 이는 마치 마르크스가 1848년에 발표한 공산당 선언에서 "하나의 유령이 유럽을 배회하고 있다"고 하는 엄청난 충격파를 던져주었듯이, 북 급변사태도 그런 용도로 사용하려는 의도였음이다.* 현대판 혹세무민惑世誣民이었다는 것이다.

3. 가설로서의 증명: 현실화될 수 없는 북 붕괴론

북 붕괴론은 그렇게 실체도 없고, 현실화될 수도 없다. 그렇다 하더라도 문제의식을 정말 선의로 해석하여 만약 그 실체가 있다고 한다면, 한 세 가지 정도로 요약정리는 가능할 것이다. 첫째, 조선민주

---

* 하지만, 이 비유법에서 절대 간과하지 말아야 할 것은 당시 유럽과 지금의 북 상황은 전혀 다르다는 사실이다. 당시 영국은 산업화 진행으로 인해 자본과 노동의 대립이 심히 격화되는 시점이었다. 그래서 계급투쟁의 관점에서 보자면 사회 변혁의 최고조에 달한 시기였다. 반면, 지금의 북은 미국의 세기적 제제와 압박에도 불구하고 사회주의 강성국가로 진입하려 하고 있다. 둘 상황이 이렇게 완전 다르다. 그러니 위 비유는 형식 논리적 차원의 비유적 접근법이고, 내용적으로는 완전 다른 상황임을 간과하지 말아야 한다. 그럼에도 불구하고 왜 이런 비유를 했는가?는 북에 대한 혹세무민의 의도가 어디에 있는지를 보다 명징하게 드러내기 위함이다.

주의인민공화국이라는 국가 자체가 소멸(몰락)하는 것. 둘째, 동구권에서와 같이 사회주의 체제에서 자본주의 체제로 전환된다는 의미에서의 체제 전환을 뜻하는 것. 셋째, 그것도 아니라면 지금의 지배 체제(좁히면 김정은 체제)가 쿠데타나 시민봉기 등에 의해 붕괴되어 권력층의 교체가 일어난다는 의미에서의 지배체제 변동을 의미할 수 있다. 그런데 이것마저도 설의 불가능성을 하나하나 짚어내면 정말 그들이 얼마나 허황된 꿈을 꾸고 있으며, 국민들을 어떻게 하든 혹세무민하고자 하는 의도는 완전 붕괴된다. 빼도 박도 못하는 완전한 확인사살이다.

1) 과연 국가 자체가 소멸할 수 있는가?

국가소멸 자체는 이론적으로 충분히 가능하다. 두 가지 이유로서 그렇다. 그중 하나는, 천재지변 등에 의한 자연적 소멸의 경우가 있을 수 있으니 전혀 억지라고만 할 수 없다. 하지만, 그들이 북에 대해 말하고 있는 국가 자체의 소멸은 이런 천재지변 때문에 발생하는 자연적 소멸을 의미하는 것이 결코 아니다. 그 외 또 다른 한 요인은 첫째, 외세의 침입을 받아 병합되는 경우인데 이 또한 실현될 가능성이 전혀 없다. 이미 북은 스스로 자주국방의 기치하에 국가 핵무력을 완성한 명실상부한 핵 보유 전략국가이다. 그것도 ICBM을 보유한 몇 안 되는 핵강국이다. 그런 국가를 상대로 어떤 국가가 공멸을 자초할 핵전쟁을 일으킬 수 있으며, 또 전쟁에서 승리할 수 있단 말인가? 절대 불가능하다. 둘째, 한 국가 내에 쿠데타나 국가적 변란 등이 일어나 그 변란 세력들이 다른 국가에게 자신들의 국가를 헌납하는 방식이다. 이 역시 불가능한 일이다. 왜냐하면 북은 이 지구상에서 유일하게 수령 중심 유일사상체계를 확립했고, 그 결과로 반체제 단체나 개인 세력화를 허용하지 않는다. 또한, 그와 연동되어 시민봉기나 시위가 불가능하다. 실제로도 북에서는 이제껏 단 한 번의 반체제 시위나 데모가 있었다고 보도된 적이 없다. 앞으로도 그럴 것이다.

2) 체제 전환은 가능한가?

이 또한 불가능하다. 만약 이러한 상황이 일어나고자 했다면 이것은 1980년대 말과 1990년대 초 소련과 동구권이 체제 전환의 길을 걸어가고자 했을 때 그때 일어났어야 하는 것이 이치적으로 맞다. 그런데도 그때 북은 소련과 동구권과는 전혀 다른 길을 걸었다. 오히려 수령을 단결에 중심에 놓고 그러한 방향하에서 사회주의 체제를 더 강화해내었다. 사회주의 체제 위기의 극복 항로를 그렇게 잡았다는 것이다.

이 외에서 가능성을 또 굳이 찾자면 2011년 아랍권의 오렌지 혁명이라 불린 "중동의 봄", 즉 민주화의 물결이 불러왔을 때이다. 하지만, 이때도 많은 사람들(혹은, 많은 국가들)이 기대했던 것과는 달리, 북은 한 치의 동요도 보이지 않았다. 오히려 북은 소련과 동구권의 체제 전환에서 얻은 반면교사의 경험을 살려 더더욱 수령-당-대중이 일심 단결하는 방향으로 국가체계를 재정비해냈다.

3) 지배세력 내의 변동은 수반될 수 있는가?

이를 살펴보기 위해서는 다음과 같은 한 기억을 되살려 소환해내어야 한나. 위키리크스(Wikileaks)가 지난 2010년 2월 17일 당시 캐슬린 스티븐스 주한 미 대사와 천영우 당시 외교부 2차관의 오찬 때 천영우가 한 말을 폭로하면서 중국이 김정일 사망 뒤 북 정권의 붕괴를 막지 못할 것이라고 예견했고, 더 나아가 "북한은 경제적으로 이미 무너졌고, 김정일 사망 뒤 '2~3년 안에' 정치적으로도 붕괴할 것"이라고 말했다는 것이다.

천영우가 무슨 근거와 정보로 그리 말했는지는 알 수 없으나, 적어도 그런 인식이 가능하기 위해서는 당시 북 체제를 지탱하는 바탕에 어떤 변화가 수반되었어야 했고, 그것이 어떤 방향으로 흐름을 타고 있었는지 정도는 충분히 검증되었어야 했다.

첫째, 국가 지도이념인 주체사상이 부정되고 있었는지, 둘째, 그 주체사상에서 출발한 유일사상체계에 어떤 균열이 발생하고 있었는지, 셋째, 유일 역사 정통성(혁명전통)으로 확립되어 있는 김일성 중심의 항일무장투쟁이 어떻게 부정되고 있었는지, 넷째, 당과 인민의 관계에서 믿음과 신뢰의 관계가 깨져 갈등과 대립이 첨예화되고 있었는지, 다섯째, 수령과 당의 군대로 되어 있는 군대가 수령과 당에 대한 믿음을 철회하려는 변화가 감지되고 있었는지 등에 대해서만큼은 반드시 확인되었어야만 했다. 그런데 그 확인은 지금까지도 이뤄지지 않고 있고, 이 다섯 가지 요소에 그 어떤 변화도 없다. 그렇다면 천영우의 주장은 말 그대로 허구이고, 그들만이 갖는 희망적 사고일 수밖에 없다.

북 체제 변동과 관련해 우리가 매우 유념해야 될 부분은 그들-보수수구 세력들의 허구적 인식뿐만 아니라 진보적 자유주의에서 보이는, "북처럼 폐쇄적인 독재국가에서는 대규모 시위가 일어날 수 없다. 정보가 통제되고 자유가 제한되어 불만 표출이 어렵고, 데모를 하더라도 그에 대한 탄압과 처벌이 너무 가혹할 것이기 때문이다."이 같은 시각도 절대 간과해서는 안 된다.

언뜻 보면 맞는 이해처럼 보이지만, 이 시각 또한 북 멸망론 못지않게 심각한 문제가 있다. 왜냐하면 이 주장에는, "북 지배체제의 변동이 불가능하다"는 이유를 마치 북이라는 국가가 "폐쇄적인 독재국가"이기 때문이라는 근거를 들어서 설명해내고 있어서 그렇다. 해서 이 논리를 수용하면 다음과 같은 오류에 빠진다.

폐쇄적 독재국가라면 지금 당장은 인민의 저항을 다소 늦출 수는 있다. 하지만, 언젠가는 아랍의 봄이나 대한민국의 경험처럼 독재체제는 반드시 민중의 저항을 받게 되어 붕괴될 것이다. 그렇다면 북도 언젠가는 무너질 수밖에 없다는 확신이 자신의 인식을 지배하게 될 것이기 때문이다. 즉 북 체제의 변동이 잠시 유보될 수는 있겠지만, 언젠가는 반드시 변동될 수밖에 없다는 인식으로 이어진다는 말이다.

그래서 북 체제를 수령-당-인민의 혼연일체가 된 수령 중심이자 인민대중 중심의 사회주의 체제로 인식해내지 못하면, 보수수구 세력들이 인식하는 것은 말할 것도 없고, 진보적 자유주의 시각의 "폐쇄적 독재체제"로의 인식도 결국 북의 조그마한 변화에도 사라 보고 놀란 가슴 솥뚜껑 보고 놀리듯 언제나 북 붕괴론에 시달려야만 하는 이론적 논거가 된다.

그 구체적 예는 이렇다. 노동자를 포함하는 기층 민중은 물론이고 유학생이나 작가, 교원 등 지식층뿐만 아니라, 외교관이나 당 비서를 포함한 지배층의 망명까지 다양한 계급·계층에서 체제 이탈자가 발생하면 이를 두고 "기층 민중들의 체제 염증", "지식층의 이반", "지배층의 동요" 등으로 확대해석해 내어 이것이 곧 체제 붕괴의 징조라는 결론으로 유도될 수밖에 없다.

그렇지만 이 논리에는 다음과 같은 치명적 약점을 안고 있다. 첫째, 체제 이탈자들의 층위 구별에 대한 간과 부분이다. 즉 체제 이탈자 중에는 여러 종류의 사연이 있을 수 있다. 진짜 북 체제가 싫어서, 또 정말 배고파서나 이미 체제 이탈을 한 가족을 찾기 위해, 이 외에도 이들 체제 이탈자 중에는 상당수가 자신들의 잘못에 따른 처벌이 두려워 이를 회피하기 위해, 혹은 권력투쟁에서 밀려난 소외감 등으로 탈출할 수도 있다. 바로 이런 것들을 고려하지 않고 오직 체제를 이탈했다는 그 결과만으로 북 붕괴의 신호가 될 수 있다고 보는 것은 누가 봐도 논리적 오류일 뿐이다. 백번 양보해 이것이 논리적 오류가 아니라고 하더라도 이의 똑같은 잣대는 해마다 해외로 이민移民가는 대한민국 국민의 수가 북의 체제 이탈자 수보다 더 많거나, 아니면 엇

비슷하다 했을 때, 그러면 대한민국은 언제든지 체제 붕괴될 수 있다, 뭐 그렇게 인식해야 되는데 과연 그런 요인만으로 대한민국을 체제 붕괴될 수 있다는 신호로 인식할 수 있겠는가? 절대 없을 것이다. 그렇다면 이 논리는 정말 우스운 것이다.

둘째, 체제 이탈자 수가 곧바로 체제 붕괴로 이어진다는 직접적 상관관계도 실제와는 매우 다르다. 횡장엽, 태영호 등 고위층의 체제 이탈자가 발생했음에도 불구하고 북은 "비겁한 자여 갈 테면 가라"로 정리될 만큼 체제 안정성이 있고, 또 앞서 말한 대로 북 체제 이탈자 수보다 약 66배가 더 많은 쿠바도 체제 붕괴설에는 시달리지 않는다. 이렇듯 이 모든 결론에는 북 체제가 항시 체제 붕괴라는 위험요소는 갖고 있으나 "지금은 아니다"라는 인식보다는, 오히려 북 체제의 특성과 그 체제를 지탱해내고 있는 내구력 정도를 볼 때 "체제 붕괴는 사실상 불가능하다"는 인식이 보다 더 합리적이고, 본질적인 이해라 할 수 있을 것이다.

4. 붕괴론이 붕괴해야 북이 보인다

북 붕괴론 실체가 이렇게 전혀 없다면 그다음 자연스러운 인식은 북 붕괴론이 붕괴되어야만 북을 제대로 볼 수 있다는 논리적 귀결이다. 이를 위해 이 글은 통일 대박론과 관련하여 잘 알려지지 않은 애기 하나를 하면서 시작할까 한다. 당시 박근혜 정권이 통일을 빙자해 영구 재집권을 추구했다는 설이 그것인데, 이것이 사실이라면 통일 대박론은 사실상 제2의 유신 시도라 해도 과언이 아니게 된다. 그래서 만약, 정말 그때 북이 그늘의 바람대로 무너지고, 흡수(吸收) 통합됐더라면 과연 어떻게 됐을까? 생각만 해도 끔찍하다. 박근혜 대통령이 탄핵되기는커녕 정말 개헌이 이뤄져 영구 재집권하는 사태가 발생했을 수도 있었다. 또한, 완전 붕괴까지는 가지 않고, 북 정권이 실제 붕괴될 조짐만 보였더라도 적폐 세력들의 반북 총공세와 통일 대박 기운에 짓눌려 촛불항쟁은 그 상상조차 할 수 없었을 수도 있었을 것이다. 여기서 매우 의미있는 역설 하나가 발견된다. 오히려 북 체제의 건재가 정상적인 통일을 위해서라도 매우 중요하고, 남측 시민들이 제대로 된 정치적 주권 발현을 위해서도 필요한 요소라는 사실이다.

반면 반대는, 즉 북 붕괴는 분단적폐세력들이 촛불 항쟁에 맞서 자신들이 정세 역전을 노릴 수 있는 몇 안 되는 수단 중의 하나이다. 전국민적 항쟁을 무위로 되돌려놓을 수 있는 몇 안 되는 패 중에 가장 위력한 '패(牌)'이고, 그런데도 그러한 패를 결국 그들이 사용하지 못했다는 것은 앞으로의 상황과 환경이 이제는 그들 바람대로 절대 일어날 수 없음을 상징한다. 2017년 11월 29일 북은 국가 핵무력의 완성을 통해 그 어느 국가도 싸움 시비를 걸지 못하는 전략국가의 반열에 올라섰고, 체제적으로도 자강력에 기초한 사회주의 강성국가 및 문명한 사회주의 국가를 꿈꾸는 위력한 나라가 되었기 때문이다.

그렇다 하더라도 이런 변화된 북의 모습과 정세 국면을 제대로 파악할 능력이 없다면 과연 어떤 일이 발생할까? 불행히도 계속 헛발

질만 일어나게 될 것이다. 당시 이인영 국회의원(2021.9월 현재 통일부장관)이 이에 딱 부합한다. 아주 감쪽같이 이 통일 대박론에 넘어갔다. 박 대통령이 자신의 주장을 뒷받침하고 흡수통일을 준비하기 위해 '통일지성원탁회의'나 '통일준비위원회'와 같은 기구를 내오려 했는데, 그때 그는 민주당 소속이면서도 "바람직하다"며 "즉각 시행해야 할 일"이라고 적극 지지하는 얼빠진 짓까지 했다.

물론 속내 그 전부까지는 다 알 수 없으니 속단까지 할 수는 없으나 모르긴 몰라도, 북에 대한 인식이 부족하다 보니 정말 북이 곧 붕괴할 것이라는 믿음이 생겨났을 수는 있었을 것이다. 그렇게 그러한 믿음이 있었으니 이 의원은 박근혜 대통령에게 그러한 통일의제를 빼앗길까 봐 조바심이 생겼을 것이고, 그 때문에 통일 대박론에 들어있는 본질을 냉정하게 분석하고 들여다볼 마음의 여유조차 전혀 없었을 것이다. 결과는 이미 우리 모두가 알고 있듯이 박근혜 대통령의 통일 대박 정책에 동조하는 어처구니없는 상황까지 발생시켰고, 우리에게는 아래와 같은 선명한 반면교사反面教師를 남긴다.

1) 북 붕괴에 기댄 흡수통합은 왜 헛된 망상일까?

북 붕괴론은 이처럼 절대 성립될 수 없는 가설이다. 지극히 상식적인 측면으로 봐서도 이는 마찬가지이다. 명실상부하게 북은 미국의 온갖 제재에도 버텨왔으며, 그것도 단순히 버텨만 온 것이 아니라 사회주의 강성국가 및 문명한 사회주의 국가로 나아가고 있고, 핵을 보유한 전략국가이다. 미국과는 이미 그렇게 그 어떤 국가도 넘볼 수 없는 전략적 핵 균형 상태를 맞춰놓고, 어쩌면 지금 북의 목표는 미국과의 힘의 균형 단계를 넘어 미국을 힘으로 제압 굴복시키는 단계로까지 나아가고 있는지도 모를 일이다.*

여기서, 그렇다면 이 북 붕괴론과 동선의 앙면처럼 따라다니는 흡수통합은? 역시 성립 불가능한 가설일 뿐이고, 분단적폐세력들의 절절한 희망 사항일 뿐이다. 다음과 같은 이유 때문이다. 백번 양보해 분단적폐세력들이 그렇게 기대하는 '북 위기'나 '급변사태', 혹은 '붕괴'가 설령 온다 하더라도 그것은 그들-분단적폐세력들이 그렇게 기를 쓰고 원하는 '흡수통일'과는 별로 상관관계가 없다.** 다음과 같은 사실관계 때문인데, 그건 바로 국제법상 정전협정 당사국들이 제1순위 해결권을 가지고 있고, 다음은 UN이 개입하게 되어 있다. 마지막, 즉 최종 꼴찌에 대한민국의 주권이 미친다.

좀 더 구체화하면 이렇다. 첫째, 국제법상 북 체제가 붕괴하면 정전협정의 당사자인 미국, 중국이 그 주도권을 행사할 가능성이 매우 크거나, 그것도 아니라면 UN이 주도할 가능성이 매우 높다.

둘째, 현재 조성된 동북아시아 정치 질서상 만약 김정은의 북 체제가 붕괴된다면 미국의 묵인(?)하에 중국이 북을 접수할 가능성이 매

---

* 2017년 화성 12형 발사 때 김정은 총비서는 "힘의 균형"을 말했다. 하지만, 북은 8차 당 대회를 통해 "사회주의 혁명의 새로운 고조기, 장엄한 격변기를 열기 위한 공세기"로 규정하고 "최대의 적인 미국을 제압하고 굴복시키는 데 초점을 맞출 것"임을 분명히 했다. 이렇듯 북은 힘의 균형 단계를 넘어 미국을 힘으로 제압하고 굴복시켜 나아가겠다고 밝히고 있다.

** 참고로 그네들이 북 붕괴와 관련해 생각하는 셈법은 "북의 위기는 곧 필연적으로 급변사태로 이어지고, 급변사태는 붕괴로 이어지며, 붕괴는 곧 흡수통일로 이어진다"는 구상이다.

우 크다.

셋째, 북 체제가 붕괴되더라도 지금의 남북관계로 볼 때 북의 정치 엘리트 집단이 대한민국과 손잡을 확률보다 도리어 중국과 손잡고 북 체제를 수습할 가능성이 훨씬 더 높다.

넷째, 대한민국이 흡수통합을 감당할 국가적 능력도 충분하지 않다. 우선은, 흡수통합에 대해 대국민적 수용 태세가 확립되어 있느냐라는 질문이 있을 수 있고, 다음으로는, 동서독의 통합에서 확인받듯 국가적 재정 능력이 가능한가, 아닌가에 우리는 자신할 수 없다.

이처럼 그 어떤 가설로서도 북 붕괴 시 흡수통합은 불가능하다. 그렇다면 실제로는 북 체제의 붕괴 가능성을 조금이라도 상정하고 있어서는 안 된다. 그래서 이런 가설까지 동원해 흡수통합의 부당성과 '가능하지 않음'을 증명해 보인 것은 보수수구 세력들이 꿈꾸고 있는 그 흡수통합이 얼마나 근거 없고 부질없으며, 그들 자신들의 영구집권 전략이라는 '정파적' 이해관계만을 반영하고 있는가를 적나라하게 밝혀내기 위해서이다. 그들의 '거짓' 정치놀음에 놀아나서는 안 되는 이유가 이렇게 명명백백하다.

2) 편견을 버리면 골리앗과 다윗의 싸움이 새롭다

한반도 운명문제에는 깊숙이 각인된 역사적 사실 하나가 있다. 다름 아닌, 카스라·태프트 밀약이 그것이다. 바로 이 역사적 사실로부터 지금까지 한반도에는 카스라·태프트 밀약에서부터 시작해 해방과 분단, 그리고 1950년 한국전쟁, 이후 정전체제와 핵 대결까지 장장

120여 년 동안 단 한 번도 양보 없는 팽팽한 북미 대결사가 전개되고 있다. 특히, 1994년 1차 북핵 위기 이후부터는 세계 유일의 초강대국인 미국에 홀로 맞서온 국가는 북이라 해도 과언이 아니다. 소연방은 해체되고 동구권은 몰락하여 신영과 블록으로서의 사회주의 체제가 자리를 잃어가고, 중국도 개혁·개방에 바빠 정신을 못 차리던 상황과 맞물려 북은 혈혈단신으로 미국과 그렇게 맞섰다.

당시 상황은 미국식 신자유주의 체제와 자본주의에 대한 환상은 극대화되고 있었고, 사회주의 좌절은 너무나도 당연시되던 시절이었다. 그래서 "마지막 남은 사회주의 반제자주국가의 붕괴도 멀지 않다"고 믿던 때였다. 상황이 그러하니 고립무원에 빠진 북도 붕괴 내지, 체제 전환은 시간문제라고 보는 인식이 광범위하게 자리 잡을 수밖에 없었다. 반년, 길어야 2~3년 내에 붕괴한다는 설이 팽배하였고, 마침 주체사상의 설계자(?) 황장엽이 망명하면서 그러한 가설은 더더욱 실현 가능성이 높아졌다.

그러나 결과는 그 정반대였고, 이의 세계 정치사는 북이 고립·압살되기는커녕 오히려 온전히 자기의 힘으로 자력·자강하여 이 지구상 몇 안 되는 핵 강국의 지위에 올라섰다. 70여 년 동안 계속된 미국 등 서방 제국주의 세력의 끝없는 수탈과 침략 기도를 좌절시켜오면서 전진해온 결과이다. 수많은 희생과 고난을 뒤로하고 서구 중심의 세계사 대신, 반제자주에 기초한 자신들만의 새로운 세계사를 그렇게 써냈다. 여전히 지금도 그길로 전진해나가고 있는 북, 미국이 쳐놓은 온갖 종류의 제재 덫과 적대 압박을 이겨나가며 최후 승리를 향해 끝장 대결을 진행시켜 나가고 있는 북, 그렇게 기록되어가고 있다.

그리고 이 모든 상황은 미국 중심의 시각에서 바라본 거의 모든 기준과 예상, 분석, 해석, 전망 등이 뒤집히면서 완전히 그릇되었음을 보여준다. 미국 스스로의 고백도 이에 대한 신빙성을 더해준다. 미국 16개의 모든 정보 조직을 총괄하는 국가정보국(DNI) 수장 제임스 클레퍼 전 국장은 "미국은 북한의 핵 개발을 수용하고 관리에 초점을 맞춰야 하고, 북한의 비핵화는 더는 미국의 협상 카드가 아니다."(조선일보, 2017. 08. 14.)리고 실토했다. 즉, 오늘날 핵 위협을 걱정해야 쪽은 북이 아니라, 미국 자신이라는 것을 솔직담백하게 드러낸 것이다. 대한민국이 미국 해바라기가 되어 미국을 추종하고 있는 동안 미국은 정작 북핵 위협을 사실로 인정하기에 이르렀고, 북은 자신들에게 70여 년 동안 일방적으로 가해진 극단적 비대칭 침략 대결 구도를 완전히 뒤집어엎었다.

심지어 마이크 멀린 전 미국 합참의장은 2017년 11월 26일(현지시각) ABC 방송에 출연해 임박한 북의 국가 핵무력 완성을 두고 "무서워서 죽을 지경"이란 표현을 썼다고 '미국의 소리(VOA)' 방송이 전했다. 물론 과장된 엄살이라고 치부할 수도 있겠지만, 미국 지도층에 팽배해 있는 불안과 공포감 정도를 생생하게 알 수 있는 대목이다. 그도 그럴 것이 제너럴샤먼호의 침략과 분단, 특히 1950년 한국전쟁 이후부터 미국의 일방적 핵 위협 속에 산 것은 북이었고, 주지하듯 핵 위협을 한 쪽은 미국이었다. 바로 그 일방적 핵 위협 구도에 파열구를 내고, 절대 불가능해 보였던 비대칭적 대결 구도가 완전히 뒤집혔으니 미국의 공포와 두려움은 당연히 더 클 수밖에 없었을 것이다.

북의 자신감도 이 증명을 한몫 거든다. "수세에서 공세로"나 "압박

구도에서 끝장 대결 구도로"라는 말이 상징하는 것처럼, 북은 대결 구도를 근본에서부터 바꿔냈다. 정말 놀라지 않을 수 없고, 믿기 어려운 기적과 같은 변화이다. 미국이 제2차 세계대전을 거치면서 상대적으로나 절대적으로 누구나 다 인정한 최강사의 시위에 진입했고, 1990년대에 소련과 동구권이 붕괴되면서 세계 유일의 초강대국으로서의 지위를 그 어떤 국가도 부정하지 못하고 있을 때 동방의 한 작은 나라, 그것도 지정학적 위치 때문에 늘 외세의 침략 대상만 되었던 한 작은 국가가 그 미국의 지배 질서 구도에 엄청난 변화를 유발하고, 국면을 역전시켜 나갔으니 이 어찌 놀라지 않을 수 있는 일이겠는가?

보충설명

위 본문과 같이 북미 대결사를 이해한다고 하더라도 여전히 우리의 인식을 지배하는 것은 그 대결 구도를 인구, 영토, 자원, 경제, 군사 등 지표 중심으로 접근하는 방식이다. 마치 이는 우리 신체 구조로 봤을 때 간 기능이 거의 90% 망가져도 자각증세를 못 느끼고 있듯이, 미국이 이미 북과의 대결에서 사실상 패배했는데도 이를 느끼지도 못하고 인정도 하지 않고 있음과도 같을 수 있다.

부인할 필요도 없이 북의 영토면적은 미국 50개 주 가운데 작은 한 개 주 정도에 불과하다. 국토 80%는 산간 지대여서 식량 자급이 구조적으로 어려운 지리적 여건이다. 에너지원(전력, 석유 등) 또한 절대적으로 부족하다. 인구 또한 미국의 13분의 1에 불과하다. 근래 북의 석유 매장량이 1470억 배럴로 세계 3위이며 원화로는 1경 5000조에 달한다는 주장도 있기는 하지만, 사실 여부가 확정되지 않았고, 사실이라 하더라도 아직 개발 전의 단계라 현재로서는 모든 면에서 미국과는 상대가 되지 않는다.

거기다가 1980년대 이후 중국은 개혁개방에 정신이 없고, 소련방과 동구권은 붕괴되어 우군友軍 하나 없는 사면초가 상태에서 세계 유일의 초강대국인 미국을 상대로 북 홀로 혈혈단신 맞서니 어느 누구도 승리할 것이라는 기대를 하지 않았다. 아니, 거의 없었다고 하는 것이 맞다. 반면 미국은 동맹이란 이름으로 지배하고 있는 나라를 자기 뜻대로 따르게 하고, 산하에 지배하고 있는 모든 국제 조직들, 즉 IMF, 세계은행 같은 국제금융기구들도 자유자재로 움직였다. 그뿐만이 아니었다. 미 정부 예산으로 창설되고 운영되는 세계 최대 규모의 NGO라는 NED(전국민주재단)나 자유, 민주, 인권이라는 온갖 종류의 명패를 갖고 미 CIA의 지원을 받는 NGO 조직들까지 다 포함하면 어찌 북이 상대한 대결 세력이 미국 한 나라였겠는가?

군비는 더 비교할 수 없다. 스톡홀름국제평화연구소(SIPRI)가 2017년 4월 24일 발표한 자료 "2016년 세계 군사비 지출 보고서"에 따르면 전 세계 2016년 군사비가 1조 6천860억 달러(약 1천930조 4천400억 원)인데, 이 중 북과 적대국가에 있지 않는 중국, 러시아, 비동맹 국가 등을 제외한다면, 고작 10억 달러 내외에 불과한 북과 비교하면 100배 이상을 웃도는 군사비 지출 대결 구도다. 비교 자체가 불가능한 극단의 비대칭 군사비 지출 대결 구도인 것이다.

엎친 데 덮친 격으로 자연재해마저 계속된 1990년대 후반은 물론이고, 2020년도에도 불어 닥친 현대판 3난, 즉 코로나19, 큰물 피해와 극심한 자연재해, 극대화된 대북제재 등도 가히 또 다른 "고난의 행군" 시기라 하지 않을 수 없었다.

그런데도 미국은 그런 북을 공격하지도, 굴복시키지도 못했다. 참으로 의아하지 않은가? 그렇게 북을 못 잡아먹어 안달하던 미국이 너무나도 쉽게 잡아먹을 수 있는 먹잇감이 바로 코앞에 있는데도 못 잡아먹는다? 과거 자신들이 그렇게 자신하던, 즉 북이 저절로 곧 멸망할 것인데, 뭣 하러 막대한 인명 피해와 엄청난 국방예산을 들여가면서까지 군사적 공격을 할 필요가 있느냐며 너스레 떨던 그때와는 차원이 달라도 너무나도 전혀 다른 상황의 미국 모습이다.

왜일까? 실상은 북을 공격할 수 없는 미국의 곤궁한 처지 때문이다. 침략과 약탈을 그 본성으로 하는 제국주의가 먹잇감이 바로 코앞에 있는데도 그걸 보고도 참는다는 것은 있을 수 없는 일이다. 미국 자신들의 경험에서도 미국은 전쟁해서 이길 수 있는 국가들, 즉 이라크, 리비아, 아프가니스탄 등 수많은 국가들 모두는 침략하였다. 그런데 북만은 그럴 수 없다? 없던 아량이 갑자기 생겨났을까? 천만의 말씀이다. 북을 침략할 수 없는 명백한 이유가 발생한 것이다. 바로 그것이 오늘날 북이 미국과 끝장 대결을 볼 수 있는 진면목이다.

다시 말하면 소연방 해체와 동구권 몰락으로 스스로 세계 유일의 초강대국이라고까지 부른 미국이 이 지구상 그 유례가 없었던 방식으로 극강의 제재를 통해 북을 고립·압살하며 붕괴시키려 했지만, 1994년 1차 북핵 위기 이후 지금까지 단 0.01mm 조차 북의 영해·영공·영토를 침범치 못하고, 수많은 전쟁설만 난무시키며 시간을 끌고는 있으나 그것마저도 이제는 못하게 되었다. 이유는 단 하나, 북이 미 본토를 쑥대밭 낼 수 있는 전략무기 ICBM 등을 보유한 전략국가이기 때문이다.

그래서 아버지 부시, 클린턴, 아들 부시 정부는 물론, 오바마 정부의 "전략적 인내"나 트럼프 정부가 내세운 "최대의 압박과 관여", 그리고 지금 바이든 행정부가 내세우고 있는 사실상의 "전략적 인내(Ⅱ)"도 전임 행정부 때보다 훨씬 더 확실하고도 불리한 미국의 패배, 혹은 굴복과 같은 그런 결과만을 기다리고 있을 수밖에 없게 되었다. 진실의 시간이 그렇게 분명 다가올 것임을 예고한다.

3) 예정된 패배, 미국으로서도 어떻게 할 도리는 없다

살펴본 바와 같이 작금의 미국 처지는 참으로 곤궁하다. 전쟁을 해서라도 북을 멸망시키고 싶었으나, 지금은 그럴 수 없는 단계에 이르러버렸다. 핵을 보유한 북이기 때문이다. 거기다가 동북아의 패권 유지를 위해서는 과거와 같이 무한정 시간을 끌 수만도 없다. 또한, 그렇다 하여 북의 핵 보유를 인정할 수도 없다. 이처럼 지금 미국은 심각한 딜레마에 빠져 있다.

만약 인정해버리면 미국 내 공화당, 민주당만의 문제를 넘어 그동안 세계를 재패해 온 "워싱턴 정치"가 한순간 무너져 내리고, 그러면 미국의 지배 체제는 균열되고, NPT(Nuclear nonproliferation treaty, 핵확산금지조약) 체제는 붕괴하고, 지금까지 국방정보국과 국가정보국(ODNI) 등은 무능의 책임을 완전 다 뒤집어써야 한다. 국가방위미사일(NMD)체계와 전역방위미사일(TMD)체계는 아무런 쓸모없는 것임이 탄로 나게 된다. 양당 중심의 미국 워싱턴 정치가 이런 상황을 절대 감당해낼 수 없다.

그렇다 하더라도 이런 반문은 있을 수 있다. 핵 보유의 개수가 하늘과 땅 차이인데 미국이 뭘 그렇게 무서워하겠느냐고? 단순 셈법으로는 충분히 그럴 수 있다. 하지만, 미국이 ICBM을 가진 북과 전쟁을 할 수 없는 이유는 그렇게 단순하지 않다. 미국과 북의 전쟁 셈법이 완전히 다르기 때문이다. 즉, 북은 미국과의 전쟁에서 미국 본토에 상륙해서 워싱턴을 점령하고 공화국 깃발을 휘날릴 필요가 전혀 없다. 반면, 미국은 전쟁이 일어나면 침략자의 속성으로 인해 북에 반드시 쳐들어가서 수도 평양을 점령해야만 한다. 또한, 종합적으로 살펴보면 미국은 핵미사일 방어 능력도 전혀 없고, 또 도시들은 평야지대에 건설되어 있어 핵 공격에 거의 무방비로 노출되어 있다. 그러기에 미국은 워싱턴 및 뉴욕, 시카고 등 주요 도시들에 핵탄두가 장착된 전략미사일의 공격을 받으면 속수무책일 수밖에 없다.*

또, 시간여행을 통한 접근도 한번 해보자. 미국은 1970년대 베트남 전쟁 경험을 가졌고, 이로부터 드러나는 사실 하나는 자국에서의 전쟁도 아닌 베트남에서의 전쟁인데도 자국 군인의 사망자 수가 늘어나자 반전 데모가 전 미국을 휩쓸었는데, 그때와는 상황 자체가 비교되지 않는 해미사일로 미 본토가 공격받는다? 미국으로서는 도저히 감당할 수 없는 상황과 맞부딪친다. 하지만, 북의 상황은 정반대이다. 지형의 대부분이 산악지대이고, 도시 대부분은 이미 오래전부터 미국의 핵 공격에 대비해 견고한 지하 방어시설을 갖춰 놓고 있다. 거기다가 인민들의 반미 결사항전 정신과 어떤 전쟁이든 반드시 이긴다는 전략도 갖춰 놓고 있다.

이런 상황에서 어느 쪽이 승리할 것인가? 워싱턴은 이 전쟁의 승패를 누구보다 잘 알고 있다. 그러니 대륙간탄도미사일을 수백, 수천 개나 가지고 있으면서도, 현재까지는 많아 봐야 몇십 기밖에 없을 북을 공격하거나 침략하지 못한다. 즉, 미국의 군사력과 전략무기가 북 전역 모두를 다 초토화시킬 수는 있겠지만, 정작 평양은 점령하지 못하고 오히려 워싱턴이 초토화될 가능성이 크다. 바로 그런 상황이 미국이 이 지구상의 어떤 국가와도 마음대로 침략 전쟁을 할 수는 있지

---

* 그렇게 된 이유는 미 국민 누구도 자국 영토가 공격받을 것이라고 생각하지 못했기 때문이다. 즉, 이 지구상에 미국을 공격할 수 있는 대륙간탄도미사일(ICBM)을 중국, 러시아 등은 가지고 있으나, 이들 국가가 비록 미국과 적대하고는 있어도 미 본토를 공격할 의사는 전혀 없다. 미국도 그걸 알고 있다. 하지만, 북은 그렇지 않다. 분명한 적대 국가이자, 실제 미 본토를 공격할 것이라는 의사를 분명히 밝히고 있다. 그러니 어찌 무섭지 않고, 멘붕에 빠지지 않겠는가?

만, 북과는 할 수가 없는 명백한 이유다.

　그러니 지금은 바이든 행정부가 온갖 너스레를 떨면서 최대한 압박하려는 시늉과 시간을 벌려 하고는 있겠지만, 시간이 흐르면 흐를수록 미국은 '패배적인' 최대한 관여 정책으로 전환될 수밖에 없다. 북의 요구를 들어주는 식으로 나올 수밖에 없다는 것이다. 그리고 그 항복 문서에는 북미수교는 물론이고 평화협정 체결, 경제관계 정상화, 한미동맹 해체 등 우리가 이미 다 상상할 수 있는 모든 것들이 다 들어가게 된다. 그때 미국은 "봐라. 우리는 이제 북과 수교했다. 북은 우리를 공격하지 않을 것이며, 우리와의 관계 정상화도 이뤄져 북은 이제 보통국가로 진입하게 되었다"는 등의 요란한 변명을 늘어놓으며 항복문서의 본질 감추기와 자국의 충격을 최소화하고, 국제 사회에서의 체면을 유지하려 들 것이다. 언젠가는, 하지만 그 '언젠가'도 곧 조만간 될 것이다.

보충설명

북미대결에서 승리해온 국가는 미국이 아니라, 오히려 북이었다.

북·미 세기의 대결은 누가 뭐래도 코페르니쿠스적인 인식의 대전환이 필요하다. 이유는 우리 모두 익히 알고 있듯이 미국은 아주 일관되게 대북적대정책을 추진했다. 이를 관철시키기 위해 이 지구상 어떤 국가도 해보지 못한 최강의, 아니 극강의 대북적대와 제재정책에 매달렸다. 하지만, 결과는 비참한 실패다.

　첫째, 미국은 해방 이후, 특히 한국전쟁 이후 단 한 번도 북을 정상적인 국가체제로 인정한 적이 없다. 언제나 미국은 북 체제 붕괴, 혹은 체제몰락을 전제한 접근만 있었고, 이제껏 이런 적대의 본질이 단 한 번도 바뀐 적이 없다. 그렇지만 북은 이 강고한 장벽을 뚫고 사회주의 강성국가 및 문명한 사회주의 국가 진입 달성을 목전에 두고 있다.

둘째, 미국은 북이 1993년 핵 보유의 첫걸음을 내디딘 후 북의 핵 보유 저지를 위해 미국이 사용할 수 있는 그 모든 군사적·정책적, 나아가 이데올로기적 가용수단들마저 다 동원하여 막아왔다. 하지만, 결과는 우리가 이미 목격했듯이 북은 2017년 11월 30일 "국가 핵무력 완성"을 선언하였다. 패배도 그냥 패배가 아닌, 미국의 분명한 대패大敗다. 단지, 자신들의 체면으로 인해 이를 공식적으로 인정하지 못하고 있을 뿐이다.

이때부터는 미국의 시간이 아닌, 북의 시간이 흘러간다. 미 본토에서 전쟁을 절대 할 수 없는 미국은 오히려 북의 되치기 압박 공세를 견뎌내야만 하는 국가로 전락한다. 공수가 완전 전환된 것이다. 그럼에도 미국은 당분간 이 사실을 인정하지 못하고 제재나 한미동맹, 한미일 군사동맹으로 이 압박을 견뎌나가려 할 것이다. 그렇지만 이 또한 시간이 지나감에 따라 결국에는 바이든도 북의 압박에 못 견뎌 언젠가는 항복하게 되어 있다. 이제껏 늘 그래왔듯이 시간을 끌면 끌수록 북은 점점 더 사회주의 강성국가 및 문명한 사회주의 국가에 진입하고, 핵 능력은 질량적으로 더 고도화되고, 비례적으로 북·중·러 동맹적 관계는 힘껏 결속될 수밖에 없기 때문이다. 그에 반해 미국은 더 초라해지고, 동북아에서의 패권적 지위는 상실된다. 시간과 역사적 경험이 이를 분명하게 증명해 왔기에 원하든, 원하지 않던 미국은 이 운명에서 크게 벗어날 수 없다. 시시각각 시간은 그렇게 다가온다.

해서 북미의 정세 주도권이 겉으로는 태평양 건너 바이든의 미국이 쥐고 있는 것처럼 보이지만, 빙하의 본질과 같이 본질적으로는 판문점 선언을 통해 온 세상에 우리 민족의 위대성을 선포한 우리 민족에게, 더 구체적으로는 북의 핵 보유에 있음이 다가온다.

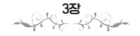

3장

한미동맹이라는 맹신의 늪에서 벗어나기

남쪽에서 단독정부가 수립된 이후, 정도의 차이는 있겠지만 숭미·공미 하는 비非자주적인 정신세계와 태도는 원조로서의 보수수구 세력이나 후발주자로서의 민주당 중심의 정치세력이 크게 다르지 않다. 트럼프 대통령이 "그들은 우리의 승인 없이는 아무것도 하지 못한다(They do nothing without our approval)."고 국제 사회에다 대놓고 대한민국을 비하하는 듯한 발언을 하였음에도 문재인 정부는 이에 대해 제대로 항의 한번 하지 못했다. 그 어떤 증거보다 매우 분명한 사실관계이다. 그래서 우리는 이 장면에서 아도르노가 말한 "민주주의의 최대 적은 약한 자아"라는 명제를 떠올리게 된다. 즉, 나라에 있어서 개인의 자아에 해당되는 것이 국격일 터인데, 촛불 시민혁명으로 들어선 촛불정부가 그렇게도 맥脈도 없고 줏대도 없었다.

또 다른 한 예는 이들의(미국의) 안하무인眼下無人 격인 내정간섭이다. 물론 미국이 대국인 건 맞고, 또 부정할 수 없는 사실이기도 하다. 그렇다 하더라도 국가 간에는 지켜져야 할 기본적인 격이 있고 예법이 있는 법이다. 그런데도 미국의 일개 차관급에 불과한 비건 대표가 문재인 정부의 통일부장관, 비서실장 등 장관급의 핵심 인사들을 다 만났고(2018. 10. 28~31), 그것보다 더 우려스러운 것은 이 과정에서 애초 10월 안에 추진하려 했던 경의선 철도 공동조사와 개성공단 기업인 방북, 평양예술단의 서울공연 등이 줄줄이 연기 내지는 취소가 되었다는 점이다. 한 국가의 정책 결정이 이렇게 무력화되었는데, 이것도 과연 주권국가의 정상적인 모습으로 볼 수 있겠는가?

한미동맹도 마찬가지이다. 철저하게 이중적이다. 좋든 싫든 두 개의 얼굴을 분명 갖고 있고, 그중 한 얼굴은 혈맹이라는 관계 규정에서 보듯 대한민국의 우방이라는 이미지이다. 또 다른 한 얼굴은 철저하게 불평등한 한미동맹에 의한 정치·군사적 지배자의 모습이다. 당연 전자는 해방자, 수호자, 원조자라는 절대 긍정의 얼굴로 둔갑되고, 후자는 미국이 일본과 가쓰라·태프트 밀약을 맺어 일본에 조선을 팔아넘긴 밀매업자, 우리 민족의 내전이자 통일전쟁에 자기들의 이해관계로 끼어들어 통일을 방해한 방해자, 이후 대한민국의 경제를 자신들의 하청경제로 전락시킨 장사꾼의 모습이다. 여기서 우리는 어떻게 미국을 대하는 그 진실의 문을 열어야 할까?

1. 미국 앞에만 서면 한없이 작아지는 대한민국

강경화 당시 외교부 장관의 5.24조치 해제 발언은 트럼프에 의해 저지당했다. "한국은 미국의 승인 없이 북한에 대한 제재를 완화하지 않을 것"이라는 노골적인 내정간섭 발언에 의해 5.24조치는 지금도 유지되고 있다. 해리스 당시 주한미국대사마저도 월권하기는 마찬가지였다. "제재를 촉발할 수 있는 오해를 피하기 위해서 북한 관련 문제는 한미워킹그룹을 통해 실행해야 한다."거나, 우리 정부가 추진하려 했던 개별 관광과 관련해서는 "DMZ를 통해 갈 경우 유엔사가 관여된다."고 하였다. 이 몇 가지 사실만으로도 우린 이미 미국과의 관계가 정상적이지 않은 동맹 체제임을 알 수 있다.

보다 제도화된 틀로서는 한미 워킹그룹이 있다. 미국과 한국 사이에는 지구상 최강의 한미동맹이 있다. 바로 이 기초 위에 한미정상 간, 외교수장 간, 그리고 각 부서 간에 수시로 관련 업무협의를 진행한다. 그래서 어떤 정부가 들어서더라도 한미 간에는 이견 노출이 전혀 없다고 늘 강조하는 청와대다. 문재인 정부 역시 마찬가지다. 그런데 어느 날 갑자기 미 백악관에서 비건 대표 방문 이후 한미 간 긴밀한 공조를 위해 한미 워킹그룹을 만든다고 공식 발표했다. 더 가관인 것은 청와대가 내놓은 공식 입장이다. 남북 정상 선언의 이행을 잘 점검하기 위해 한미 간 워킹그룹을 만든단다. 정말 궁색하다 못해 아주 초라하기 짝이 없다. 변명도 이런 변명이 없다.

조금만 생각해봐도 생각해낼 수 있는 그 논리의 궁색함 때문이다. 한미 워킹그룹이 만들어지기 전, 그렇게 강조해 마지않던 한미 간 물샐 틈 없다던 공조는 그럼 무엇이었단 말인가? 해서 양보해 굳이 워킹그룹이 필요했다면, 그건 남북 정상 선언의 이행을 잘 점검하기 위해 필요하다는 수식어를 단 만큼 한미 간 워킹그룹을 만들 것이 아니라, 남북 간 워킹그룹을 만들어야 하는 것이 더 이치상 맞다. 그러니 그런 궁색한 변명은 결국 미국의 압력에 굴복한 결과를 감추기 위한 수사일 뿐이다.

그럼, 여기서 왜 미국은 그런 속 뻔히 보이는 '잘못된' 징난을 했을까, 이다. 다른 데 있지 않다. 북미 속도보다 더 빨리 나아가려는 남북 공조의 속도를 제어하기 위한 의도가 다분히 개입되어 있다. 그런데 문제는 집권 여당인 민주당과 스스로 늘 촛불정부임을 자임한 문재인 정부조차도 미국의 그러한 부당한 논리와 간섭을 이겨낼 정치·외교적 힘과 '배짱'이 없다는 데 있다. 그러니 미국을 위한 변명에 바쁠 수밖에 없다. 덩달아, 소위 남북관계 '속도조절론'은 정말 빠르게 정부 차원을 넘어 지식인 사회로까지 널리 퍼져 나간다. 곽태환 전 통일연구원장은 "제2차 북미정상회담의 핵심쟁점과 전망(2018. 11. 1.)"이라는 통일뉴스 기고 글에서, 한미 간 비핵화 해법에 대한 이견 노출을 분석하면서 마치 판문점 선언대로 남북관계 개선을 통해 한반도 비핵화를 촉진하고자 하는 문재인 정부와 남북관계를 비핵화 진전과 연계해야 한다는 트럼프 행정부의 입장 차이를 엄청 우려스러운 상황으로 포장해 놓고는, 결국 "한반도 비핵화와 항구적인 평화체제 구축이 한미 양측의 전략적 목표이다. 이러한 공동목표 달성을 위해 한미동맹에 균열이 생겨서는 안 된다."며 찰떡궁합의 한미동맹을 들먹이면서 미국의 입장에 문재인 정부가 순응해야 한다고 점잖게 충고를 한다.

그리고 이 정부─문재인 정부의 대표적인 폴리페서(polifessor)인 김준형 당시 한동대 교수도(현 국립외교원 원장) 이 대열에 뛰어든다. "트럼프 기 살리기" 운운하며 한미동맹의 균열을 우려했다. 박지원 당시 평민당 의원(현 국정원 원장) 역시 가만있지 않았다. 점잖을 떨며 "미국보다 앞서면 안 된다."고 훈수했다.

이 모두 한미 워킹그룹 때문에 생긴 일이다. 미국이 우리 민족 내부의 문제에 간섭하고 개입하기 위해 만든 그런 내정간섭 기구이자 주권감독 기구인 한미 워킹그룹은, 누가봐도 일제가 당시 조선을 지배하기 위해 그 현지 감독기구로 조선총독부를 둔 것과 같이 너무나도 닮아있는데 당시 사회적 분위기는 문재인 정부를 두둔해주기에 바빴다. 그렇게 흘러갔다. 오죽 답답했을까? 보다 못한 자당(민주당) 송영길 의원은 해리슨을 향해 "조선 총독"이라며 맹비난했다(2020.1.17. MBC라디오 김종배의 시선집중). 미국의 무조건적인 압력과 정당하지 않은 요구에 대해서는 절대 굴복해서는 안 된다는 것이 그의 발언 요지였는데, 표현은 이러했다. "동맹국가 간의 입장 차이는 비록 지향하는 목표가 같다 하더라도 어찌 보면 너무나도 당연한 것이다. 그러니까 '동맹'인 것이고, 그래서 두 국가는 '대한민국'과 'The United States Of America'로 존재하는 것이다."

물어보자. 두 인식 중 도대체 누가 더 정확하며 진실의 편에 섰다고 볼 수 있는가? 두말할 나위 없이 송영길 의원(현 민주당 대표)의 발언과 인식이 더 정상적일 것이다. 그러면 촛불정부인 문재인 정부가 해야 할 일은 그 입장에 서서-송영길 의원의 입장에 서서 당당하게 야당을 설득하고, 언론들을 바로잡아 주고, 국민들을 설득해 나갔어야 했다. 하지만, 대한민국 문재인 정부와 집권 여당은 자당 송영길 의원의 그러한 울분마저도 절대 수용하지 못한다. 왜냐하면 뼛속까지 박혀있는 숭미·공미의 DNA 때문이다.

절대 과장된 너스레가 아니다. 미국이 "승인"이라 말했는데도 청와대는 "긴밀한 협의"라고 해석해내어야만 했고, 이에 대해 당시 청와대 심의검 내변인이 2018년 10월 11일 정례 브리핑에서 그 부분에 대한 설명을 시도했는데, (그 '승인' 부분에 대한) 기자들의 질문에 "트럼프 대통령이 답하는 과정에서 나온 것으로, **한미 사이에 긴밀하게 협의하고 있다는 의미**(강조, 필자)"라고 친절하게 해석해줬다. 이후 대부분의 민주당 의원들도 "유엔 제재를 앞서가서는 안 된다"는 식으로 선의(?)의 유권해석을 내려줬다. 어떻게 "승인"과 "긴밀하게 협의"가 같은 개념으로 해석될 수 있단 말인가? 그런데도 불쌍하게 그들은 트럼프의 망언과 해리스의 월권조차 한미관계의 특성상 있을 수 있는 정상적인 일이고, 우리가 그것을 이해해야만 한다고 수습하느라 진땀 흘리고 있는 것이다.

이렇듯 지면상 일일이 다 열거하지 못해서 그렇지, 미국의 이런 엄청난 내정간섭과 주권침해 행위는 매우 광범위하고도 전全방위적이다.*

---

* 또 다른 예에서도 참으로 민망한, 아니 굴욕을 느낀다. 10·4선언 11주년 기념 공동행사를 위해 대한민국은 방북 대표단을 구성해 파견했는데, 바로 그 직전에 평양정상회담을 통해 민족자주와 자결의 원칙을 합의해내었다. 그런데도 미국의 대북제재 때문에 눈치를 보고 끝내 민간 항공기를 포기하고 **군용기 화물칸**(강조, 필자)에 타고 방북하였다. 필자는 그런 그 대표단의 모습 속에서 참으로 답답하고도 참담함을 느꼈다. 그러나 더 큰 문제는 정부와 정당, 민간으로 구성된 대표단 중에서, 그 누구도 "이게 무슨 나라 꼴이냐, 차라리 도보로 가자"고 항의하고 나온 사람이 단 한 사람도 없었다는 사실이다. 과연 이것이 나만 느낀 감정일까?

2. 괴물이 된 한미동맹

작금의 현실에서만 그런 것이 아니다. 미국과 우리 민족과의 악연은 참으로 그 연원 자체가 깊다. 제너럴셔먼호까지 거슬러 올라갈 수 있다. 허락 없이 들어오는 자체가 침략이었고, 야만이었고, 학살이었다. 이후 그들의 침략적 본성은 1945년 9월 인천 부두 만행, 1980년에는 위컴 사령관의 '들쥐' 발언, 그리고 트럼프와 해리스의 내정간섭 및 막말로 쭉 이어진다. 그리고 앞으로도 계속하여 그들은 제2의 트럼프와 해리스를 양산하고, 대한민국에 정치·경제·군사·문화 등 사회 전반에 붙박이 '빨대'를 꽂아놓고 단물들을 쪽쪽 빨아들여 나갈 것이다. 쫓겨 나가지 않는 한. 질문質問, 그럼 우리는 언제까지 이 수모를 당해야만 하는가?

1) 미국은 과연 선善한 우방인가?

역사적으로 그 정도와 방법 등의 차이는 있을 수 있으나, 이제껏 이 한반도에서 미국은 단 한 번도 수탈과 침략 행위를 중단한 적이 없다. 지금도 여전히 진행형이다. 미국이 조미 수호조약을 깨뜨리고, 일본과 카스라·태프트 밀약을 맺으며 약속해준 조선반도 식민지화는 현재 미일동맹의 하청동맹으로서의 한미동맹으로 부활돼 신新카스라·태프트 밀약으로 존속되고 있다고 해도 과언이 아니다. 굳이 그 과정을 한번 보면 이렇다. 미국은 분단선인 38선을 그은 주범으로서 한반도 분단을 획책하고, 38선 이남의 단독선거를 실시하도록 사주

함으로써 분단을 획책했다. 한국전쟁이 발발할 수밖에 없었던 내적 요인이 그렇게 미국에 의해 철저하게 만들어졌다. 실제로도 당시 상황은 전쟁이 일어나기 전 이미 휴전선을 중심으로 크고 작은 남북 사이의 교란삭선과 전투가 끊임없이 이어졌다. 다른 말로는 분단이라는 비정상과 부정의를 바로잡기 위해, 즉 통일을 위해 전쟁은 발발할 수밖에 없었던 필연적 내적 요인이자 그렇게 민족사적 숙명으로 자리 잡을 수밖에 없었다는 말이다. 그런데도 미국은 이 상황을 악용해 이승만의 북진통일에 편승, 전쟁을 통한 자신들의 이익은 아주 철저하게 챙기고, 전쟁 개입 명분의 절대성은 전쟁의 성격을 "통일전쟁"에서 "남침", "6.25전쟁"으로 변질시켜 그 합리화를 해냈다. 전쟁의 모든 원인과 책임을 오로지 북에게 떠넘기는 전략이 그렇게 성공했고, 북을 악마화하는 데도 성공했다. 이 과정에서 미국은 대한민국의 안보를 빙자하며 작전 지휘권을 완전 장악, 사실상 대한민국이 군 통수권을 갖지 못하는 좀비 국가로 만들어놓았다.

이후 미국은 자국의 이익을 위해 분단 고착화를 철저하게 강제해 나갔다. 대한민국의 땅 28곳에는 미군 기지를 강제로 세워 70여 년이 넘게 이 땅을 무상 점유하고 있으며, 온갖 명목으로 북침 전쟁연습을 해댄다. 한미합동군사훈련이 그것이다. 미국의 이익을 위해 한반도는 이렇게 항시 전쟁의 먹구름을 이고 살아야만 하는 동토凍土 그 자체이다. 급기야 문재인 정부가 들어서서는 아름다운 땅 성주에 사드를 배치해 그들의 대중국 견제를 위한 병참기지로까지 만들어 대한민국을 속박한다. 나아가 주한미군의 방위비 먹튀 인상과 우리 안보와는 전혀 상관없는 호르무즈 해협의 군 파병까지 강요하는 미국의 모습을 발견한다.

도대체 이 모든 것이 무얼 의미하고 있는가? 생각해보면 트럼프의 도 넘은 내정간섭과 해리스의 막말도 결국은 바로 이 잘못된 한미관계의 구조적 토대 위에서 나왔다. 그렇기에 그들은 대한민국을 마치 자신들의 속국이나 식민지로 바라볼 수 있었고, 이는 마치 일본이 지금도 대한민국 국민들을 한때 자신들의 식민 지배 체제하에 있었던 '조센징'으로 향수하는 것과 똑같다. 단지 차이가 있다면 '조센징'은 과거형이라는 사실뿐이다. 그래서 지금은 이 조선총독부 대신 한미 워킹그룹이 정치적인 내정간섭의 첨병 역할을 하고(참고로 그 어떤 미 행정부가 들어서더라도 이 불평등한 한미동맹 관계가 파기되지 않는 한 이런 기구들은 언제든지 그들의 필요에 따라 생성·소멸의 과정을 거쳐 존립하게 될 것이다.), 한미동맹과 주한미군은 대한민국을 영구 지배하기 위한 정치·군사적 수단으로 작동하게 된다. 여기에다 사실상 미국과 동일체인 유엔사는 분단 고착화를 위한 분단 관리자 기능을 충실하게 수행해 낸다.

참고 미국의 침략성은 전 세계적이다.

역사적 진실로서의 대면은 9.11 테러 사건 이후 미국은 사실 이라크의 석유를 노려 거짓 논리, 즉 이라크가 대량살상무기와 테러단체를 지원하고 있다며 이라크를 침략하여, 10만 명이 넘는 이라크인을 무차별적으로 살육했다는 점이다. 하지만, 이라크는 대량살상무기를 개발하지도 보유하지도 않았고, 테러 지원의 흔적도 전혀 없었다.

또 미국은 우크라이나 크림반도와 시리아 전쟁은 물론이고 이란, 팔레스타인, 예멘 등 중동지역의 모든 분쟁에 자국의 이익을 위해 전 지구적 차원에서의 개입을 마다하지 않았다. 이것이 바로 미국의 참 모습이다.

이런 국가가 제국주의적 속성을 가진 침략국가가 아니라면, 도대체 어떤 국가가 침략국가이겠는가? 타 국가를 단 한 번도 침략하거나 농락해보지 않은 북이 침략국가이겠는가? 이처럼 침략국가인 미국의 본질은 절대 숨겨질 수 없다. 미국이야말로 진정한 깡패국가, 불량국가이다.

좀 더 세밀한 사건 일지로도 이는 충분히 증명된다. 조선이 해방되자 미국은 1945년 9월 8일 38선 이남에 맥아더 사령관을 주둔시킨다. 사령관인 그는 "조선 인민에게 고함"이라는 포고령을 발표하는데, 그 내용이 가히 충격적이다. 너무나도 분명한 침략자의 모습이기 때문이다.* "나의 지휘하에 있는 승리에 빛나는 군대는 금일 북위 38도 이남의 조선 영토를 점령한다.", "모든 사람은 급속히 나의 모든 명령과 나의 권한하에 발한 명령에 복종하여야 한다."(1945년 9월 24일 민중일보가 보도한 맥아더 포고문 제 1, 2, 3호)는 등 6개의 점령 조항을 하달했다. 명백하게 대한민국을 자신들의 점령지로 규정하고 있다.

---

* 그런데도 이러한 역사적 진실을 감추려는 보수수구세력들의 민낯은 20대 대통령 선거를 앞두고도 발생했다. 2021년 7월 한 달 내내 여론을 달구었는데, 진영으로서는 보수수구세력 VS. 개혁진보세력이고, 후보자 중심으로는 이재명(당시 민주당 후보 중 한 명) VS. 윤석열(당시, 범야권 후보 중 한 명)의 역사 인식 논쟁이었다. 있는 역사적 사실과 실체조차 부정하며 미국을 숭배하는, 아니 공미해야 하는 뿌리 깊은 사대의식의 발로이다. 도대체 무엇이 그렇게 미국이 대단하고, 무섭단 말인가?

한국전쟁에 대한 재해석도 마찬가지이다. 2021년 4월 12일 중국인 권연구회가 발표한 자료에는 제2차 세계대전 이후 미국이 일으킨 침략 전쟁 중 하나로 한국전쟁을 분명하게 지목하고 있다. 위 폭로 자료를 인용하지 않더라도 한국전쟁에서 미국의 침략자적 성격은 명백하다. 당시 전쟁의 본질적 성격을 파악하면 금방 확인할 수 있다. 물론 그 전제는 이 전쟁을 누가 먼저 방아쇠를 당겼느냐는 식으로 규정해 한국전쟁을 북침이냐, 남침이냐로 구분하는 방식으로 보아서는 안 된다는 점이다. 그럼? 본질적 의미로서의 한국전쟁 성격을 통일전쟁이라는 기본인식을 깔고, 그 당시 진행된 내전이자 국제전으로 그 성격을 규정해내어야 한다. 왜냐하면 전쟁 전 한반도 상황은 미소 냉전시기의 하위체제로 존재하고 있던 남북 분단체제였고, 미국의 대외정책은 군사적 봉쇄정책이었다. 이를 위해 트루먼 대통령은 막대한 규모의 국방비의 증대가 필요했지만, 국내의 여러 상황이 이를 가로막았다. 이때 때마침 한반도에서 전쟁이 터졌고, 미국은 지체 없이 한국전쟁에 개입, 이로부터 당시 소련 봉쇄를 중심에 놓던 냉전체제의 정당성과 국방비 증액의 명분을 충분히 확보하였다. 미국은 이렇게 이 전쟁-한국전쟁 개입을 통해 자신들이 일찍 구상해 왔던 사실상의 냉전체제를 완성하고, 일본과의 하청 동맹은 샌프란시스코 강화조약을 통해 이루고, 대한민국은 대소 전진기지로 재정립하였다.

이렇듯 분명한 건, 참전은 미국 자신들의 이익 때문이었다. 그래서 한국전쟁이 미국의 참전으로 자유민주주의 체제의 대한민국을 있게 했을 수는 있겠으나, 적어도 미국이 대한민국을 위해 전쟁에 참여한 은혜恩惠로운 국가는 아니다. 그래서 현대판 재조지은이라 할 수 있는 숭미지은崇美之恩에 우리 스스로가 속박당할 이유가 전혀 없으며 나아가서는 얼마나 허구인가도 알 수 있다.

5·16 쿠데타와 광주학살 개입에 따른 미국의 책임도 매우 크다. 누가 뭐래도 5·16 쿠데타는 미국의 작품이다. 낭시 미 중앙정보국(CIA) 국장을 지낸 앨런 덜레스는 퇴임 후인 1964년 5월 BBC와의 인터뷰에서 자신이 CIA 국장으로 일하면서 해낸 가장 성공적인 해외 비밀 공작이 바로 5·16 쿠데타였다고 밝혔다. 한국 정치를 이렇게 미국 정보기관이 좌지우지했다.

1980년 5·18 광주학살 때도 마찬가지다. 당시 전두환 신군부가 주동이 된 이 학살에는 미국의 역할이 적지 않았다. 이때 군대 파병을 승인했던 인물이 바로 존 위컴 한미연합사령관이었다. 그 또한 1980년 8월 AP통신과의 인터뷰에서 전두환 신군부에 대해 "미국은 새 정부를 지지할 것"이라면서 "한국인들은 레밍(lemming, 들쥐)과 같다. 그들은 언제나 지도자가 누구든 줄을 서서 그를 따른다.", "한국인에게 민주주의는 적합한 체제가 아니다."고 언급할 정도로 한국인을 비하함은 물론, 미국이 시키면 시키는 대로 할 것이라면서 식민지 속국 취급하는 침략자의 모습을 그대로 보여주었다.

이뿐만이 아니다. 미국은 한국을 자신들의 영구 지배하에 존속시키기 위해 친미 인물들을 대거 포섭하는 것으로도 유명하다. 이름하여 공작원 포섭이 그것인데, 그 대표적 사례가 2006년에 발생한 백성학 간첩사건이다. 폭로된 자료에 따르면 백성학 당시 영안모자 회장은 전 CIA 요원인 미 국방부 부차관 리처드 롤리스에 포섭돼 정치권의 광범한 인사들을 통해 모은 정보들을 딕 체니 부통령에게 정기적으로 전달해왔다고 한다. 또한, '흑금성'이란 공작명으로 유명해진 박채서 씨도 2018년 8월 31일 "김어준의 뉴스공장"에 출연해 폭로했는데, 그 내용이 더 가관이다. 그는 이날 자신이 한미합동정보대에서 일하면서 미국공작원에 포섭된 한국인이 수없이 많다는 사실을 알았다며 각계각층 저명인사 공작원 386명을 직접 확인했다고 밝혔다. 심지어 가수, 연예인 중에도 있었다고 한다. 그 밖에 또 다른 충격은 2011년 위키리크스가 폭로한 내용이다. 자료에 따르면 정부 고위 공무원과 청와대 내에도 미국을 위해 일하는 정보원과 공작원이 즐비하다는 것이다. 정보의 성격상 이 모든 것을 다 일일이 구체적으로 확인할 수는 없겠지만, 위와 같은 예는 수없이 많을 것이다.

미국은 이처럼 한국 사회를 철저히 자신들 내정간섭하에 있는 속국으로 좌지우지左之右之하기 위해 한국 사회의 전반을 실제 장악, 통제하고 있다.

2) 동맹에 대한 이해, 그리고 한미동맹의 덫

이 모든 사실에 우리는 미국에 대한 불편한 진실에 직면한다. 바로 우리 안의 모든 미국적 사고가 대한민국에서 작동되고 있는 구조적 원리와 원형, 그 모든 것이 한미동맹 체제로부터 기인하고 있음을 유추할 수 있다. 왜냐하면 미국은 바로 이 한미동맹 체제를 통해 자신들의 필요에 따라 구조적으로, 혹은 개인적으로 매우 다양한 그물망 네트워크 연결을 구축할 수 있었고, 대한민국이 자발적으로 미국에 편승하게 만들었다.

그러자 여기서 의문이 하나 생긴다. 동맹이란 무엇인가, 이다. 동맹 당사국의 핵심적 이익을 지키는 데 그 궁극적 목적이 있지 않던가. 그렇다면 자국의 필요에 따라 발생되는 국가 이익은 반드시 상대 동맹국과의 이익과는 일치하지 않을 수도 있다. 그러니 그 연장선상에서 제아무리 한미동맹이라 하더라도 동맹 국가 미국과 우리 국가의 이익과는 분리시켜 바라보아야 하고, 특히 우리 민족의 이익과 관련해서는 더더욱 갈라보는 지혜가 필요하다. 아래의 김영삼 대통령의 취임사(1993년 2월 25일) 한 구절은 이를 보다 명확하게 보여준다.

"그 어떤 동맹도 민족의 이익을 우선하는 동맹은 없다."

동맹과 민족과의 관계에 대해 이처럼 명쾌한 정의가 또 어디에 있겠는가. 또 동맹과 관련된 이해 부분에 있어 대한민국 헌법도 유심히 들여다볼 필요가 있다. 대한민국은 헌법에도 한반도에서의 평화체제와 통일문제에 대해 남북 간에 평화통일을 지향해 나가야 할 책무로 명문화하였다. 전문에 "평화적 통일의 사명에 입각하여 정의·인도와 동포애로써 **민족의 단결**(강조, 필자)을 공고히 하고(중략)"가 있고, 제4조에는 "대한민국은 **통일을 지향하며**(강조, 필자. 중략)"라고 되어 있다. 이로부터 분명하게 확인할 수 있는 것은 미국과의 동맹 단결이 아니고, 북과의 민족적 단결이다. 그래서 대한민국은 한반도에서 군사적 긴장 완화와 남북 간 교류·협력, 민족적 동질성 회복 등을 늘 한미동맹보다 정책의 중심에 놓아야 할 헌법적 책무가 있다. 또, 북을 적대시하는 국가와는 동맹 체제를 유지할 수 없는 민족적 특성을 갖는다. 그것이 한반도에서의 평화와 번영, 통일을 방해하는 동맹 체제라면 더더욱 그리해야만 한다.

그런데 한미동맹은 이 민족의 이익과 단결을 분명 방해한다. 반면, 대한민국 헌법에 남북 간 문제는 민족의 단결로 풀어가라 하고 있다. 그렇다면 남북정상회담을 통해 합의된 공동선언의 경우는 미국의 눈치를 볼 필요가 없이 남북이 힘을 합쳐 미국의 내정간섭을 뚫고 이행하면 되는 것이다. 그런데 남측 정부는 이를 해내지 못한다. 철저히 한미동맹 체제에 결박당해 미국의 허락 없이는 아무것도 할 수 없다. 가련한 국가로서의 대한민국의 모습이다.

2017년 1박 3일 동안 진행된 한미정상회담에서 이는 분명 확인된다. 트럼프 대통령의 국익 외교는 어떻게 작동되고, 반면 문재인 대통령의 예속적 혈맹 외교는 어떻게 한 국가의 국익이 침해되면서 헌법 정신이 제대로 반영되지 못한 초라한 성적표인지 대차대조貸借對照된다.

트럼프는 정상회담 직후 기자회견 때 "문재인 대통령은 미국의 여러 군사 장비를 구매할 것으로 결정했다. 거기에는 제트 전투기라든지 미사일 그 외에 여러 가지 장비가 있다."면서 두 번이나 **"이런 큰 구매를 해주신 데 대해서 감사드린다."**고 말했다.(강조, 필자) 반면, 금강산과 개성공단에 대해서는 "적절한 때(right time)가 되면 내가 강력히 지원을 할 것"이라고 말했지만 "지금은 적기가 아니라고 생각한다."고 답하고, 대북제재는 "지금 수준의 제재가 적정하다"며 **"계속해서 대북제재는 유지될 것**(강조, 필자)"이라고 밝혔다. 3차 북미정상회담의 전망에 대한 질문에는 "있을 수 있다."면서도 "단계적(step by step)으로 해야 한다(그는 '단계적'이라는 단어를 몇 차례 더 사용했다.). '서둘 일(fast process)'이 아니다."고 분명하게 선을 그었다.

요컨대 대한민국은 트럼프로부터 "감사하다"는 말을 두 번이나 들어야 할 만큼 엄청난 금액의 무기를 구매한 대신, 당시 방미의 핵심 목적이라 할 수 있었던 제3차 북미정상회담 약속과 대북제재 철회 약속은 단 한마디 지지 확보도 못 하고 이루지도 못했다. 미국에게는 엄청난 금액의 현금을 지불했으나, 미국으로부터는 단돈 1원의 현금은 고사하고 부도 직전의 어음만 잔뜩 받은 꼴이 되었다.

동맹국과의 국가 이익이 100% 일치하면 좋겠지만, 일치하지 않았을 때는 어떤 관점과 태도를 취해야 하는지가 이 한미정상회담에 고스란히 담겨져 있다. 상대 국가인 미국은 자신의 동맹국가인 우리에게 떡 줄 생각을 전혀 하고 있지 않는데, '대한민국' 문제이자 '우리 민족' 내부 문제인 남북문제와 관련해서는 그들이 그어놓은 레드라인(금지선)에 얽매여서 남북문제를 주권국가답게 해결하지 못한다면, 이것은 이미 '정상적인' 동맹 관계가 아닌 것이다. 입만 열면 그토록 자랑하고 있는 OECD 가입국이자 1인당 GNP가 3만 달러이고, 수출 10위권의 경제대국인 국가 규모에 전혀 맞지 않는 아주 非자주적인 외교 방식이다. 현실로는 동맹국 미국에 대해 대한민국이 차지하는 위상이 어떠한지를 너무나도 잘 드러내 주는 모습일 뿐이다.

그럼, 어떻게 고쳐가야 할 것인가? 아주 간단하다. 동맹국과의 이익이 충돌할 때는 자국의 이익을 우선하면 되는 것이다. 이를 위해 1993년 당시 김영삼 대통령의 취임사를 다시 한번 떠올려보자. "어떤 동맹국도 민족보다 나을 수 없다." 즉 "어떤 동맹도, 그것이 비록 한미동맹이라 할지라도 우리 민족의 이익보다 우선할 수는 없다"는 것이다. 이처럼 보수정권 김영삼 대통령도 동맹 체제에 대한 이해를 이렇게 아주 명징하게 잘 보여주고 있는데, 왜 촛불정부를 자임하는 문재인 정부가 이보다도 더 못한 인식을 하며 비겁한 태도와 굴종만을 일삼는단 말인가.

그 전제로 다시 동맹 체제의 본질적인 의미를 한번 살펴보자. 그 어떤 국가가 동맹 관계를 맺고 있다는 것은 외부에 적이 있다는 것이고, 위협이 있다는 걸 말한다. 그래서 정상적 질서로서의 의미로 볼 때는 동맹 그 자체는 매우 부자연스러운 상태를 의미한다. 당연히 한미동맹도 여기에 속한다. 첫째는 외부에 적이 있다는 것이고, 둘째는 이 지구상에서는 우리가 이미 익숙한 것처럼 보이는 것과는 달리, 실제적으로는 동맹을 맺지 않는 국가가 동맹을 맺은 국가들보다 훨씬 더 많다. 이로부터도 한미동맹은 정상적이지 않음을 알 수 있다. 따라서 굳이 한미동맹을 맺었어야만 했다면, 동맹의 목적이 안보와 관련하여 공동목표가 최종 지향되어야 하고, 그걸 추구하는 과정이 매우 평등해야 한다.

그렇지만, 지금의 한미동맹 체제는 이 두 가지 요인 중 그 어디에도 만족시켜 주지 못한다. 대한민국이 미국으로부터 안보를 보장받는 대신, 주권의 자율성이 많이 포기되어 있고, 물론 초창기에는 그럴 수밖에 없었던 사정이 이해된다. 해방 이후 대한민국은 국력이 매우 미약하였고, 당연히 자주 국방력을 스스로 갖출 수도 없었다. 애초 한미동맹이 불평등한 동맹 관계로 출발할 수밖에 없었던 사정이다. 그리고 바로 그런 사정 때문에 당시 국정을 장악한 이승만 집권

세력들은 비록 비대칭적인 동맹일지라도 미국의 힘을 빌린 동맹 체제를 이용해 안보 공백을 메우려고 했고, 백번 양보해 그때는 그 전략이 일정하게 유용했을 수도 있었다. 하지만, 지금은 OECD 가입국, G20 회원국일 정도로 위상은 높아졌고, 고故 노무현 대통령의 발언대로라면 세계 7위의 국방예산을 쏟아부으면서도 군 통수권조차 없는, 나라의 위상에 전혀 어울리지 않는 부끄러운 일이다. 분명 바로 잡을 일이고, 더군다나 아래에서 확인받겠지만 필리핀이 할 수 있는 일이라고 한다면, 당연히 대한민국도 할 수 있어야 한다. 그런데 왜 하지 못한단 말인가?

또한, 한미동맹 체제의 심각한 문제점은 무엇보다 원래의 태동 목적, 즉 한반도에서의 전쟁 방지와 한반도의 평화와 번영이라는 목적에서 많이 이탈한 데에 있다. 어떻게? 주한미군은 한반도에서의 정치·군사적 강박 기제로 작용하고 있고, 중국 견제를 그 직접적 목표로 하며 동북아에서 미국의 패권 유지에 이용하고 있으며, 분단 고착화의 정치·군사적 기제로 작동하고 있다. 나아가 한반도의 통일 지향성을 전면 부정하고, 분단체제를 더 고착화한다. 동맹 체제의 본질에 대한 심각한 훼손이다.

해서 결론은 철저하게 미국의 패권적 지배 질서에 종속된 패권동맹체제이자 한반도의 평화통일을 방해하는 반反통일적 동맹 체제로, 지구상에서 가장 바람직하지 않은 형태의 동맹 체제다.

반면, 필리핀은 2020년 2월 11일(현지 시각), 아주 중대한 결정 하나를 내린다. 미군이 필리핀 내에서 훈련을 실시하고, 연합훈련에 참가할 수 있게 한 '방문군협정(VFA)'을 종료한 것이다. 이같이 한미동맹 체제와 대조되는 모습에서 얻는 교훈은 매우 분명하다. 동맹 관계가 서로의 이해관계에 맞지 않으면 굳이 지속시킬 필요가 없다는 것이다. 이 평범한 진리를 우리는 너무나 오랫동안 잊은 채 살아왔다. 한미동맹은 절대 깨질 수 없는 신줏단지이고, 모든 동맹 가운데서 가장 완벽하고 이상적인 동맹 체제이며, 북의 침략으로부터 대한민국을 지켜주는 절대 수호신으로 신봉하면서, 무조건적인 맹방으로 대한민국의 공산화를 막아준 혈맹으로 격상되어 숭미 사대가 자라날 수 있도록 하는 정치적 토양까지 제공하였다. 이렇게 하여 오늘날 한미동맹은 신성불가침의 절대가치 영역에까지 들어가 대한민국의 모든 정치권과 관료, 이해 관계자들에게 "미국의 이익이 곧 한국의 이익"이며 "미국의 입장이 곧 한국의 입장"이라는 신성한(?) 인식을 뿌리 깊게 자리매김했다. 한미동맹과 대한민국 국체를 그렇게 완전 일치시켜 놓아, 주권국으로서의 자긍심은 그 어디에도 없다.

그래서 생각해본다. 반공과 친미, 무조건적인 동맹 대신에, 자주와 평화, 연북, 그리고 용미用美가 우리 사회를 지배하는 그런 대한민국이 과연 될 수는 없을까? 500여 년 전, 조선의 사대교린事大交隣에서 사대事大는 빼고 교린交隣만의 지혜를 정녕 배울 수는 없을까?

3. 시민촛불항쟁, 한미동맹 그리고 통일

미국은 지금 이 시각에도 이 한반도에서 전쟁을 꿈꾸며, 우리 민족을 핵전쟁의 공포 속으로 몰아넣으려 한다. 한국전쟁 때 이미 맥아더는 핵 공격 작전을 세웠다. 이후 미국은 중국과 소련, 그리고 북을 위협하고 체제를 멸망시키기 위해 남南에 수많은 핵배낭, 핵지뢰, 전술핵 등을 배치했고, 이후 핵우산 정책*을 실시하고 있으며, 해마다 한미합동 군사훈련을 전개하고 있다. 이 모든 요인에, 즉 미국이 이렇게 한반도에서 끊임없는 핵전쟁 연습을 지속시킬 수 있는 배경에는 불평등한 한미동맹 체제가 놓여 있다.

그래서 "이게 나라냐?"라고 외친 촛불 시민의 울분에서 우리는 한미동맹과 관련해 두 방향에 걸친 정치적 함의를 읽어낼 수 있어야 한다. 아주 오래된 적폐를 청산하겠다는 의미로서 잘못된 한미동맹 체제를 이제 '정상적으로' 바로잡겠다는 열망인가? 아니면 분단 극복과 민족 재통합을 위해서 한반도에서 근본根本적으로 악의 축으로 작동하고 있는 한미동맹 자체를 반대한 반미자주의 열망인가? 그 어떤 것이 되었든 여기서 중요한 것은 한미동맹 체제에 대한 근본적 물음을 촛불 시민들이 던지기 시작했다는 점이다. 한미 간에 존재하는 각급 조약과 협정들은 평등한가? 방위비 분담금이 적정하게 책정되었는가? 북핵문제가 북北만의 문제인가, 아니면 미국의 대북적대정책 및 한반도 비핵화의 문제인가? 한반도 평화문제를 분단 구조와 상관없는 안보 중심의 문제로만 볼 것인가, 아니면 전 사회적 영역으로 포괄시켜 통일의 담론 체계와도 연동해서 볼 것인가? 등 수많은 의제와 연관 지어 그렇게 묻고, 결론을 우리 사회 모든 것의 중심을 관통하는 한미동맹 체제에 아주 심각한 문제가 있다는 것을 분명하게 인식

---

* 미국의 대한반도 핵우산 정책은 남쪽에 핵배낭, 핵지뢰, 전술핵 배치라는 군사적 접근이 폐기되고 난 이후, 새롭게 도입된 미국의 대한반도 핵정책 그 모두를 일컫는다.

해 들어갔다는 것, 그것 자체가 매우 고무적이라는 말이다. 나아가면 이것은 항쟁 기간 내내 촉발된 분단적폐 청산 요구가 미국에 의해 강제된 분단체제를 넘어서려는 강인한 민주주의 신념과 통일 의지에 의해서만 가능한 일임을 알아가는 과정과도 정확하게 비례했다. 즉, 민주와 반북이 양립될 수 없고, 불평등한 한미동맹과 자주가 양립될 수 없으며, 또 평화와 분단도 양립될 수 없다는 인식이었다.

촛불시민혁명은 그렇게 미국에 대한 이해와 한미동맹에 대한 인식을 정립시켰다. 철저하게 자국의 국익에 따라 한국을 대했고, 자신들의 정치·군사적 지배 기제인 한미동맹과 주한미군의 주둔을 통해 이 땅에 지속 가능한 지배력을 유지하고 있었을 뿐이니, 실상 우리가 미국을 고맙게 생각할 이유도, 은혜로운 감정을 가졌어야 할 이유도 없다고. 그렇게 매우 당연한 귀결이자 원래대로의 정상성으로 회복해야 한다. 그래서 앞으로는 절대 왜 우리만 혈맹이니, 영원한 가치동맹이니 하면서 미국을 향해 무조건적으로 고맙고, 은혜로운 나라로만 인식해야 할 이유를 전혀 없애야 한다.

없다면, 그 한미동맹 체제가 지속되는 한 미국식 해법으로는 절대 북핵문제도, 통일문제도 풀릴 수가 없고, 지금의 한미동맹 체제에 대한 180° 다른 인식이 왜 필요한지도 명명백백해져야 한다.

4장

왜, 북핵 비핵화에 대한
집착을 버려야만 하는가?

    확증편향은 정말 우리의 인식을 이렇게 많이 왜곡한다. 북핵문제
와 한반도 평화체제와의 상관관계도 그중 하나다. 현재까지 우리가
너무나도 당연하다고 알고 있는 것과는 하등 상관관계가 없고, 직접
적이지도 않다. 다음과 같은 이유 때문이다. 첫째는, 북핵문제가 표
면화된 1994년 전후는 물론, 훨씬 전인 1950~80년대에도 한반도 상
황은 '적대적 평화공존' 상태에 머물러 있었고, 이로부터 늘 전쟁 위
협과 긴장 고조 속에 놓여 있었다. 연장선상에서 지금도 마찬가지이
다. 이로부터 한반도 평화문제는 북핵문제라는 새로운 요인에 의해
기인된 문제라기보다는, 그것과는 상관없이 분단체제와 정전체제
가 그 직접적 요인이 된 문제임을 알 수 있다. 그래서 북핵문제는
미국과 분단적폐세력들이 자신들의 필요에 의해 가공된 정치·군사
적 이데올로기일 뿐이다.

보수수구 정치집단은 물론이고, 민주당 출신의 문재인 대통령 조차도 일명 베를린 평화구상에서 "완전하고 검증 가능하며 불가역적인 한반도 비핵화는 국제 사회의 일치된 요구이자 한반도 평화를 위한 절대 조건"이라고 강조했다. 이를 액면 그대로 이해하자면 북이 핵을 포기해야만 한반도 평화가 온다는 논리가 된다. 그런데 진정 이 말이 일말의 진실을 담고 있으려면, 북이 핵 보유 정책을 추구하기 이전까지는 한반도가 평화 상태였다는 것이 증명되어야 한다. 하지만, 이 문제가 이미 거짓임은 위 본문에서 밝혀졌다. 그렇다면 이 대전제는 애초부터 잘못 성립된 것이다.

백번 양보해 북의 핵 포기가 "한반도 평화의 절대적 조건"이라고 규정하고 싶다면, 똑같이 미국의 대북적대정책 철회 역시 한반도 평화체제의 절대적 조건임을 인식하는 것이 매우 균형 잡힌 인식 태도이다. 분명 미국의 핵우산 정책도 한반도 평화를 위협하는 근본 요인으로 작용하고 있기 때문이다. 즉 대한민국의 안보가 미국과의 한미동맹과 핵우산 아래에 철저히 보호되고, 국방비 예산도 북보다 몇십 배 더 많이 편성되고 있는 상황, 그것도 모자라 방어·공격 훈련 개념이 무의미하다고 정의되는 현대전에서 연례적으로 실시되는 한미합동군사훈련을 역지사지의 관점에서 보면 북은 당연히 자신들의 체제 위협과 생존권 보장을 위해 그러한 한미 공동 위협에 당연히 대처해야 한다. 역지사지하면 이렇듯 한반도에서의 전쟁 위협과 긴장 고조는 오히려 미국과 한국에 있다. 그래서 이런 상황이 북은 자신들의 핵 문제가 본격적으로 등장하기 이전부터 시종일관 북핵은 미국의 대북적대정책의 산물이고, 자신들의 핵은 미국의 대북적대정책을 파탄 내기 위한 정치·군사적 대응의 결과물임을 강조할 수밖에 없었다. 전쟁 억지력을 얻기 위해 핵과 전략 무기 개발에 나설 수밖에 없었다는 논리가 가능했다. 연장선상에서 핵무기는 북이 말한 바와 같이 남측을 공격하기 위한 것도 아니고, 한반도에서 전쟁을 불러오기 위한 전쟁 무기도 아니게 되어 있는 것이다. 철저하게 미국의 적대정책을 끝장내기 위한 미국을 향한 전략무기다. 마치 중국이 미국으로부터 전쟁 억지력을 갖기 위해 핵과 ICBM을 가졌듯이, 파키스탄이 인도의 공격에 방어하기 위해 필요한 것이 핵 억지력이었듯이 북도 같은 논리로 미국을 상대하기 위해 핵과 전략적 무기를 보유할 수밖에 없었던 것이다.

그런데도 대한민국 정부가 이러한 본질적 인식에는 눈을 질끈 감아버리고 오직 한미동맹의 입장에서만 미국과 한편이 되어 선先비핵화를 외친다는 것은, 마치 민족의 운명문제를 미국의 이익문제에 결부시켜 추진하는 사대매국 행위와 전혀 다르지 않다. 대화(외교)와 제재로 북핵 문제를 풀겠다는 원칙도 마찬가지다. 대화와 제재가 미국의 북핵 해법이고, 민족 자주와 민족 공조가 작동되지 않는 상태에서는 사실상 선先비핵화와 체제 전복을 전제하고 있는 것인데, 그런데도 이 정책 기조를 미국과 같이 동등하게 가져간다는 것은 오히려 북에게는 미국의 대북적대정책에 강하게 동의하겠다는 의사 표시로밖에 보이지 않는 것이고, 남북관계가 더 꼬이는 또 다른 원인이 된다. 달리는 북핵 해법과 한반도의 위기 구조 본질을 전혀 똑바로 내다보지 못한 청맹과니의 인식과 다름없다.

둘째는, 위 '첫째는'과 같이 인식된다면 북의 핵 개발은 남북 간 적대관계에서 출발한 군사적 문제라기보다는 북미 간 적대관계의 산물이다. 다시 말하면 지금 북이 미 본토까지 공격할 수 있는 전략무기 ICBM 및 '괴물'*까지를 등장시킨다 해도 북미 간 적대관계를 본질로 하는 북핵의 대결 구조는 전혀 바뀌지는 않는다. 따라서 북핵 비핵화는 한반도 평화체제 수립의 전제조건도 필요충분조건도 아니다. 또한 연동해서 선先핵폐기·후後평화체제 수립도 논리적으로 성립될 수 없다. 철저하게 미국의 이해관계가 반영된 적대적 논리일 뿐이다.

이렇듯 한반도 평화문제는 북핵 문제가 될 수 없으며, 아주 명백하게 미국의 적대정책에 의해 파생된 문제다. 그래서 그 해결 방도도 한반도의 실질적인 이해 관계자이자 담지자인 대한민국이 한미동맹

---

* 조선로동당 창건 75주년 기념 열병식 때 북은 신형 대륙간탄도미사일(ICBM)을 선보였는데, 이 신형 ICBM은 북이 2017년 시험 발사한 ICBM 화성-15형보다 2~3m 더 길고 직경도 커져 사거리가 대폭 늘어난 것으로 추정된다. 이에 안킷 판다 카네기국제평화기금 선임연구원 등 미·일 전문가들은 "세계 최대급 이동식 ICBM"이자 "괴물"이라고 평가했다.

차원에서 무조건적으로 미국의 입장에 동의할 것이 아니라, 민족의 이익에 사활적 이해관계를 갖는 북과 민족 공동의 운명 차원에서 미국의 대북적대정책에 NO 할 수 있는 그런 관점에서 모색해 내어야 한나. 해서 한반도의 평화와 통일 문제는 한미동맹 차원을 넘어 민족 공조를 통해서만 풀어나갈 수 있다.

1. 한반도에서의 전쟁은 가능한가?

이와 관련된 대전제는 이렇다. 한반도에서 전쟁이 일어날 수밖에 없는 조건은 한 4가지 정도인데, 바로 이 성립조건이 불가능하다고 증명되면 한반도에서의 전쟁은 없는 것이다. 참고로 그 4가지 조건은 아래와 같다.

첫째, 압도적이고 기습적이며 단시간 내에 전쟁이 종결되어야 한다.
둘째, 미 본토에 대한 안전이 확고히 담보되어야만 한다.
셋째, 러·중이 개입하지 않고(비확전), 일본도 전쟁의 후과를 감수할 수 있어야 한다.
넷째, 남측의 여론이 미국의 전쟁 추진에 일정 우호적이어야 한다.

하지만, 그 어떤 현실도 이 모두를 다 충족할 수 있는 상황은 절대 일어나지 않는다. 먼저, 역사적인 경험으로서 1968년 푸에블로호사건이나 1994년 6월 핵전쟁 위기 때도 미국은 결국 전쟁을 하지 못했다. 그런데 그때와는 완전 다르게 북의 국방력과 군사력이 비교도 되지 않을 만큼 강해졌다. 그런데도 전쟁? 의도는 뻔하다. 한반도 전쟁설을 계속 유포하여 그들이 얻고자 하는 목적을 달성하고자 하는 이데올로기적 선전용일 뿐이다.

다음, 북의 핵 보유로 초래된 여러 정황들이 오히려 전쟁이 불가능하다는 것을 보여주는 구체적인 지표다. 첫째, 북의 핵 보유로 미 본토의 안전이 담보되지 않는다(미국이 가장 두려워함). 둘째, 닉슨독트린 6개 조항 중 1항인 "미국은 앞으로 베트남 전쟁과 같은 군사적 개입을 피한다."가 파기되지 않는 한 아시아에서의 전쟁은 더 이상 가능하지 않다. 이유는 베트남전과 같이 자신들이 지는 전쟁은 하지 않는다는 것이 이 1항 정신의 핵심이기 때문이다. 셋째, 중국이 북핵 해법으로 관련국들 간의 대화와 협상 원칙을 계속 고수하는 한 한반도에서의 전쟁은 불가능하다. 넷째, 산악지대가 많아 게릴라전의 지형을 갖춘 한반도는 전면전을 해야만 하는 미국의 전쟁 지형이 될 수 없다. 다섯째, 주변국의 우려를 해소해야 하는데, 그중에서도 특히 러·중이 개입·확전될 가능성이 크며, 일본은 그 전쟁의 후과를 감당할 수 없다. 여섯째, 대한민국 대통령이 전쟁에 반대할 뿐만 아니라, 국민 여론이 민족 자체가 공멸하는 전쟁에 절대 찬성하지 않는다.

그러므로 한반도 전쟁과 관련해서는 지금껏 알고 있는 우리들의 그 모든 확증편향 상식을 완전히 뒤집어야만 한다. 우선, 북핵이 한반도 평화를 위협하고, 남북관계를 꼬이게 하는 주범이라는 인식을 완전 버려야 한다. 다음, 한반도에서의 전쟁 억지는 미국에 의한 전쟁 방지와 평화를 수호하기 위한 대한민국 정부의 중재자 역할로 이뤄진 것이 아니라는 점이다. 오히려 북이 핵을 보유했기 때문에 대미 억제력이 확보되었고, 종국에는 한반도에서 영구적인 전쟁 종식과 평화체제의 구축이 가능해졌다는 점을 분명히 인식해야 한다. 그리고 마지막은, 북이 핵을 보유하고 있는 한 한반도에서의 전쟁 위협과 긴장 고조는 이유 불문, 미국이 자신들의 이익을 위해 필요에 따라 조장되는 공갈 협박에 다름 아님을 분명하게 인식해내어야 한다. 끊임없이 이뤄지는 자국 전략자산무기의 국내 도입, 방위비분담금 인상, 한미합동군사훈련, 남북관계 속도조절론 등 이 모든 것들이 그 연장선상에 있다.

2. 한반도 전쟁 위기설이 갖는 정치적 함의

이처럼 한반도에서 미국이 일으키는 전쟁은 절대 일어날 수 없다. 그런데도 한반도에서 전쟁 위기설이 소멸되지 않는 이유는 도대체 뭔가? 이유는 미국과 그에 기생한 대한민국 정치집단들(분단적폐세력들)이 자신들의 필요에 따라 언제든지 현실로 소환될 수밖에 없는 단골 메뉴이기 때문이다. 다른 말로는 전쟁이 일어날 수 없는데도 반복적으로 전쟁 위기설이 불거진다는 것은 실제 전쟁 그 자체보다는 다른 목적이 있을 수밖에 없다는 것과도 같다. 첫째, 미국에게 한반도에서의 전쟁 위기설은 그 위기설을 통해 얻어지는 이득이 매우 크다는 데 있다. 제국주의와 군산복합 경제체제가 갖는 특성상 미국은 전쟁 없이는 유지가 불가능한 수탈 체제이고, 어떤 식으로든지 전쟁은 해야만 한다. 기준은 두 가지로 세워두고 있다.

하나는, 전쟁을 할 수 있는 국가와는 어떤 이유를 찾아서라도 전쟁을 해야 한다. 이라크, 리비아 등이 그 예다. 그런데 이들 국가가 갖는 공통점을 유심히 살피면, 핵을 보유하지 않았고, 석유 자원 등이 풍부하여 경제적 수탈을 할 수 있으며, 패권적인 지위 확보의 교두보로 작용할 수 있는 지정학적 가치가 있다. 전쟁을 할 수밖에 없는 이유가 이처럼 명백하다.

다른 하나는, 전쟁이 불가능한 곳이라면 군사적인 긴장 고조만이라도 끌어올려 최대한 내정간섭과 자국 무기의 수출을 통해 국가 경제를 지탱해 나가야 한다. 한반도가 여기에 딱 부합한다. 세계 진영 논리가 아주 첨예하게 얽혀있고, 상대인 북은 핵을 보유해 이 지구상에서 유일하게 실제 미국 자신들과도 전쟁을 불사하겠다는 무력적 의지를 숨기지 않는 나라이다. 그러니 미국은 절대 북과는 전쟁을 할 수 없다. 그렇지만, 세계 패권적 지위 유지를 위해서는 동북아에서의 군사적 패권은 반드시 유지해야 한다. 바로 이 같은 상황이 미국은 한반도에서 직접적인 전쟁은 불가능하더라도, 한반도를 최대한 군사적인 긴장 고조와 전쟁 위기 분위기를 조장해내 내정간섭과 무기 장사를 할 수 있는 "마르지 않는 샘"으로 만들어 내어야 한다.

2017년 한미정상회담은 이를 아주 극명하게 보여준다. 문재인 대통령은 자신의 당선과 동시에 대통령의 자격으로 미국을 방문했고, 이 회담에서 당시 트럼프 대통령은 "이제는 힘의 시대이다"라고 말하면서 북에 대해서는 "감옥 국가", "지옥"이라 표현했다. 공동발표문의 절반 이상이 무기 관련 내용이었고, 기업 간 거래 내역 수준이었으니 절대 정상적인 외교 문헌이라 할 수 없다. 미국이 정말 동맹국의 이해와 요구에 귀 기울이는 그런 정상적인 국가였다면 너무나도 당연히 자국과는 '혈맹'관계인 문재인 정부가 국정과제로 삼고 있던 한반도 평화와 번영, 통일정책에 대해 환영하고, 지지의 관점에서 어느 국가보다도 분단 극복과 긴장된 한반도 정세를 가라앉히는 데에 동참했을 것이다. 하지만, 공동발표문의 그 어디에도 동맹국으로서 대화와 협상을 통해 문제를 '같이' 풀겠다는 최소한 예의와 배려는 없었다. 오직 있는 것은 분단국가의 아픔을 이용하여 자국의 잇속만 채우려는 즉, 모든 범주에서 군사력을 사용할 준비와 자국의 전략자산 배치와 같은 군사적 대응책만 빼곡히 나열되고, 무기판매에만 열을 올린 미국의 국익 외교만 확인했을 따름이었다.

통계 자료도 이를 확인해 준다. 대한민국 방위사업청은 2006년에 설립되었는데, 그 후부터 2016년까지 통계 자료를 보면 미국에서 수입한 무기대금이 36조 360억 원에 달했다. 어마어마한 규모이고, 비례적으로 미국의 군수산업 지표도 상승했음을 보여준다. 한 예로 트럼프 행정부 때만 하더라도 세계적 군수산업인 보잉은 60%, 레이시온은 25% 등 미국의 주요 방위 산업체들의 주가가 크게 올랐다. 다우지수 평균 상승률 13%를 훨씬 웃돈 것이다.

이처럼 미국이 왜 북핵을 핑계로 북과의 대화와 협상을 거부하는지, 또 왜 한반도 긴장 고조는 물론이고 한미동맹에 대한민국을 포박시켜 놓으려 하는지 이유가 명확하다. 그들 계산에는 남북 간 대립격화와 분단체제 지속이 자국의 무기 수출과 지속적인 한미동맹으로의 포박이라는 결과물을 얻을 수 있어 이 꽃놀이패를 절대 놓칠 수가 없는 것이다. 한반도에서의 긴장 완화와 통일이 절대 반가울 수 없는 명백한 이유가 그렇게 발생한다. 다른 말로는 더 철저하게 악화되어야 될 남북·북미관계*여야 하고, 대한민국은 미국에 더욱 예속되어야만 한다. 그래서 자국의 이익을 최대한 창출해 내어야만 한다. 이익 셈법이 그들에게는 그렇게 작용하고 있는 것이다.

3. 북미대결의 산물인 북핵

세계 체제적 관점에서 보면 지금의 세계를 G2 체제로 명명할 수는 있겠으나, 적어도 현재까지는 미국 중심의 유일적 패권 질서가 유지되고 있다 해도 과언은 아니다. 그런데 그런 미국을 상대해 가장 치열하게 세기의 대결을 벌이고 있는 나라가 바로 북이다. 정말 궁금하다. 무슨 배짱과 위상으로 그렇게 미국과 맞서고 있는지, 특히 핵 개발할 돈이 있으면 그 돈으로 굶주린 인민들이나 먹여 살리라는 국제적 비난까지 받아가면서 꼭 그렇게 해야만 하는 것인지, 이 모든 것이 다 궁금하다. 그 궁금증 해소를 위한 접근은 아래의 물음으로부터 시작된다.

---

* "감옥국가", "감옥", "독재자" 등의 발언들이 갖는 의미를 한번 유추해보자. 어느 국가가 "감옥국가", "감옥", 자기 지도자를 "독재자"로 칭하는 국가와 선뜻 대화와 협상 테이블에 나선단 말인가? 더군다나 "힘을 통한 평화" 발언에는 힘을 통해 북의 굴복(항복)을 받아내겠다는 표현 그 이상 이하도 아닌데, 이를 모를 리 없는 북이 협상에 나선다? 정말 순진한 발상이다. 실제로는 미국이 북의 도발을 유도하는 것이고, 이를 통해 자국의 이익을 챙기고자 하는 것이다. 그런 의미에서 미국이 왜 한반도 정세를 자꾸만 긴장되게 가져가려 하는지 의도가 분명 엿보인다.

1) 북에게 미국은 어떤 존재인가?

미국에 대한 북의 인식은 아주 명확하다. 보통국가 미국은 괜찮지만, 제국주의 미국은 이 지구상에 없어져야 한다는 것이다. 이를 확인할 수 있는 문헌이 바로 조선로동당 서문이다.

"(중략) 제국주의의 침략과 전쟁 책동을 반대하고 세계의 자주화와 평화를 위하여, 세계 사회주의운동의 발전을 위하여 투쟁한다." 이를 위해 "조선로동당은 남조선에서 미제의 침략 무력을 몰아내고 온갖 외세의 지배와 간섭을 끝장내며……"

이 대목만 놓고 보면 북은 미국이 가쓰라·태프트 밀약 당시에서 한 발짝도 못 벗어난 국가라고 여긴다. 그런데도 이 인식이 결코 과도한 인식이 아님은 고故 리영희 선생이 생전 언급한 한반도에는 여전히 21세기판 가쓰라·태프트 밀약이 존재하고, 일본, 혹은 중국과 미국의 밀약설로 진화한다고 했다. 또 북에게 미국은 철천지원수다. 연원은 1950년 발생한 한국전쟁이다. 북의 입장에서는 조국통일전쟁이자 민족해방전쟁인데, 미국의 전쟁 개입으로 좌절되었다고 생각한다. 그래서 미국은 "타도되어야 할 대상"이거나, 단순히 무찔려야 할 "주적" 개념보다도 훨씬 더 높은 상위 단계의 주적개념이다. 다름 아닌, 미국과는 "한 지붕 아래에서는 도저히 같이 살 수 없는 '소멸'되어야 할 대상"이다. "없어져야 할 나라"이거나, 제국주의적 속성이 반드시 없어져야만 대결 관계가 청산될 수 있는 그런 나라다.

이를 세분화하면 이렇다. 민족적 관점에서는 미국을 "한반도에서 몰아내야 할 침략 무력"으로 보고 있고, 체제적 관점에서는 "제국주의의 침략과 전쟁 책동을 반대하고 세계의 자주화와 평화를 위하여 투쟁해야 할 상대"로 규정된다. 당 규약에 명백하게 그렇게 정의하고 있으니 북의 입장에서는 이 목표가 실현되기 전까지 북은 절대 미국과의 적대청산 대결 구조를 멈출 수가 없다. 다시 말해 미국이 자국에 대한 적대정책이 철회되지 않고, 미국의 제국주의적 속성이 소멸되지 않는 한 미국과는 항시적인 대결 구도를 유지할 수밖에 없고, 그게 바로 북이 핵무기 개발을 할 수밖에 없었던 이유가 된다. 미국과의 최후 결전을 그렇게 준비해 나가고 있는 것이다.

2) 미국에게 북은 어떤 존재인가?

당연히 정반대의 인식이 존재한다고 봐야 한다. 실제에 있어서도, 미국은 북을 이 지구상에서 유일하게 자신들의 미 본토를 공격할 수 있는 국가로 여기고, 동북아 패권의 가장 큰 걸림돌로 생각한다. 그러다 보니 미국은 세계 유일의 패권 국가로서의 지위를 유지하는 데 있어 북이 어느 국가보다도 방해되는 그런 국가이다. "고립"과 "붕괴"가 정책의 중심에 서 있을 수밖에 없는 이유가 그렇게 발생했고, 깡패국가, 불량국가로 낙인하여 국제 사회의 큰 비난 대상이 되도록 한 것도 그 때문이다. 결과는 우리가 이미 다 알고 있듯 북을 악마화하는 데 많이 성공했다.

뿌리 깊은 악연도 이 인식에 당연히 한몫했다. 미국은 이제껏 수

많은 크고 작은 전쟁을 일으켰지만, 승리하지 못한 2번의 전쟁 중 한 곳이 바로 한국전쟁이다. 참고로 다른 한 패배는 베트남전이다. 이후 미국은 베트남과는 관계를 개선했지만, 북과는 지금까지도 세기의 대결을 펼쳐나가고 있다. 그러니 세계 유일의 패권국인 미국의 입장에서 보자면 북은 여러모로 매우 불편할 수밖에 없는 국가이다. 이 지구상에서 그 어떤 국가도 자국의 입맛대로 요리되지 않는 국가가 없거늘, 북만이 유일하게 그 예외이니 그 어찌 그렇지 않다고 할 수 있겠는가.

미국은 이처럼 북으로부터 손상된 자존심 회복은 물론, 한미일 대 북중러 냉전으로 이어진 대결 구도도 넘어서야 한다. 이는 자원적으로는 이라크 등과 같이 반드시 점령해야 할 만큼의 미국 이익이 당장 발생하지는 않지만, 이데올로기적으로나 정치 군사적으로는 동북아에서 패권 유지를 위해서는 반드시 북을 굴복시켜 내어야만 한다. 그런데 문제는 핵을 보유한 북이 그렇게 만만한 상대가 아니라는 데에 있고, 이것이 지금 미국이 처한 곤궁한 모습이다.

3) '조선의 핵'이 갖는 의미

바로 이런 치열한 북미 간의 대결에서 북은 미국의 온갖 제재와 압박을 견뎌내며 마침내 2017년 11월 29일 국가 핵무력의 완성 선언을 통해 핵 보유국이 됐다. 그것도 단순한 핵 보유국이 아니다. 미국과의 대결을 끝내고, 한반도 평화체제 구축과 세계 비핵화를 추동할 수 있는 핵 보유 전략국가의 위상을 갖추었다. 그래서 우리의 관심사는 당연히 그다음, 즉 북에게 핵은 무엇이며, 왜 그토록 핵을 갖고자 했고, 또 어떻게 활용하려 하는가, 이다.

여기서 잠깐, 이 질문에 대한 답은 잠시 유보하고, 시간을 되돌려 김정은 체제 이전으로 한번 되돌아가 다음과 같은 질문을 한번 해보자. 그럼, 그 시기에 비핵화는 가능했는가? 적어도 논리적으로는 그렇게─비핵화가 가능한 것으로 보인다. 첫째, 당시 북은 핵 보유를 전략적 목표로 설정하지 않았다. 당 규약과 헌법에 명문화되지 않은 것이 그 첫째 증거다. 둘째, 당시 북핵은 자신들의 체제 유지와 제재 해제라는 등가교환의 수단이었던 것으로 보인다. 그런 만큼, 그때 만약 미국이 진정성 있게 북핵 해법으로 가장 많이 회자되었던 경제와 안보의 교환을 성사시키는 방향으로 임했더라면 어쩌면 자신들이 원하는 방향으로 해결이 가능했을 수도 있었다. 하지만, 그때 미국(과 대한민국)은 그 선택을 하기보다는 북핵 문제를 지금에 이르게 한 그런 정치적 오판을 했고, 그 오판의 중심에 북 붕괴론이 있었다. 북이 곧 망할 것으로 판단했기 때문에 실효적으로 협상할 이유가 전혀 없었던 것이다.

다시 김정은 체제로 돌아와 보자. 그럼, 지금은 북이 핵을 포기할 수 있는가? 결론은 포기할 수 없다, 이다. 무엇보다, 북이 선제적으로 핵을 포기할 수는 없다. 왜냐하면 지금의 핵은 당시와 같은 체제 생존과 제재를 풀기 위한 수단을 넘어 김정은식 정치 무기가 되고 있어 그렇다. "위대한 수령"을 증거할 수 있는 징표이고, 그중에서도 제1 징표인 사상의 위대성을 증명할 결정적 증거가 되고 있다. 다시 말해 김정은식 핵 사상과 인민 생활의 향상을 내올 수 있는 만능의 보검으로 핵 보유가 이론적으로 정립되어 가고 있다는 말이다.* 또한, 북의 헌법과 조선노동당 규약에 핵 보유를 명문화해 놓고 있다. 이렇게 이미 정치 영역과 국가철학으로 들어와 버렸기 때문에 핵 포기는 결코 쉽지 않다. 다음으로는, 핵 보유 값이 매우 높아졌다. 미국의 대북적대정책 철회와 세계 비핵화와 연동되어 있다. 북미대결을 끝장낼 궁극의 무기이자 제국주의적 속성을 완전히 제거해 인류 염원인 세계 비핵화를 추동해 낼 자위적 무장력의 완결판이 바로 자신들의 핵 보유이다.

이제는 이 같은 의미가 담긴 핵을 과거와 같이 절대 헐값에 포기할 수 없다. 시간을 추적해 북이 사용해왔던 핵 담론들과 개념 변화를 추적해 봐도 이 결론은 마찬가지이다. 과거 북은 제네바합의나 6자회담, 북미회담 등에서 주로 내세웠던 자신들의 핵 보유 정당성을 외부의 공격(위협)과 침공(사용) 방지에 두었다. 수세적이고 방어적 성격의 대응이었다. 하지만, 김정은 체제하에서는 핵 보유 정당성이 "끝장 대결", "미국과의 동등한 핵 억제력", "적대정책 철회", "세계 비핵화" 등으로 표현된다. 대단히 공세적이고 주동적이다. 세계정세의 판도를 바꿀 '게임 체인저(Game Changer)'적 성격을 분명 갖고 있다.

이로부터 북의 입장에서 최종 정리되는 핵의 의미는 아래와 같다.

하나, 핵 보유를 통해 세계 유일 최강국인 미국과 담판할 수 있다. 어떻게? 핵 보유를 전제한 군축협상과 한반도 비핵화 및 세계 비핵화, 미국과의 평화협정 체결 및 북미수교, 대북제재 해제 및 경제관

---

* 『절세위인과 핵강국』(평양출판사, 2016)발행에서 이를 잘 보여주고 있다.

계 정상화에 매진할 수 있다.

둘, 핵 보유를 통해 대한민국에 엄청난 정치·군사적 압박 수단으로 활용할 수 있다. 즉 경제적 열세와 재래식 군사력의 열세를 일거에 만회하고, 남북관계를 주도할 수 있는 위력한 수단이 될 수 있다. 이른바 핵 그림자 효과를 톡톡히 누리면서 한미동맹 체제를 해체하고, 주한미군의 철수를 끌어낼 수 있는 강력한 수단이다.

셋, 핵 보유를 통한 전쟁 억지력으로 경제발전에 집중할 수 있다. 나타나는 양태는 미국과는 공포의 핵 균형을 맞춰놓고, 대한민국과는 남북관계의 주도권을 확보하여 그 억제력과 주도권으로 국방예산을 조정하여 재정의 효율적인 집행과 핵 기술의 인민경제 및 경제 산업화 전환으로 인한 인민 생활의 향상이 가능하다.

> "새로운 병진노선의 참다운 우월성은 국방비를 추가적으로 늘이지 않고도 전쟁 억제력과 방위력의 효과를 결정적으로 높임으로써 경제건설과 인민생활향상에 힘을 집중할 수 있게 한다는 데 있다."
>
> (2013년 3월 노동당 중앙위원회 전원회의)

넷, 북은 핵 보유를 통해 수령 체제의 위대성을 입증하고, 그 바탕 위에 수령 체제의 정당성을 사상·이론적으로 정립해 나갈 수 있게 되었다. 이미 그렇게 진행해 나가고 있음을 알려주는 책도 출판되었다. 『절세위인과 핵강국』(평양출판사, 2016)이 그것이다.

책의 핵심 내용은 이렇다. 김정은 위원장이 북을 "동방의 핵강국으로 만들었다"는 것이고, 특히 4장의 소제목은 "조선의 핵 정치학"인데, 핵 사상을 이론화하고 있음을 알 수 있는 대목이다.

정리하면 북핵을 북의 입장에서 볼 때 전쟁 억제력이라는 측면에서는 군사적 무기이고, 미국과 담판하기 위한 전략으로서는 정치적 보검이며, 인민의 생활 향상과 관련해서는 경제 강국 건설의 추동력, 그리고 결정적으로는 수령의 위대성을 입증할 수 있는 정치 사상적 무기로까지 규정되는 핵 정치학이 성립된다. 그런 만큼, 앞으로 북핵 문제는 철저하게 이 목적에 부합하는 방향으로 나가게 될 것이고, 그것도 위 4가지 의미가 모두 동시적으로 충족될 때만이 북핵이 완전 타결에 이를 것임을 예고한다.

반비례해 미국으로서는 엄청 어려운 상황으로의 직면이다. 과거와 같았으면 단순 1차 방정식만으로도 풀 수 있는 문제를 지금은 매우 복잡한 고차원의 방정식을 풀어야만 하기 때문이다. 힌트는? 입구에는 대북적대정책의 철회, 출구에는 한반도 비핵화를 통한 세계 비핵화(미국의 제국주의적 속성 제거)와 맞닿는다.

그렇다 하더라도 남는 문제는 있다. 김일성 주석의 비핵화 유훈을 어떻게 해석할 것인가 하는 그 문제이다.

첫째, 인류사적 이해가 필요하다. 인류사적 관점에서 비핵화 자체를 반대할 이유는 하등 없다. 오히려 문제는 UN 상임이사국들과 미국이 허용해준 국가들, 즉 이스라엘이나 파키스탄, 인도 등의 국가는 핵을 가져도 괜찮고, 북만 가져서는 안 된다는 것이 더 큰 문제이다.

둘째, 북의 핵 정책 방향은 명백하다. 미국의 제국주의적 속성 제거 및 미국의 적대정책 철회, 한반도에서의 비핵화 실현, 세계 비핵화 추동이다. 이 논리에 따라 최종 종착지, 즉 세계의 핵이 없어지면 북도 핵을 보유할 이유가 없다. 그런 의미에서 지금 당장의 핵 보유는 비핵화 원칙에 어긋난다고 할 수 없다.

셋째, 김 주석의 유훈은 여전히 유효하고, 다만 위 둘째에서 확인받듯이 지금 단계에서는 자신들의 핵 보유도 정당하다는 입장이다. 미국의 적대정책과 제국주의적 속성이 여전히 지속되고, 인류에 핵 위협이 계속 남아 있는 한 북도 당 규약과 헌법에 의해 세계 비핵화를 추동해 나갈 국가적 책무가 있기 때문이다.

4. 미국에 주어진 결자해지結者解之 문제

미국은 자기에게 주어진 제국주의적 속성으로부터 동북아시아에서의 패권적 지위를 계속 유지하려고 할 수밖에 없고, 이를 위해 북에는 핵 포기를 강박해 공포의 균형을 무너뜨리려 한다. 또 한반도에서 자유민주주의 체제로 통일(흡수통합)이 이뤄질 수 없다면 대한민국과는 철저히 예속적이고도 종속적인 한미동맹 관계를 지속시켜 현 분단 상태를 유지하려는 정책으로 일관할 수밖에 없을 것이다. 이것이 미국에는 자국의 이익에 부합하고, 이익도 가장 크기 때문이다.

당연히 이를 위한 전제조건은 북에 대한 제재와 압박을 지속하고, 대북적대정책도 계속 유지시켜 나가야 한다. 그런데 문제는 미국만 그런 생각을 하는 것이 아니라는 데 있다. 그 어떤 국가보다도 자주를 생명선으로 여기는 북으로서도 미국의 그러한 야만적 행태와 민족분열 책동을 가만히 두고만 볼 수 없다. 또한, 반면교사로서 세계 정치사가 보여준 경험과 교훈도 평화와 자주는 절대 그 어떤 외교적 구걸이나 강대국의 시혜와 같은 방식으로 이뤄지지 않음도 이미 증명돼 있다.

이라크 전쟁이나 리비아 사태 등을 통해 스스로의 자강된 힘만이 자주권을 지킬 수 있고, 만약 그렇지 못할 경우에는 미국과의 관계 정립이 어떻게 이뤄질 것인가는 이미 인류학적 DNA로 충분히 숙지되어 있다. 그래서 북은 민족 자주권과 그 운명문제를 철저하게 자기 민족의 힘만으로 지켜나가야 한다는 것, 즉 그 어떤 나라에 의탁해서는 절대 보장받을 수 없다는 것을 철의 교훈으로 삼고 있다. 그래서 주변국 미국, 중국, 러시아, 일본 등을 잘 활용하는 것은 맞지만, 그들의 선의가 아닌, 더군다나 한미동맹이 미일동맹의 하청관계로 성격이 전환되어 한미일 동맹 추구라는 21세기판 신新가쓰라·태프트 밀약이 부활되고 있는 이 조건하에서는 더더욱 자강할 수밖에 없다는 결론도 분명히 내려놓고 있다. 핵 보유도 바로 그 연장선상에 있다. 즉, 핵을 통해 미국과 공포의 균형을 맞춰놓고, 그 바탕하에서 미국과의 담판을 지으려는 전략으로 선회하게 된 직접적 요인이다.

여기에다 북은 자신들과 같이 분단 극복의 직접적 한 당사자인 대한민국과는 민족 자주와 민족 공조를 통해 미국으로 표징 되는 외세 간섭과 분단 상황을 극복하려 하는데, 남북정상회담과 합의문은 그 연장선상이다. 북과 미국의 전략적 이해관계 충돌은 이렇게 발생한다. 그러니 근본적으로 북미 간 대결이 종식되지 않는다면 북핵 문제는 원천적으로 해결될 수 없고, 핵을 둘러싼 한반도 문제가 쉽게 풀리지 않는 근본 이유도 바로 여기에 있다. 또한, 이렇게 한반도에서 전쟁이 일어날 수 없게끔 북미 간 공포의 핵 균형이 이뤄져 있으니 이런 정세를 파악한 유관국들도 한반도 문제가 공포의 핵 균형으로 인해 자국의 이익으로 귀결되지 않는 한, 분단 현상 유지라는 맞춤형 관여 정책으로 일관할 수밖에 없다.*

이렇듯 북핵문제는 미국의 전략적 이해와 북의 전략이 맞닿은 명백한 결과이다. 하지만, 여기서 눈여겨봐야 할 지점 하나는 북보다는

---

* 이로부터 대한민국 위정자들과 정치인들이 왜 한반도 정세를 둘러싼 이 지점을 잘 읽어야 하고, 왜 우리 민족 입장에서는 계속해서 외세 개입을 허용하면 허용할수록 그만큼 한반도 문제가 장기화될 수밖에 없고, 불안정한 상태가 오래 지속될 수밖에 없는지, 그만큼 유관국들의 개입에 시달리게 될 수밖에 없는지, 그 본질적 이해를 명확히 해야 한다.

미국이다. 이유는 미국 자신들에게 엄청난 전략적 이해관계가 걸려 있는 동북아에서의 패권 유지가 북핵문제를 해결하지 않고서는 절대 가능하지 않다는 데에 미국 자신의 딜레마가 있고, 때문에 어느 시점에 가시는 반드시 미국 스스로가 그 북핵문제를 해결해야만 한다는 점 때문이다. 이를 다시 말하면 북이 핵을 가지고자 했던 이유가 너무나도 명백하고, 급한 쪽은 미국이니 미국 스스로가 북의 핵 보유를 용인하는 쪽으로 정책을 대전환해 북과의 관계 정상화를 만들어낼 수밖에 없다는 것이다. 분명 쉽지만은 않겠지만, 실타래는 그렇게 풀려나갈 수밖에 없다. 그런 만큼, 당연히 바이든 행정부도 이 상황을 매우 직시할 것이고, 여러 가지 상황으로 지금 당장은 북핵 용인론이 전제된 북과의 관계 정상화 카드를 쓸 수 없겠으나, 시간이 흘러감에 따라 결국에는 이 카드밖에 쓸 것이 없겠구나 하는 인식론적 도달도 곧 머지않을 것이라는 사실이다.

이에 필자가 제안하는 한 프로세스(process)는 2013년 2월 서울을 방문한 해커 박사가 제기한 "3 NO" 원칙을 눈여겨볼 만하다, 이다. 북이 핵무기를 더 이상 만들기 않고(no more), 북이 현재의 핵 능력을 더 이상 향상시키지 않으며(no better), 북이 핵을 수출하지 않는(no export), 이른바 3대 금지조치의 비확산핵동결정책이다. 그러면 미국도 이에 상응해 북미관계 정상화, 한반도평화체제 수립 및 제재 해제 등의 조치를 취하면 된다. 북핵을 둘러싼 등가의 교환, 동시적 이행이 이렇게 완전 비례한다. 해서 충분히 참고할 만하다.

3부

판문점 시대에
걸맞은
자주통일운동을
위하여

누가 뭐래도 지금의 한반도 시계가 가능한 데에는 북의 국가 핵무력 완성이 있다. 그러므로 북의 국가 핵무력 완성은 크게 2가지 정세를 규정한다. 하나는, 그 지긋지긋한 북미대결도 이제 막바지로 진입하고 있다는 사실이고, 또 다른 하나는, 그에 따라 우리 민족도 우리 민족의 운명문제를 판문점 선언에서 확인받은 데로 민족 자주와 자결의 관점에서 풀어나갈 수 있게 되었다는 점이다. 역설적이게도 곧 도래하게 될 우리 민족의 큰 겹경사는 그렇게 북의 핵 보유로 시작되고 있다.

그런데도 언젠가부터 우리 자주통일운동은 이런 정세와는 아무런 상관관계가 없는 그 정반대의 인식 편에 머물러 있다. '단순' 평화만 강조되는 평화운동과, 또 정부가 중심된 남북관계에 부차적으로 결합되는 수동적 운동이 그것이다. 전자는, 한반도 정세를 기본적으로 규정하는 북미 간의 관계가 북의 핵 보유로 인해 그 질적 대전환이 일어났음에도 불구하고 여전히 그 외형적 측면에서만 분석된 평화 대

비핵화의 대결 구도에만 머문 결과이고, 또 통합진보당 해산과 이명박 정부 이후부터 자주통일운동을 짓눌러 온 종북 트라우마가 강제한 결과이기도 하다. 반면 후자는, 6·15공동선언 이후부터 남북관계 개선이라는 화두가 당면 통일운동의 최대 현안으로 부상하자 그때부터 지금까지 정부에 의존된 대중운동, 대중사업으로 경도된 결과이다. 다른 말로는 그때부터 남측의 자주통일운동은 알게 모르게 정부가 주도하는 남북관계 개선 관련 사업에 보조 축으로 결합되는 운동으로 전락되거나, 그들의 하청화가 이뤄졌다는 말이다.

이렇게 '단순' 평화운동과 종북 트라우마는 우리 자주통일운동을 짓누르고, 왜곡시켰다. 당연히 그 후과도 만만치 않다. 정세를 주동적으로 파악할 능력과 정세의 주도성을 상실케 했고, 대중운동이 본원적으로 갖고 있는 운동의 맷집도 매우 허약하게 만들었다.

해서 먼저, 평화운동과 관련된 성찰을 한번 살펴보자. 통일운동과 평화운동은 서로 밀접한 연관성을 가진다. 그것도 일반적으로는 긍정적인 측면에서의 연관성이 더 많다. 남북관계를 개선해나가는 데 있어 큰 영향을 미치기도 하고, 북미대결의 과정에서도 필연적으로 파생될 수밖에 없는 한반도에서의 긴장 고조와 전쟁 위험을 본질적으로 인식하게 해주는 주요한 자주통일운동의 담론적 주제이다.

그런데 문제는 이런 연관 관계가 누군가에 의해, 혹은 특정 정치세력에 의해 왜곡·변질되었다는 데에 있다. 한반도에서 다시는 전쟁이 일어나서는 안 된다는 평화 개념을 정치적으로 악용해 "북北만의 비핵화"와 "분단 고착화에 기반한 평화"로 작동시켰다는 것이다. 이것을 국민의힘과 같은 보수수구 세력이 했다면 구태여 지적할 필요가 없을 수도 있지만, 그동안 한국 사회의 민주화와 남북관계 개선에 일정한 기여도가 있었던 민주당 중심의 정치세력이 주도했다는 점에서 큰 문제가 있고, 더 심각한 것은 이에 부화뇌동한 일부 자주통일세력이 있었다는 데 있다. 적어도 자주통일운동 진영이 그러한 논리에 부화뇌동해서는 안 되는데도 말이다. 설명은 이렇다. 엄연히 자주통일운동이라는 것이 분단체제 극복을 전제해야 하는 것이 맞겠으나, 분단체제에 기반한 한반도의 평화 지향이라면 이는 사실상의 반(反)통일정책일 텐데, 그런데도 이것을 마치 가장 합리적이고도 효율적인 통일정책인 양 왜곡하고 호도하는 이들–과거의 김대중 정부와 참여정부는 물론이고, 지금의 문재인 정부까지 이어지는 이들의 농간을 제대로 읽어내지 못해 지금의 이 사달을 만들어 냈다면, 분명 그 무능은 오늘의 성찰 지점으로 존재해야 한다고 봐야 한다.

다음, 정부 중심의 남북관계 개선 부분과 관련해서도 한번 살펴보자. 북에서 제8차 당 대회가 개최된 이후 2020년 6월 어느 날, 남북관계의 상징인 남북공동연락사무소가 흔적도 없이 폭파되어버렸다. 그렇게 정부 주도형 남북관계 개선 정책이 완전 파탄 나는 순간이었다.

또한, 제8차 당 대회에서는 "조선노동당 규약 개정에 대하여"라는 당 결정서를 채택(2021. 1. 9.)하게 되는데, 그 전문 전체를 북이 직접 공개하지 않아 진의 전부를 아는 데는 분명 한계가 있을 수는 있지만, 그렇다 하더라도 조국 통일 부분과 관련해서는 아주 깊은 이해가 필요로 하는 상황이 발생했음은 분명하다. 남북관계 및 조국통일 문제를 과거와 같은 방식이 아닌, 새로운 방식으로 풀어가겠다는 것이고, 핵심에는 근원적 문제 해결 방식으로서의 통일운동 방법론이 자리를 잡고 있다. 조선중앙통신과 로동신문의 보도 내용을 보면 충분히 그 이유를 유추할 수 있다.

"강력한 국방력으로 근원적인 군사적 위협들을 제압하여 조선반도의 안정과 평화적 환경을 수호한다."(조선중앙통신, 2021. 1. 10.)
"강위력한 국방력에 의거하여 조선반도의 영원한 평화적 안정을 보장하고 조국통일의 력사적 위업을 앞당기려는 우리 당의 확고부동한 립장의 반영으로 된다."(로동신문, 2021. 1. 10.)

풀이하면 핵무력이 질량적으로 더 진전된 국방력의 강화를 통해 미국과의 적대관계와 한반도 평화문제를 해결하고, 그 바탕 위에서 우리 민족의 염원인 조국통일을 완성하겠다는 의사표시이다. 다시 말해 북미관계에서 미국을 정치·군사적으로 제압하고, 남북문제는 조국통일의 근본문제에 천착하는 방식으로 풀어가겠다는 것인데, 이는 "북남관계에 대한 원칙적 입장"에서 그 진의가 잘 드러나고 있다. "북남관계에서 근본적인 문제부터 풀어나가려는 입장과 자세를 가져야 하며 상대방에 대한 적대행위를 일체 중지하며 북남선언들을 무겁게 대하고 성실히 이행해나가야 된다." 3대 기준이 제시되고 있다.

구분	제시된 내용
제 1기준	근본문제부터 해결 모색: 정치·군사적 문제 해결 우선의 원칙
제 2기준	모든 적대행위 중지
제 3기준	남북합의 성실 이행

이로부터 좀 정리해보면 우리 자주통일운동은 크게 한 3가지 핵심 방향이 정립되어야 할 것 같다.

첫째는, 2000년 6·15 남북공동선언 이후 그동안 자주통일운동이 주로 남북관계의 개선에 중점을 둔 정부 주도형의 통일운동이었다면, 북의 제8차 당 대회 이후부터는 범민련 남측위원회, 6·15남측위원회 등 민간 중심의 자주통일운동 역량을 비상히 강화시키고 이를 활성화하는 방향으로 전개해나가야 한다는 점이다.

둘째는, 그간 자주통일운동의 담론 체계가 주로 선先평화론이었다면, 북의 제8차 당 대회 이후부터는 선先통일론으로 전환해 그 높이에서 자주통일운동을 전개해야 한다는 점이다. 물론 그 핵심에는 그동안 제기되었던 평화문제가 통일 담론 체계 안에서 풀 수 있는, 즉 통일로 평화를 추동하는 자주통일 운동론의 재확립이다.

셋째는, 자주통일운동이 통일의 근본문제 해결을 우선시하는 원칙에서, 미 한반도의 지배력을 종식시켜나가는 방향으로 강하게 밀고 나가야 한다는 점이다. 이름하여 통일운동을 통일운동 그 본령에 맞게 철저하게 자주의 높이에서 전개해나가야 한다.

이렇듯 향후 자주통일운동은 바로 이 세 방향에서 전개하면서 문재인 정부를 비판·견인해 들어가야 하고, 어떤 차기 정부가 들어서더라도 이 근본 입장에는 변함이 없어야 한다. 아울러 4·27 판문점 시대로 들어선 지금, 모든 통일문제가 통일의 근본문제 해결 우선 원칙이 확립된 만큼, 어떤 조국통일운동도 그 높이에서 실천운동을 전개할 수 있는 태세 확립과 대중실천운동 방법론을 반드시 모색해 내어야 한다.

북이 새로운 통일전략을 수립하게 된
배경과 내용들

북의 제8차 당 대회와 남북공동연락사무소 폭파가 남측 사회에 던지는 메시지는 이처럼 명확하고 매우 엄청나다. 또한 동시적으로 확인할 수 있는 것은, 북이 문재인 정부와 민주당 중심의 민주개혁세력에 대한 믿음을 확실하게 완전히 철회했다는 사실이다. 해서 앞으로 문재인 정부(이는 이후 정부에게도 마찬가지로 적용된다.)가 남북합의서에 명시된 대로 민족 자주와 민족 공조로 되돌아오지 않는 한 남북관계는 그 어떠한 진전도 없으며, 정부와는 그 어떤 사업도 추진하지 않겠다는 의지가 분명하게 밝혀졌다는 점이다. 조선중앙통신 2020년 6월 9일 자 보도 내용은 그 확실한 증거이다. "지켜보면 볼수록 환멸만 자아내는 남조선 당국과 더 이상 마주 앉을 일도, 론의할 문제도 없다는 결론에 도달하였다."면서 "8일 대남사업 부서들의 사업총화회의에서 조선로동당 중앙위원회 부위원장 김영철 동지와 조선로동당 중앙위원회 제1부부장 김여정 동지는 대남사업을 철저히 대적사업으로 전환해야 한다는 점을 강조하면서 배신자들과 쓰레기들이 저지른 죗값을 정확히 계산하기 위한 단계별 대적사업 계획들을 심의하고 우선 먼저 북남 사이의 모든 통신련락선들을 완전 차단해버릴 데 대한 지시를 내렸다."고 했고, 실제 첫 단계 조치로써 "2020년 6월 9일 12시부터 북남공동련락사무소를 통하여 유지하여 오던 북남 당국 사이의 통신련락선, 북남 군부 사이의 동서해통신련락선, 북남통신시험련락선, 조선로동당 중앙위원회 본부 청사와 청와대 사이의 직통통신련락선을 완전 차단, 폐기했다."

이어 3일 뒤인 6월 12일에는 대남 전략전술 업무를 실질적으로 조정·통제하는 장금철 조선노동당 통일전선부장이 나서서 "북남관계는 이미 수습할 수 없는 지경에 이르렀다"는 제목의 담화를 통해 "큰일이나 칠 것처럼 자주 흰소리를 치지만 실천은 한 걸음도 내짚지 못하는 상대와 정말로 더 이상은 마주서고 싶지 않다."고 했다. 또 "이번 사태를 통하여 애써 가져보려 했던 남조선 당국에 대한 신뢰는 산산조각이 났다."고 하면서 "이제부터 흘러가는 시간들은 남조선 당국에 있어서 참으로 후회스럽고 괴로울 것"이라고 말해 문재인 정부에 대한 기대 여지가 전혀 없음을 분명히 했다.

그리고 그 마침표는 폭파 3일 전 6월 13일에 찍혔다. 당시 김여정 제1부부장은 장금철 통전부장의 12일 담화를 전적으로 지지한다면서 다음과 같은 지시 내용을 공개했다. "확실하게 남조선 것들과 결별할 때가 된 듯하다. 위원장 동지와 당과 국가로부터 부여받은 나의 권한을 행사해 대적사업 연관 부서에 다음 단계 행동을 결행할 것을 지시했다. 다음번 대적행동의 행사권은 우리 군대 총참모부에 넘겨주려고 한다" 이후, 6월 16일 문재인 정부 들어와 남북관계 개선의 실질적 상징이었던 남북공동연락사무소가 폭파되었다.

이를 하인리히의 법칙으로 위 사실관계를 좀 따져보면 이미 그 조짐은 김정은 국무위원장이 자신의 집권 이후 최초로 신년사도 생략한 채, 2019년 12월 28일부터 4일간 진행된 노동당 중앙위원회 제7기 5차 전원회의 때 채택된 새 전략노선 정면돌파전에 녹아 있었는지 모른다. 단지, 결괴가 그리한 상황 확인과 질차를 통해 그렇게 나타났을 뿐으로 말이다.

1. "대적사업對敵事業" 선언이 갖는 진정한 의미

남북공동연락사무소 폭파와 함께 남북관계가 완전 파탄 났음을 보여주는 또 다른 증거는 북의 "대적사업對敵事業"의 선언이다. 조선중앙통신이 남북공동연락사무소 폭파 전 6월 9일, 김여정 당 제1부부장과 김영철 당 중앙위 부위원장 두 사람이 8일 대남사업 부서 사업총화회의에서 대남사업을 철저히 대적사업으로 전환할 데 대한 결정을 보도했다.

이렇게 이 내용이 보도를 통해 알려졌지만 처음, 어느 누구도 이 보도가 갖는 진정한 의미를 제대로 알지는 못했다. 체제 이탈자들의 대북 전단지 살포에서 시작된 남북 간 대립과 긴장이 6월 15일, 문 대통령이 수석보좌관회의에서 "북, 과거의 대결 시대로 되돌리려 해서는 안 돼"라고 한 발언까지 그사이에 존재했던 수많은 내용과 맥락들을 제대로 이해할 수 없었으니 어찌 보면 너무나도 당연한 결과였다. 하지만, 북의 그러한 행위-남북공동연락사무소 폭파와 대적사업 선언이 왜 나왔는지를 시계열적으로 차분히 분석할 시간이 생기면서 북의 의도가 차츰 명확하게 드러날 수 있었다.

보충설명

대북 전단지 살포 문제가 갖는 정치적 함의

북은 대북 전단지 살포와 관련해 명확한 입장을 표명하였다. '적은 적'이라는 극도의 분노 표시가 그것이다. 연장선상에서 남북공동연락사무소가 폭파되고, 남북관계가 완전 파탄 났다. 북이 얼마나 이 대북 전단지 살포에 대해 경악하고 있는지가 짐작이 가고도 남는다. 남南 당국이 확실하게 통제하지 못한 후과가 이처럼 크다.

왜 그런지를 구체적으로 살피면 첫째, 최고 존엄을 중심으로 하여 일심 단결된 사회에서 그 최고 존엄에 대한 공격은 곧 체제에 대한 도전이자 인민 전체에 대한 공격과 하등 다르지 않다고 여긴다. 체제 이탈자들이 살포하는 전단에는 바로 이 최고 존엄에 대한 아주 치졸하고 입에 담기조차 민망한 내용으로 채워져 있다. 북으로서는 이를 묵과할 수 없다.

둘째, 대북 전단 살포는 명백한 남북합의서 위반이다. 4·27 판문점 선언 2조 ①항에는 "남과 북은 지상과 해상, 공중을 비롯한 모든 공간에서 군사적 긴장과 충돌의 근원으로 되는 상대방에 대한 일체의 적대행위를 전면 중지하기로 하였다", "당면하여 5월 1일부터 군사분계선 일대에서 확성기 방송과 전단 살포를 비롯한 모든 적대행위들을 중지하고 그 수단을 철폐하며, 앞으로 비무장지대를 실질적인 평화지대로 만들어 나가기로 하였다."고 명시되어 있다. 북은 대북 전단 살포를 방치하는 문재인 정부가 이 합의를 지키지 않았다고 보고 있다.

셋째, 체제 이탈자들의 대북 전단 살포는 사실상의 전쟁 행위와 같다. 대북 전단 살포가 대북 심리전의 한 형태이고, 전쟁 행위에 준하는 적대행위이기 때문이다. 실제 군사학에서도 삐라, 전단 살포는 전쟁 행위의 일환으로서 심리전의 한 형태로 간주하고 있다. 그런 만큼, 박상학 등 탈북자들은 민간의 옷을 입고, 북 주민의 알 권리를 주장하며, 대북 전단을 살포하고 있지만, 실상은 미국의 자금 지원으로 대북 심리전을 수행하면서 남북관계를 파탄시키는 주범일 뿐이다.

넷째, 백번 양보해 대북 전단지 살포자들의 표현의 자유와 인권 신장이 중요하다는 주장을 수용하더라도, 비무장지대에 군사적 긴장감을 불러일으켜 파주 등 접경 지역 주민들을 두려움에 떨게 하고 국민들의 생명과 안전을 불안하게 하는 행위는 결코 용납될 수 없다. 국제규약도 이에 대한 입장은 아주 명확하다. 유엔의 "시민·정치적 권리에 관한 국제규약"에는 "모든 사람은 표현의 자유에 대한 권리를 가진다"고 보장하지만, 표현의 자유가 "타인의 권리"나 "국가안보 또는 공공질서" 등을 위해 필요할 경우 법률로 "일정한 제한을 받을 수 있다"고 명시하고 있다.

이로부터 대북 전단지 살포 문제는 그리 단순하지가 않다. 정치·군사적 문제이자 인권의 문제이다. 그런 측면에서 다음과 같은 새로운 시각과 접근 하나가 필요하다.

체제 이탈자들에 대한 수용 기준을 명확히 할 필요성 부분이다. 일제 강점기에 생계문제로 일제에 부역한 사람들을 우린 아무도 친일이라고 말하지 않는다. 그렇지만 이완용을 민족 반역자로 낙인찍는 데는 어느 누구도 토를 달지 않는다. 스스로 나서서 적극적으로 친일을 한 사람이기 때문이다. 똑같은 논리로 북의 입장에서는 황장엽, 태영호, 지성호, 박상학과 같은 사람들이 이완용과 같다. 이들이 북을 탈출하기 전까지는 북 내부의 문제이지만, 조국을 배신하고 남쪽으로 도망쳐 나와—체제 이탈해와—북에서 저지른 악질 범죄를 감추고, 그것도 모자라 다시 미 제국주의자들의 하수인이 되어서, **남쪽 지역에서** 민족 반역의 악행을 하고 남북관계를 파탄시키며 군사적 충돌의 도화선 역할까지 앞장서고 있다면, 이는 북측만이 아니라 남측에서도 그냥 넘길 수가 없는 문제이다. 더군다나 기준과 잣대도 없이 **탈북했다는 한 이유만으로**(강조, 필자) 범죄자도 옹호되고, 미국 CIA나 그와 연관된 공작기구들의 자금을 받아 간첩 행위까지 하고, 심지어 국회까지 진출한다면, 이는 남쪽도 결코 책임에서 자유로울 수 없는 행위의 문제가 된다.

결국 체제 이탈자들 문제는 이처럼 이제 남과 북이 함께 해결해야 될 공동의 문제가 되었다. 남북공동으로 이들의 범죄를 엄격히 조사하고, 처리하는 체계와 질서를 반드시 같이 세워야 한다. 그렇지 않으면 계속하여 대북 전단지 살포자들처럼 범죄형 탈북자들이 남북관계 발전의 악성종양으로 자라나게 되고, 미국과 친미수구 세력들은 이들을 끝까지 이용해 자신들의 징치적 야욕을 채우려 할 것이다. 하여 우리는 이들의 농간을 절대 수수방관해서도 안 되며, 남과 북은 이를 함께 책임 있게 풀어나가야 할 주체가 되어야 한다.

해서 이를 한번 재구성하면 이렇다. 북의 입장에서 볼 때, 종속적 (혹은, 예속적) 한미관계의 특수성을 이해하고 이를 고려해 지난 2년간 문재인 정부에게 미국을 설득할 많은 시간을 줬지만, 그 어느 것에서도 판문점 합의를 이행하고자 하는 의지를 찾을 수 없음을 확인한 시간뿐이었다. 아니, 남북공동선언의 합의에 반하는 한미합동군사훈련을 실시하는 것은 물론이고, 한반도 군사적 긴장을 고조시키는 전략자산 무기를 수입하는 등 남북합의서에 역행하는 모습까지 보여 주었다. 결국 북은 미국 뒤에 꽁꽁 숨어 이 핑계 저 핑계 이유만 대는 문재인 정부에 대한 기대를 모두 거두고, 그에 대한 분노를 남북공동연락사무소를 폭파하는 방식으로 드러냈다.

다시 말하면 이 정부와 문 대통령 스스로 직접 남북합의문에 서명해놓고도 약속한 내용을 제대로 지키지도 이행도 하지 못해 남북관계의 진척이 이뤄지지 않은 것인데, 도리어 남북대결 시대로 되돌리려는 원인 제공이 마치 북에 있는 양 은근슬쩍 책임을 전가하려는 듯한 발언과 태도에 북으로서는 도저히 참을 수 없었고, 강한 모욕감마저 느꼈을 것이다.

특히, 그날 수석보좌관회의에서는 문 대통령이 계속해서 북이 절대 수용할 수 없는 한 발언을 했는데, "평화의 약속을 뒤로 돌릴 수 없다. 남북이 함께 노력해야 한다."가 그것이고, 이는 북의 인식과는 너무나도 큰 괴리가 있었다. 비유하자면 전형적인 박근혜 전 대통령의 유체이탈 어법과 하등 다르지 않고, 내용적으로도 책임이 전적으로 자신한테 있음에도, 마치 북 탓으로 돌리는 전형적인 내로남불식 인식이었던 것이다.

보충설명

참고로 만약 필자가 당시 참모였다면, 아래와 같은 정도의 발언이 될 수 있도록 건의 정도는 했을 것 같다.

"3번의 정상회담이 있었음에도 불구하고 남북관계가 오늘의 이 지경까지 온 데 대한 책임은 전적으로 그 이행의 한 당사자, 대통령인 저한테 있습니다. 무거운 책임을 통감합니다. 해서 비록 늦은 감은 있을 수 있지만, 향후 제가 취할 수 있는 모든 조치들을 취해 약속대로 남북관계를 제자리로 돌려놓겠습니다.

그래서 김정은 위원장님께 다시 한번 간곡히 말씀드립니다. 우리 남과 북, 양측은 지난번 온 인류와 겨레 앞에서 약속했습니다. 한반도의 평화와 번영, 통일이 동북아는 물론, 전 세계의 평화와 번영에도 반드시 이바지하는 길임을. 그 위대한 약속을 반드시 함께 지켜나가겠습니다.

다시 한번 그동안 북측이 보인 성의와 노력에 깊은 존경과 경의를 표하며, 우리 남측도 이제부터는 북의 노력과 성의에 발맞춰 나가도록 하겠습니다."

그래서 만약 위 내용─참고자료와 같은 정도의 문 대통령 발언이 나왔더라면 그래도 6월 13일 당시 김여정 제1부부장이 "남북공동연락사무소가 형체도 없이 사라질 것"이라 했던 예의 그 예고조치가 정말 그렇게 빨리 전광석화처럼 실행에 옮겨졌을까? 하는 의문은 강하게 남는다.

차치하고, 즉 물음은 그렇게 그대로 남겨두고, 그 내용적 접근을 한번 해보자. 남측 일각에서는 북의 그러한 조치를 두고 남쪽을 완전 적敵으로 규정했다거나, 아니면 북이 자주 써먹는 으레 있는 행동으로 애써 무시하려는 양 극단의 좌·우 편향이 노출된다. 이 두 편향을 경계하고 정확히 해석하면 이렇다.

첫째, 북의 이와 같은 조치에서, 북은 이미 미국과의 적대정책 철회 및 관계개선의 방식으로 **핵 보유를 전제**(강조, 필자)한 미국과의 담판 전략을 세워놓고 있는데, 그 과정에서 번지수를 잘못 짚은 문재인 정부가 계속하여 쓸데없는 걸림돌로 작용하지 않게끔 사전 예방조치의 성격을 취한 것이라고 볼 수 있다(물론, 이는 이후 정부에게도 마찬가지로 녹같이 적용될 것이다.). 다시 말해 쓸데없는 중재자, 혹은 촉진자 등과 같은 어설픈 역할론을 절대 들고나오지 말 것에 대한 강력한 경고이자 쐐기박기이다. 더 구체적으로는 남측의 정부는 이제부터 북미문제에는 빠지고, 대신 4·27 판문점 선언에서 우리 민족 서로가 확인했듯이 우리 민족 내부 문제에 대해서는 철저하게 민족 자주와 민족 공조의 관점에서 남북문제를 풀 것인가, 말 것인가를 분명히 하라는 것이었다.

둘째, 대적사업의 선언은 그 대상이 지금의 대한민국 정부, 즉 **문재인 정부**(강조, 필자)에 해당되는 것이지, 통일운동의 본령인 민족대단결의 실현까지 훼손되는 행위는 아니라는 점이다. 이유는 이 선언을 정말 일각에서 제기되고 있는 대한민국이라는 국가성 그 자체를 적으로 규정했다고 간주해버리면 조국통일 3대 원칙, 전민족대단결 10대 강령, 고려민주련방공화국 창립 방안을 포함하는 조국통일 3대 헌장이 부정되어야만 하는 엄청난 오류에 빠져, 그러면 북이 적대국인 대한민국과 전민족대단결의 정신에 기초한 연방연합 방식의 6·15식 통일을 풀어가야 한다는 자기모순에 빠져버린다. 어떻게 서로 타도되어야 할 적국과 민족대단결정신을 실현시켜나갈 수 있단 말인가? 그렇다면 이번 대적사업 선언은 '문재인 정부'에 대한 정권과의 단절 선언, 그 이상 그 이하도 아니게 된다.

그래서 그 결론 첫째는, 문재인 정부 포함, 혹은 문재인 정부 이후의 그 어떤 정부라 하더라도 동족 적대정책만 펼치지 않으면, 즉 민족 공조에 의해 다시 남북관계가 재再가동만 된다면 정부 중심의 남북관계는 언제든지 복원될 수 있다는 정치적 함의이다. 둘째는, 첫째의 그러한 결과로 당분간은 정부 간 신뢰 회복은 어렵다고 보고, 민족대단결 정신에 의거한 남북관계 개선의 이행 과정 또한 민간 자주통일운동과의 연대·연합으로 풀어나가겠다는 것이 북의 입장이다.

참고로 4·27 판문점 선언을 복기해보면 이는 금방 알 수 있다. "우리 민족의 운명은 우리 스스로 결정한다는 민족 자주의 원칙 확인"은 우리 민족 전체가 너무나도 엄중하게, 또 너무나도 소중하게 간직되어야 할 조국통일의 가보家寶였기에 북이 왜 문재인 정부에게 대해 그렇게 실망했는지도 분명하게 드러난다. 쾌도난마快刀亂麻식 메시지였다. 강력한 촛불민심의 지지에다 역대 어떤 정부보다 많은 세 번의 남북정상회담이 그렇게 연속적으로 이뤄지면서까지, 더 정확하게는 엄청난 배려를 받으면서까지, 남북관계를 정말 잘 풀 절호의 기회가 있었지만 너무나도 허망하게 미국에 이 눈치, 저 눈치 보며 아무것도 하지 못하는 문재인 정부에 대한 천추의 불만이고, 그 불만들이 누적되고 누적되어 완전 기대를 접은 대형 참사가 그렇게 발생한 것이다.

2. 북의 당 규약 변경과 통일전략 변화 지점들

시간을 다시 한번 더 쫓아가 보면 남북공동연락사무소 폭파와 대적사업 선언이 있었던 날로부터 대략 6개월 뒤, 북은 2021년 1월 개최된 제8차 당 대회에서 자신들이 지향해야 될 3대 전략목표를 확정했다. 하나는, 사회주의 강국 건설을 위한 정면돌파전이고, 둘은, 미국과의 최후 승리를 위한 정면돌파전, 그리고 셋은, 조국통일과업 완수를 위한 정면돌파전이다.

이 책에서는 이 중 책 출판 의도에 맞게 조국통일과업 완수를 위한 정면돌파전이 갖는 의미를 집중 분석해내고자 한다. 도대체 무엇이 북으로 하여금 조국통일전략에 변화를 가져올 수 있을 만큼 큰 변경요인이었는지, 또 가까운 시일 내에 한반도에서의 영원한 안정 보장과 조국의 자주적 통일을 앞당길 수 있다고 하는 배짱과 근거는 어디에 있는지를 한번 세세하게 살펴봐야 할 필요성이 이번 당 대회에서 발생했기 때문이다.

그리고 그 관건은 당 대회 결정서를 통해 알려진 국방력 강화와 조국통일과 관련된 당 규약 개정의 내용이다. 이를 제대로 이해하고 해석해내어야만 조국통일의 현 단계와 통일에 대한 전반적인 이해의 폭을 확장시켜낼 수 있음은 물론, 현 단계에서 나서는 자주통일운동을 좌·우 편향 없이 전개해 나갈 수 있는 모든 단초가 제공된다. 바로 그런 측면에서 특별히 주목해야 되는 한 대목이 있다. 다름 아닌, 통일에 대한 접근방식을 "'과정'으로서의 평화, '결과'로서의 통일"이 갖는 의미해석이다. 즉, 이에 대한 재해석을 내려, 기간 우리가 이해했고, 가졌던 통념, 평화적 방식에 대한 일면성까지 합리적 의심을 내오고자 한다. 당연 그 목적은 자주통일운동에 대한 새로운 지평을 열고자 함이다.

시작하면 이렇다. 기간 우리 자주통일운동에 있어서 평화적 방식에 의한 통일을 중시한 배경에는 다음과 같은 특별한 사연이 있다.

첫째, 1950년 한국전쟁의 경험이 준 교훈이다. 전쟁의 후유증이 얼마나 큰지 미리 충분히 경험해봤기에, 향후 통일에 대해서만큼은 반드시 평화적 방식으로 이뤄져야 한다고 하는 생각을 하게끔 했다.

둘째, 북도 조국통일만큼은 반드시 평화적 방법을 견지해 수행해나갈 것이라는 믿음이 있었다. 북의 조국통일 3대 헌장과, 2016년 개정된 당 규약에서 조국통일과 관련된 부분에 따르면 "소선로동당은 우리 민족끼리 힘을 합쳐 자주, **평화통일**(강조, 필자), 민족대단결의 원칙에서 조국을 통일하고 나라와 민족의 통일적 발전을 이룩하기 위하여 투쟁한다."로 규정하고 있었기 때문이다.

하지만, 이번 제8차 당 대회에서는 이러한 믿음적 인식에 대해 좀 많은 생각을 하게 하였다. 최종적으로는 무력통일의 가능성까지 확대된다는 그 부분인데, 다시 말하면 조국통일이 "'과정'으로서의 평화와 '결과'로서의 통일"이 결합되는 변증법적 이행 과정에 대한 이해가 절대적으로 필요해졌다는 말이다. 즉, '결과로서의 통일' 자체에 무게중심이 찍히면 통일에 도달하는 그 자체가 한반도 평화체제 수립과 영구적 평화가 보장되는 것이니, 그런 관점에서 이번 제8차 당 대회에서 개정된 당 규약 서문을 보면, **"조선반도의 영원한 평화적 안정"**이라는 문구가 '통일=평화'라는 등식이 성립할 수 있다. 또 **"강위력한 국방력에 의거하여**(강조, 필자) 조선반도의 영원한 평화적 안정을 보장하고 **조국통일의 역사적 위업을 앞당기려는**(강조, 필자)" 하는 대목에서도 "조국통일의 역사적 위업"이 "강위력한 국방력에 의거하여"에 달성되기에 '국방력'과 '조국통일' 간에는 원인과 결과라는 인과관계가 성립한다. 어쨌든 이렇게 이번 제8차 당 대회는 여러모로 우리에게 많은 중요한 질문을 제기한다.

하지만 그 전에, 나설 수 있는 좌·우 편향 문제에 대해서만큼은 반드시 한번 짚고 답을 찾아내어야만 한다. 먼저, 우 편향 문제이다. 매우 관성적 인식과 태도로서, 제8차 당 대회에서 조국통일 문제와 관련하여 채택된 당 규약 개정이 갖는 의미를 전혀 인정하지 않는 태도이다. 즉, 제아무리 북이 무력통일 운운해봐야 그럴 능력도, 의지도 없는 보여주기식 수사에 불과하다는 체제 우월적 인식이 한껏 깔려있다. 이들을 위한 인식제고는 지난 시기 남북 불가침 합의가 폐기되어 전시상황의 돌입까지 선언됐던 2013년의 전쟁위기, 목함지뢰 사건으로 촉발된 2015년 전쟁위기, 또 북의 대륙간탄도미사일 화성15호 시험으로 본토 미국 시민들도 대피해야 하는 상황까지 검토했던 2017년의 전쟁위기 등등 이 모든 실제 상황들이 앞으로도 계속 그렇게 '위기'로만 이어진다는 보장은 없다. 미국의 대북적대정책이 계속되고, 이에 강 대 강 선언에서 확인되듯 미국과의 전면적 판가리싸움으로 맞붙는 북의 정면돌파전이 진전되면 될수록 한반도의 전쟁 위기는 그만큼 심화될 것이 분명하다.

반면, 좌편향은 앞으로 평화적인 방법에 의한 통일은 불가능하고, 통일이 비평화적인 방법으로만 이뤄진다고 보는 것이다. 다른 말로는 이번 제8차 당 대회 결정이 평화적 방식에 의한 통일을 포기했으니, 향후 조국통일이 전개되는 방식은 '조국통일≠평화'가 아닌 비평화적 방식의 통일만이 가능하다는 단순 논리로 이해해 버리는 것이다. 이름하여 제8차 당 규약 개정을 '결과로서의 통일'만을 수용하는 확증 편향이라고 할 수 있다.

정말 위험천만한 인식이다. 첫째는, 아직 제8차 당 대회에서 개정된 당 규약의 전문이 북으로부터 직접 공개되지 않은 상태이고, 그런 상황에서 국내 언론에 보도된 몇 문장만으로 마치 북의 통일전략이 비평화적인 방식으로 결정되었다고 단정해버리는 것은 매우 성급한 판단이다. 공개되고 난 이후, 판단해도 충분히 늦지 않다. 둘째는, 북이 조국통일과 관련하여 유일한 통일강령으로 인정하고 있는 조국통일 3대 헌장, 즉 조국통일 3대 원칙, 고려민주연방공화국 창립 방안, 전민족대단결 10대 강령과 관련하여서도 그 어떤 변화가 있는지도 아주 면밀히 살펴봐야 하는데, 이를 생략하고 인식하고 있다는 점 때문이다. 해서 이번 제8차 당 대회에서 개정된 당 규약의 의미가 제대로 정확하게 이해되기 위해서는 이 두 가지가 '함께' 조합되어야 하고, 그 연장선상에서 이번 제8차 당 대회에서 국방력 강화 중심의 통일 방식이 결정되었다고 하더라도 최종적으로 3대 헌장의 위상과 내용에 변화가 없다면 이는 통일과 관련된 전략적 개념의 변화라기보다는 조성된 정세와 현 단계 통일이행 전략을 수정·보충하는 데 중심적 의의가 있다고 보는 것이 훨씬 더 타당하다.

또한, 눈여겨봐야 할 점은 북과 미국과의 판가리싸움이 어떻게 진행되며 종결되느냐에 따라 조국통일의 이행경로도 결정적으로 영향을 받는다는 점이다. 왜 그런지는 조국통일이 그 본령으로부터 나서는 필연성, 즉 민족자주 문제를 반드시 해결해야만 하는데, 바로 이 미국과의 판가리싸움이 평화적으로 진행되느냐, 아니면 비평화적인 방식으로 결판나느냐에 따라 조국통일의 이행방식도 결정될 수밖에 없어서 그렇다. 당연 그 결과에 따라서는 비평화적인 방법으로 이뤄지는 '결과로서의 통일(평화 실현)'도 결코 허황된 빈말만은 아니게 된다.

해서 결론은 분명하다. 민족의 운명문제가 걸린 이 통일문제를 단순 이것이냐, 저것이냐를 선택하는 것과 같은 이분법적 인식은 절대 안 된다. 오직, 전략적 인식과 현 단계 조성된 자주통일운동의 과제, 자주통일운동의 역량과 태세 정도를 아주 과학적으로 파악하여 면밀히 대응해나가야 한다. 그 과정에 북이 이번 제8차 당 대회에서 지금 시기를 "혁명과 건설의 **새로운 고조기, 격변기**(강조, 필자)"로 시기 규정한 것도 그런 측면에서는 매우 유심히 들여다볼 필요성이 있다.

3. 행간 읽기: 국방력 강화와 전민항전 준비, 조국통일의 상관관계

다시 당 규약 분석에 집중해 보자. 이유는 조국통일과 관련된 이번 제8차 당 규약 개정의 핵심 키워드가 '국방력 강화'와 '조선반도의 영원한 평화적 안정', 그리고 '전민항전 준비'라 했을 때 이를 서로 연관성있게 들여다 볼 필요가 있어 그렇다. 어떻게 조국통일과 서로 연동되어 변증법적 작용을 하고 있는지를 꼭 이해해야만 좌·우 편향을 없앴을 수 있기 때문이다. 이 선차성에 조국통일과 관련된 당 규약 변경이 어떤 배경과 맥락에서 나왔는지가 있다.

먼저는, 북의 대남 인식 부분이다. 수구보수 정권은 말할 것도 없고, 민주당 정권조차도 미국에 철저히 종속되어(혹은, 예속되어) 동족

적대정책에서 벗어나지 못한다. 뿐만 아니라, 분단 고착화가 전제된 한반도 평화체제 수립이라는 반反통일정책으로 일관하고 있다. 이렇게 두 정치세력 모두는 체제 우월적 사고와 제도통일(흡수통합)을 절대 버리지 않는다. 확실한 공통점이다. 이것이 정부 간, 즉 대화와 협상을 통한 남북관계 진전과 점진적 통일이행이 왜 하세월인지가 증명된다. 아니, 통일 자체가 불가능한 환경조성이다. 그래서 남북공동연락사무소 폭파 및 대적사업 전환, 그리고 제8차 당 대회는 북의 이러한 인식을 명확히 보여준다. 다른 말로는 조국통일의 문제도 북미관계·체제내부 문제를 풀어가는 전략과 똑같이 정면돌파전을 통해 통일의 근본문제를 최우선적으로 해결하는 통일전략으로 재정립했음을 의미한다. 조국통일과 관련된 명백한 방향전환은 그렇게 나왔다.

다음 두 번째로는, "전민항전"과 관련된 부분이다. 조국통일 사명을 완수해나갈 정면돌파전! 이것이 우리가 "깊게" 이해해내어야 할 핵심이고, "'과정'으로서 평화, 그리고 '결과'로서의 통일"에 대한 인식도 새롭게 변증법적으로 이해해야 될 근본요인이라 했을 때 이 두 개념은 보기에 따라서는 평화와 통일 동시이행 전략일 수도 있고, 통일이라는 결과를 통해 '한반도에서 영원한 평화'를 만들어내는 통일우선 정책으로의 전략 변화라고도 볼 수 있다. 그리고 거기에 작용하는 핵심 키워드가 바로 "전민항전"이고, 아래에 언급된 인용 문장이 이에 대한 단초를 제공해 준다.

"나라의 통일을 이룩하는 데는 **평화적 방법과 비평화적 방법**(강조, 필자)이 있을 수 있다(2016년 5월 7차 당 대회 사업총화보고 중에서).",

또 "이것은 **강위력한 국방력**(강조, 필자)에 의거하여 **조선반도의 영원한 평화적 안정을 보장하고 조국통일의 역사적 위업을 앞당기려는**(강조, 필자) 우리 당의 확고부동한 입장의 반영으로 된다(2021년 제8차 당 대회에서 개정된 당 규약 서문)."

언뜻 보면 "비평화적 방법"이라든가 "조선반도의 영원한 평화적 안정을 보장하고 조국통일의 역사적 위업"이라는 구절은 통일의 "평화적인 이행 과정"보다는 "결과로서의 통일"에 보다 무게중심이 살짝 찍혀 있음을 확인할 수도 있다. 그렇다 하더라도 앞서 누누이 얘기하고 있듯이 현재까지 개정된 당 규약 전문을 북 스스로가 공개하고 있지 않기 때문에 이를 너무 주관적으로 논리를 비약해 해석해서는 반드시 우가 발생하게 되어 있다.

첫째, 비평화적인 방도와 관련해서 생각해야 할 점은 통일 목적과의 상충성이다. 다름 아닌, 부강한 통일조국 건설과의 상충성인데, 이것은 민족대단결의 실현과도 부합되지 않고, 현실적으로는 6·15공동선언 2항의 합의 파기이기까지 하다. 둘째, 통일이 전국적 범위에서의 민족대단합과 단결을 실현하는 문제라고 한다면, 분명 비평화적인 방식은 한국전쟁이 주는 교훈과도 어긋나고, 북의 조국통일방침이자 유일강령인 3대 헌장과도 충돌한다. 따라서 비평화적인 방식에 대한 이해는 이렇게 단선적 이해보다는 앞서 얘기하고 있듯이 변증법적인 이해를 우선해야 한다. 한 예가 바로 아래에 언급된 "전민항전" 이해 부분이다.

"국가 방위력을 튼튼히 다지는 데서 절대로 소홀히 할 수 없는 중대한 사업인 **전민항전**(강조, 필자) 준비를 완성할 데 대한 심도 있는 과업이 언급되었다."(제8차 당 대회에서 진행된 사업총화 보고 중 두 번째 보고 내용인 "2. 사회주의 건설의 획기적 전진을 위하여" 중에서)

위 언급–"전민항전"과 관련된 언급 부분을 단순 맥락으로만 보자면 "전민항전"은 조국통일과 관련된 사업총화 부분이 아니라, "사회주의 건설의 획기적 전진을 위한"이라는 제목 아래에서 언급되었기 때문에 일차적으로는 말 그대로 사회주의 발전의 전진 과정에서 전체 인민의 일심 단결과 결사항전의 자세로 사회주의 강성국가 건설에 매진하기 위한 전략적 호소로 보인다. 그렇다고 하더라도 위 언급에서 "국가 방위력을 튼튼히 다지는 데서"는 당 규약 개정에서의 "강위력한 국방력"과 직접 연결되는 부분이다. 또한, 미국과의 적대청산 방식을 "미국을 주적화"하여 힘으로 제압하는 정면돌파전을 채택하였음을 볼 때, 이를 조국통일 문제로 연관시키면 "반미전민항전 준비를 완성"하는 것을 뜻하고, 다른 의미로는 민간 무력의 전투준비를 완성하는 것으로 된다.

이렇게 북이 강화하려는 국방력에는 다음과 같은 두 가지 뜻이 담겨진다. 첫째는, 한반도의 안정을 보장하는 무력이다. 북의 궁극 목표인 사회주의 강국 건설에 가장 큰 장애인 미국을 완전히 제압하여 한반도에서 영원한 안정을 보장하고, 그 바탕에서 사회주의 강국 건설을 가능케 하는 국방력을 말한다. 둘째는, 조국통일을 위한 국방력이다. 즉, 실질적 의미에서 조국통일을 방해하고 있는 미국의 대한반도 군사 위협을 제거해 조국 통일의 역사적 위업을 앞당기려 하는 무력으로서의 국방력 강화이다. 그래서 위 언급–"전민항전"이 조국통일 관련된 사업총화에서의 직접 언급이 아니니 무시해도 된다는 그런 식의 형식논리로서만 이해해서는 안 된다.

그리고 그 세 번째로는, 앞 장 말미에서 잠깐 여운을 남겨둔 김정은 총비서가 제8차 당 대회의 폐막식에서 한 연설 내용도 심도 깊은 분석이 필요하다.

> "우리 당 력사에서 여덟 번째로 열린 본 대회는 **혁명과 건설의 새로운 고조기, 격변기**(강조, 필자)를 열어놓기 위한 당면투쟁계획과 당의 강화 발전에서 나서는 중대한 문제들을 상정하고 진지한 토의를 하였습니다."

북은 위 문장을 통해 지금 시기 자신들의 혁명발전단계와 정세 규정성을 "혁명과 건설의 새로운 고조기, 격변기"로 규정하고 있음을 분명하게 확인시켜줬다. 대입하면 국내적으로는 문명한 사회주의 발전노선, 대외적으로는 '판가리싸움'이 전제된 미국과의 정면돌파전, 민족적으로는 한반도에서의 영원한 평화보장이라는 **"조국통일의 역사적 위업을 앞당기려**(강조, 필자)"는 전략이 수립되었음을 의미한다. 그리고 이의 실현형태는 문명한 사회주의, 자주적 조국통일 실현, 한반도에서의 항구적 평화체제 구축(북미대결에서의 완전승리)이라는 앙양된 모습이다.

바로 이 과정에서 국방력 강화, 전민항전 준비, 조국통일 실현은 서로에게 변증법적 작용이 일어난다. 조국통일에서의 완전 승리가 미국과의 최후 결전에서 완전 승리하는 것을 그 전제로 하고 있다면, 조국통일은 미국의 대한반도 지배력을 완전히 파탄시키면서 조국통일이 실현되는 과정과 정확하게 일치할 수밖에 없다. 그러니 전민항전 준비는 단순히 대내적 차원에서 사회주의를 전진시켜 내는 문제뿐만이 아니라 미국과의 군사적인 대결 준비, 나아가 조국의 자주적 통일로 완성되는 한반도 평화체제 구축과도 밀접히 연관될 수밖에 없다. 또한, 조선반도의 영원한 평화적 안정도 결국은 조국통일이 실현될 때만이 가능하다 했을 때 조국이 통일되지 않았는데, 어떻게 한반도에서 "영원한 평화적 안정"이 가능하겠는가, 그렇게 되물을 수 있는 것이라고 한다면 국방력 강화를 통해 "조선반도의 **영원한**(강조, 필자) 평화적 안정"이 실현되었다는 것은 곧 조국통일을 완성했다는 말과도 정확하게 일치하게 된다.

해서 결론은 국방력 강화, 전민항전 준비, 조국통일 실현은 서로 이렇게 변증법적으로 연결·연동되고 있고, 이 연동 작용을 통해 북 사회는 자신들이 정한 3대 전략목표, 즉 문명한 사회주의 건설, 자주적 조국통일 실현, 한반도에서의 항구적 평화체제 구축(북미대결에서의 완전 승리)을 위해 "새로운 고조기, 격변기"를 맞이하고 열어나가고자 한다.

분석 조국통일과 관련된 북의 당 규약 개정을 어떻게 볼 것인가?

1. 들어가며: '어떤' 희망적 사고와 오독, 억측들이 있나?

원고 교정이 거의 끝날 때쯤, 2021년 6월 어느 날 국내 한 언론 등을 통해 공개된 북의 제8차 당 대회에서 개정된 조선노동당 규약에 대한 해석이 정말 분분했다. 가히, 백가쟁명이다.

보수수구 언론이야 그렇다손 치더라도, 개혁적 언론들과 나름 자칭, 타칭 북 관련 전문가라는 사람들조차도 두서없이, 또 맥락도 없이 문구해석에 매달린다. 그러다 보니, 말도 되지 않는 어처구니없는 해석들만 난무한다.

정세현(전, 통일부장관·현, 민주평통 수석부의장)은 '민주평통 40주년 포럼' 기조연설에서 "이번에 알려진 개정 당 규약은 30년 동안 북이 체제안전에 대해 고민해 온 '두 개의 코리아'를 법·제도적으로 공식화해 기정사실화한 것"이라 규정했다.

"한겨레신문"은 "북, 76년간 지켜온 '남한 혁명통일론'을 사실상 폐기"라는 제목으로, 북이 △ 민족해방민주주의혁명 노선 폐기 △ 두 개 조선(Two Korea) 지향을 최고 규범인 당 규약에 공식 반영했다는 주장을 1면 머리기사로 올렸다.

이종석 박사는 '김정은당 완성·北 더는 통일 지향 안 해', 구체적 표현은 "북한이 통일을 지향한다는 것은 맞지 않다. 북한 노동신문을 보면 통일 관련 제대로 된 사설이나 논설을 보지 못했다. 김정은 시대 들어와 통일 담론을 만들고 있지 않다. 남조선 혁명도 포기했다"고 덧붙였다.

"통일뉴스"에 따르면, 유영구 전 현대사연구소 이사장은 "'민족해방민주주의혁명 과업 수행'을 '사회의 자주적이며 민주적인 발전 실현'으로 변경하고 관련 내용을 이에 맞추어 수정, 삭제한 것은 더 이상 민족해방민주주의혁명의 시대가 아니라는 변화를 반영한 것이라 할 수 있다"는 평을 내놓았다.

북이 직접 공개한 것이 아니고, 국내의 한 언론을 통해 공개된 만큼 그 진위 여부는 차치하더라도 정말 그런가? 정말 이번 북의 당 규약 개정은 이들이 분석한 것처럼 그런 의미로서의 당 규약 개정일까? 묻고, 또 묻는다.

2. 왜 북은 이번 제8차 당 대회에서 당 규약을 개정하고자 했던가?

결론적으로 위 모든 분석들은 북의 의도와 당 규약 개정 의미와는 전혀 상관없다. 이들 모두는 번지수를 잘못 짚었을 뿐만 아니라, 해석 내용도 본질을 벗어나거나 1차원적인 형이상학적 분석 정도만 있다.

그럼, 어떻게 봐야만 이번 당 규약 개정의미를 오류 없이, 편향 없이 볼 수 있단 말인가?

다른 데 있지 않다. 당 규약 개정의 의미를 정확하게 보기 위해서는 일부 전문가들이 해석상 오류에 대한 안전장치로 문구해석보다 '맥락'적 이해가 중요하다는 것을 강조하고 있지만, 그것만으로는 절대 이번 당 규약 개정의 의미를 들여다보지 못한다. 맥락 이해가 매우 중요하기는 하겠지만, 그것보다 더 중요한 것은 북이 이번 제8차 당 대회에서 당 규약 개정을 하면서 왜 '조선로동당 규약 개정에 대하여'라는 결정서를 채택하려 했는가, 그 의도에 대해 정확히 읽어내고 분석해내는 것이 매우 중요하다. 이에 대한 실마리는 북이 이번 제8차 당 대회를 소집하면서 다음과 같은 목적을 밝혔다는 데 있다.

> "조선노동당 중앙위원회는 우리 혁명발전의 **새로운 고조기, 장엄한 격변기**(강조, 필자)가 도래한 시대적 요구에 맞게 당중앙위원회의 사업을 전면적으로 엄중히 총화하고 사회주의 위업의 보다 큰 승리를 쟁취하기 위한 정확한 투쟁 방향과 임무를 명백히 재확정하며(~중략)"

이로부터 이번 당 규약 개정의 목적과 당위성은 북의 혁명발전에 나선 '새로운 고조기', '장엄한 격변기'를 반영해야 할 필요성이 절실하게 나섰다는 것이다.

또 하나의 전제는, 북은 왜 남측에서는 이미 일반화된 "당 규약 '개정'"이라는 의미를 쓰지 않고, '수정·보충'이라는 개념을 쓰고 있는가에 대한 내재적 접근이 중요하다.

> "'김일성-김정일주의'가 더욱 부각되고 당의 최고 강령과 사회주의 기본 정치방식이 명백히 규제되었으며 당의 조직형식과 활동규범 등이 일부 **수정·보충**(강조, 필자)됐다."

바로 이 '수정·보충했다'에 대한 이해를 정확히 하는 부분이다. 국어적 개념은 다들 알다시피 '수정'은 "(사람이 기존의 잘못된 것을) 고쳐서 바로잡거나 그 내용을 변경하다"의 뜻이 있고, '보충'은 "보태어 채우다"의 뜻이다. 그래서 이 둘을 합치면 '기존 잘못된 것을 바로잡아 제자리에 갖다 놓는다'는 정도의 의미이다. 이의 정치적 의미는 '시대와 발전에 맞지 않는 일부 낡은 개념들을 바로잡아 시대와 발전에 맞게 재정립한다'는 의미가 된다.

이 두 의미로부터 이번 제8차 당 대회에서 개정된 당 규약은 '고조기'와 '격변기'에 '맞지 않은 일부 내용'이 당 규약에 들어 있었다는 말이고, 이를 '고조기'와 '격변기'라는 전략적 시기 규정에 맞게 수정·보충했다는 의미가 된다. 그래서 우리가 확실하게 하나 할 수 있는 것은 당 규약 자체는 자기 정당성을 확실하게 갖고 있으나, 변화된 '고조기'와 '격변기'에 맞게 수정되고, 보충되어야 할 일부 내용이 발견되어 이를 당면 혁명발전 전략과 노선에 맞게 '수정·보충했다'는 의미이고, 그 내용을 대내외에 천명하고, 과시했다는 의미이다.

3. 총론과 각론적 이해: 수정된 내용들에 대한 분석적 이해

이렇게 '일부 수정·보충'할 수밖에 없는 주·객관적 요인이 북 스스로 규정한 '혁명발전의 새로운 고조기, 장엄한 격변기' 때문이라고 한다면, 이 둘 의미에 맞는 당 규약 개정 내용이 어떻게 '수정·보충'되었는지를 구체적으로 분석하고 이해해야 하는 부분이 남는다.

(1) 총론 분석

　먼저, 총론 분석이다. 핵심은 앞서 누누이 얘기하고 있듯이 당 규약 개정을 할 수밖에 없었던 직접적 요인인 '고조기'와 '격변기'라고 한다면, 이 '고조기'와 '격변기'가 갖는 의미와 이 의미에 걸맞은 당 규약 개정이 '어떤' 방향으로 수렴되어야 할지를 분석해내는 것이 매우 중요하다. 달리는, '고조기'와 '격변기'가 어떻게 당 규약 개정과 연관·연동되어 당 규약 개정으로까지 '수정·보충'될 수밖에 없게 되었는지를 살펴봐야 한다는 점이다.

　그러려면 우선, '고조기'와 '격변기'에 대한 개념 이해를 정확히 해야 하는데, 이유는 그래야만 왜 당규약이 수정·보충될 수밖에 없었는지가 밝혀질 수 있기 때문이다.

　'고조기'의 사전적 개념은 이렇다. "어떤 사회 운동이나 현상 따위의 기세가 왕성한 때를 비유적으로 이르는 말"이다. 축약하면, 사회발전단계에서 '기세가 고조된다'는 뜻이다. 또한, '격변기'는 "상황 따위가 갑자기 심하게 변화하는 시기"이고, 범례어로는 '격동기'가 있다. 즉, 사회발전단계에서 엄청난 변화, 다른 말로는 질적 전환이 일어나는 시기라는 뜻이다. 이를 북의 인식 틀로 전환하여 설명하자면 3가지 개념 영역이 설정될 수 있고, 그건 북이 해마다 발표하는 신년사 문장 구분법이다.

　① 먼저, 대내적 부문이다.

"고조기, 격변기"라는 의미가 대내적 부문에 적용될 때는 '고난의 행군'으로 대변되던 사회주의 체제 수호, 혹은 버티기 전략이 이제는 끝나고, 이후부터는 사회주의 발전기(혹은, 진격기)에 걸맞은 정치·사회적 환경이 조성되었다는 정세 인식이 깔려있다. 당 규약 개정에 '부강하고 문명한 사회주의 사회'라는 보다 구체적이고, 확신에 찬 표현이 그 증거이다.

📢 **보충해석**

위 개념 정의에 근거해 해석해보면 기존에 주로 써왔던 '사회주의 강성국가'라는 개념은 사회주의 체제 수호와 자본주의 체제와의 대결관점이 반영된 접근법이라고 한다면, '부강하고 문명한 사회주의 사회'는 자본주의 체제와의 대결을 넘어선, 즉 북 자신은 이제 자본주의 체제와의 대결에서 이미 승리했고, 앞으로는 사회주의 자체의 자기 발전노선 전략에 따라 사회주의로 진군해나가겠다는 의지가 분명해졌다는 점이다. (자본주의 체제나 강대국과의) 비교를 통한 사회주의 상이 아니라, 그런 비교 없이 자신들 스스로가 그려낸 더욱더 '부강하고 문명한 사회주의 사회'로 그 진격로를 열어나가겠다는 자신감의 표현이 이번 제8차 당 대회와 당 규약 개정에 반영된 것으로 보인다는 말이다.

② **다음으로, 대외적 부문이다.**

알다시피 대외적 부문의 핵심은 미국과의 관계설정 문제이다. 적용하면 다음과 같은 해석이 가능해진다. 먼저, 고조기와 관련해 적용해보면 미국의 대북적대정책이 지속된다는 것을 상수로 해서, 다른 말로는 미국의 경제제재 완화나 철폐와는 상관없이 자력으로 사회주의경제를 획기적으로 비약시켜 내겠다는 자신감이 이번 당 규약 개정에 강하게 반영되어 있다는 점이다.

> "조선로동당은 자력갱생의 기치 밑에 경제건설을 다그치고 사회주의의 물질기술적토대를 튼튼히 다지며"

다음으로, 이것이 '격변기'와 맞물리면 김정은 총비서는 2021년 1월에 개최된 8차 노동당 대회에서 향후 "대외정치 활동을 우리 혁명 발전의 기본 장애물, 최대의 주적인 미국을 제압하고 굴복시키는 데 초점을 맞추고 지향시켜나가야 한다."고 했다. 이 말뜻은 결국 '우리 혁명 발전의 최대 주적'인 미국을 제압해 혁명을 한 단계 진전시켜 내겠다는 의미일 것인데, 2가지로 해석이 가능하다. 첫째는, 대미 핵 억지력의 목표가 기간 미국과의 '공포의 균형정책'에 맞춰져 있었다면, 앞으로는 실제 미국과의 정치·군사적 대결에서 승리하겠다는 의미이다.

둘째는, 대(對)미국 접근법이 '대화와 협상'을 통한 기존의 대미전략에서 앞으로는 철저하게 힘의 대결로 전환한다는 의미이다. 이름하여 '선대 선, 강대 강' 전략을 일컫는다.

해서 결론은—이 둘 의미를 다 합치면 기존 미국과의 '버티기' 전략 및 대화와 협상을 통한 '관계개선' 전략에서 앞으로는 철저하게 힘−정치·군사력을 통해 미국을 충분히 '넘어설 수 있다'는 자신감으로 게임 체인지, 이름하여 전략국가 반열에 걸맞은 국가 위상으로 미국을 상대해주겠다는 전략으로의 대전환이다.

③ 마지막 분석지점인, 조국통일 부문이다.

이 부분이 제일 많이 헷갈려하는 부분이다. 사실상 '조국통일'을 포기하고, '평화공존'을 선택했다는 것이 다수의 견해인데, 정말 무지하고, 한심한 분석이다. 하지만, 전제했던 '고조기'와 '격변기'에 연동해 이 조국통일 부문을 들여다보면 헷갈려할 이유도 오류도 없다. 전혀 다른 상반된 인식의 결과가 나옴도 알 수 있다.

시작은 이렇다. 북이 6·15남북공동선언 이후 조국통일을 이뤄내는 방식으로 구사해 온 전략은 이름하여 병행전략인데, 남북관계는 정부 중심의 남북관계 개선을 통한 전민족인 대단결 실현, 미국과는 대화와 협상을 통한 관계개선이었다. 그런데 이 두 전략이 '사실상' 통하지 않음이 이번 제8차 당 대회를 통해 최종 확인했고, 그래서 조국통일 이행전략을 조국통일의 최대 걸림돌인 미국과의 전면전, 즉 '힘과 힘'의 대결을 통해 미국을 제압해 그 바탕하에서 조국통일 이행전략을 전면화하겠다는 구상으로 대전환했다. 그것이 '우리 혁명' 발전단계가 '고조기'와 '격변기'에 해당될 수밖에 없다는 것이다.

그러면 이 부분–조국통일 부문과 관련된 당 규약 개정의 핵심은 '통일을 지향하지 않는(평화공존)' 것도, '두 개 조선'을 인정한 것도 아니라, 조국통일 이행전략에 있어 정부 중심의 남북관계 개선과 미국과의 대화와 협상 방식을 철회하고, (가) '강력한 국방력으로 근원적인 군사적 위협들을 제압하여', (나) '조선반도의 안정과 평화적 환경을 수호'하는 원칙으로 돌아갔음을 의미하게 된다.

설명하면 먼저, 관계적 측면에서 봤을 때는 (가)의 원인 작용에 의해

(나)의 결과가 만들어진다. 다음으로, 이를 결합한 원리적 측면으로 볼 때는 (가)의 선차성에 의해 (나)의 후차성이 강제된다. 그리고 종합은 '강력한 국방력으로' 미국과의 대결에서 승리해 조국통일의 근본적 걸림돌이라 할 수 있는 '근원적인 군사적 위협들을 제압'해 (나)의 결과가 만들어지는, 즉 '조선반도의 안정과 평화적 환경을 수호'하는 방식으로 조국통일을 이뤄내겠다는 것이다. 그래서 이 두 문장을 한 문장으로 합치면, '미국을 정치·군사적으로 완전히 제압해 조국통일의 근본환경, 즉 '평화적 안정과 평화적 환경'이 조성되는 토대 위에서 조국통일을 이뤄나가겠다는 의미로 해석되고, (변혁)운동적으로는 조국통일의 기본원칙이 선(先) 미국제압, 후(後) 조선반도에서의 '평화적 안정과 환경'을 만드는 그 방향하에서 조국통일을 완성시켜 내겠다는 전략으로의 선회가 된다. 그 핵심에 조국통일의 최대 걸림돌인 미국을 반드시 선(先) 제압하겠다는 것이다.

북은 이렇듯 이번 당 규약 개정을 통해 조국통일 문제를 해결함에 있어 모든 정치·군사적 화력을 미국에 집중하겠다는 것이고, 그때 조국통일 정세는 '고조기'와 '격변기'로 맞물려 규정될 수밖에 없음을 총화해 내었다는 점이다.

(2) 각론 분석

위와 같은 총론 분석에 이어 각론 분석의 핵심지점은, 당 규약 개정을 통해 언급된 '전국적 범위에서 민족해방민주주의혁명 과업'에 대한 이해 부분이다.

7차 당 대회 당 규약(개정 전)	8차 당 대회 당규약(개정 후)
조선로동당의 당면 목적은 공화국 북반부에서 사회주의 강성국가를 건설하며 **전국적 범위에서 민족해방민주주의 혁명의 과업을 수행**(강조, 필자)하는 데 있으며(중략~)	조선로동당의 당면 목적은 공화국 북반부에서 부강하고 문명한 사회주의 사회를 건설하며 **전국적 범위에서 사회의 자주적이며 민주주의적인 발전을 실현**(강조, 필자)하는 데 있으며(중략~) 조선로동당은 "남조선에서 미제의 침략 무력을 철거시키고 남조선에 대한 미국의 정치 군사적 지배를 종국적으로 청산하며 온갖 외세의 간섭을 철저히 배격하고 강력한 국방력으로 근원적인 군사적 위협들을 제압하여 조선반도의 안전과 평화적 환경을 수호하며 민족자주의 기치, 민족대단결의 기치를 높이 들고 조국의 평화통일을 앞당기고 민족의 공동번영을 이룩하기 위하여 투쟁한다.

['간단한' 설명]

표준 평양시간: 일제가 뺏어간 표준시간을 민족 정체성 확립 차원에서 원상회복, 또 인민들의 일상생활 편리를 위해 변경함.

우리국가제일주의: 국가주의적 관점의 우리국가제일주의가 아니라, 우리민족제일주의에 기초(민족적 담론에 기초)함과 동시에, 강력한 국력에 의거하여 민족문제를 풀어나가려 하는 것임.

조국통일과 관련된 당원 의무 포기: '수령-당-인민'이 일체화된 국가에서 국가가 주체가 되어 조국통일이행전략을 펼쳐나간다는 그 사실과, 개정된 당 규약에서 '민족자주의 기치, 민족대단결의 기치를 높이 들고 조국의 평화통일을 앞당기고'에서 확인받듯이 당원의 의무가 포기된 것이 아니라 불필요한 중복성을 해소시킴.

이를 두고 가장 많은 논란 지점 중의 하나가 '통일'보다는 '공존'을 모색하는 추세를 반영했다는 해석이다. 몇 가지 이유를 들고 있다. 표준 평양시간을 제정했던 일, '우리국가제일주의' 천명, **민족해방민주주의혁명론 포기**(강조, 필자), 개정 당 규약에서 당원의 의무를 표현하면서 "조국통일을 앞당기기 위하여 적극 투쟁하여야 한다."는 내용의 삭제 능을 그 근거로 삼는다.

하지만, 왜 위 모든 분석이 오독인지 설명하면 다음과 같다. 먼저, 전제 자체가 잘못되어 있다. 2가지 측면에서의 오류가 읽혀진다. 하나는, 북이 직접 수행하는('북'이라는 국가가 직접 주체가 되어 수행하는) '남조선' 혁명과업으로서의 민족해방민주주의혁명론는 이미 1960년대에 제시된 남쪽의 '독자정당'노선에 의한 혁명과업으로 대체되었다. 또 다른 하나는, '남조선혁명론'과 '민주기지론'에 의거한 조국통일이행전략은 애초 성립되지 않는 연관관계이다. 즉, '남조선혁명론'과 '민주기지론'은 조국통일이행전략이 아니라, 외세(미국)에 의해 강점된 '조선반도'를 해방시켜 내기 위한 민족자주의 문제였다. 그런데도 '남조선혁명론'과 '민주기지론'을 자꾸만 조국통일이행전략과 연동시키는 것은 '의도된' 확증편향이거나, 아니면 각 정치세력들이 자신들의 필요에 의해 '여러' 정치적 의도로 가공되는 정치공작일 뿐이다.

다음으로는, 민족해방민주주의혁명론 대신 풀어 쓴, 즉 "전국적 범위에서 사회의 자주적이며 민주주의적인 발전을 실현"하는 것과 관련된 오독 부분이다. 사실, '남조선혁명론'과 '민주기지론'에 의거한 '전국적 범위에서의 민족해방민주주의혁명의 과업'은 이미 1960년대 남측의 독자정당—통일혁명당이 창당되어 남측 혁명 위업의 최고 참모부 역할을 하기로 했기 때문에 개정되기 이전의 당 규약(제7차)이나 개정된 이후의 당 규약(제8차)에서의 '풀어 쓴' 민족해방민주주의혁명론은 이제껏 왜곡되게 알고 있던 것과는 전혀 다른 차원의 이해방식을 요한 다. 달리 말하면 남측은 이미 1960년대부터 '독자노선'에 의거한 민족 해방민주주의혁명론이 수립되었고, 그런데도 북에서는 계속하여 당 규약에 민족해방민주주의혁명론을 남겨두었다면, 다음과 같은 2가지 의 정돈된 해석으로 이해해내어야 한다.

첫째는, '전국석' 의미를 어떻게 해식할 것인가, 하는 그런 문제인데, 설명은 이렇다. 조국통일이행전략은 민족해방민주주의혁명 과업에 연 동된 전략 운용이 아니라, **조국통일 3대 헌장**(강조, 필자), 즉 북은 1997년부터 조국통일 3대 헌장을 "민족공동의 통일강령"이라고 규 정하고 있는데, 이와 연동된 전략 운용이다. 바로 그런 측면에서 이 번 제8차 당 규약 개정에서 조국통일이행전략을 명확하게 "민족자 주의 기치, 민족대단결의 기치를 높이 들고 조국의 평화통일을 앞당 기고(가), 민족의 공동번영을 이룩하기 위하여 투쟁(나)"하는 것으로 규정하였다.

조국통일 3대 헌장은 다음과 같다.

△1972년 '7·4 남북공동성명'에서 천명된 '조국통일 3대 원칙' △1980년 10월 6차 조선로동당대회에서 제시된 '고려민주연방공화국 창립 방안' △ 1993년 4월 최고인민회의 제9기 5차 회의에서 제시된 '전민족대단결 10대 강령'이다.

※그런데도 자꾸만, 이를 '민족해방민주주의혁명 과업'으로 이해, 혹은 연결 하려는 의도는 매우 정치적으로 불순하다.

이로부터 위 2가지를 정확하게 읽어내어야 한다. 하나는, 조국통일 이행전략의 목표는 (가)이고, 이 (가)에 의해 (나), 즉 조국통일 상이 만들어진다. 바로 '민족의 공동번영'이다. 그리고 그 '공동번영'된 조국통일의 실제 모습이 개정된 당 규약에 '전국적 범위에서 사회의 자주적이며 민주주의적인 발전을 실현'하는 것으로 나타난다.

또 다른 하나는, 매우 주목되는 지점이다. 조국통일 3대 헌장에 의해 규정받는 조국통일 3대 원칙 중 '평화의 원칙'이 략^略되었다는 점이다. 그러면서 "조국의 평화통일을 앞당긴다."고 했다. 언뜻 모순된 설명처럼 보이지만, 이는 모순되었다기보다는 '과정'으로서의 평화 중시보다 '결과'로서의 평화 개념으로 수정되었다고 해야겠다. "조국의 평화통일을 **실현한다**(강조, 필자)"고 서술된 것이 아니라, "조국의 평화통일을 **앞당긴다**(강조, 필자)"라고 서술된 것이 이를 함의한다.

둘째는, 통일혁명당 창당으로 남측의 '독자노선'에 의거한 민족해방민주주의혁명 과업인데, 왜 북측 자신들에게는 그런 오해—'남조선혁명론'과 '민주기지론'에 의거한 조국통일이행전략, 혹은 '민족해방민주주의혁명 과업' 개념을 남겨 놓았을까, 하는 그런 문제이다. 설명으로는 북이 당 규약에 '민족해방민주주의혁명론'으로 남겨 놓았든 아니면, 개정되어 풀어 쓴 "전국적 범위에서 사회의 자주적이며 민주주의적인 발전을 실현"하는 것이든 북의 입장에서는 이 의미가 우리 민족 전체에게 주어진(**민족적 관점**, 강조 필자) 그런 의미에서의 '전국적 범위'이고, 민족해방민주주의혁명론이 된다. 즉, 민족적 관점에서의 민족해방민주주의혁명론인 것이다.

왜 그런지는 다음과 같은데, 여전히 우리 민족에게는 '한반도에서 미군의 정치·군사적 지배력을 완전 철거하는 혁명과업'이 남아 있다. 그리고 그것은 남과 북, 공히 같은 민족에게 주어진 민족해방민주주의 혁명 과업인 것이다. 그러니 비록 국가적으로 수행되는 '민주기지론'과 '남조선혁명론'은 비록 폐기되었다 하더라도 당 규약에 자신들의 민족적 과제로서 민족해방민주주의혁명 과업은 남겨 놓았고, 그것이 이번 제8차 당 대회를 통해 개정된 당 규약에는 오해의 소지가 있는 '민족해방민주주의혁명 과업'이라는 직접적 표현 대신, "전국적 범위에서 사회의 자주적이며 민주주의적인 발전을 실현하는 데"로 성문화한 것이다.

보충설명

〈조선신보〉 2021년 6월 7일 자에서 이는 분명하게 확인받는다. "민족문제 및 통일문제와 관련 '조선로동당은 국토분단, 민족분열의 특수한 조건과 환경 속에서 사회주의를 건설하여 왔다'면서 '당 규약에도 있듯이 사회주의는 조선민주주의인민공화국 북반부에서 건설하고 전국적 범위에서의 과업은"과 같이 서로 구별하고 있다. 그러면서 신문은 계속하여 "북남관계에 대한 입장과 민족문제의 해결 방도는 김일성 주석님께서 내놓으신 조국통일 3대 헌장에 밝혀져 있으며 6·15, 10·4, 4·27을 비롯한 북남선언들을 통해 정립되어 있다"고 확인해줌에 따라 당면한 조국통일이행전략은 '민족자주와 민족자결' 원칙에 근거한 6·15공동선언 2항의 합의, 즉 '연방연합 방식의 조국통일노선을 분명히 했다.

해서 결론은, 북의 입장에서는 '직접표현'이든 '풀어쓴' 개념이든 '조선반도'에서 미군의 지배력을 완전 철거시켜 내어 '공화국 북반부'에서는 당면 목적을 '부강하고 문명한 사회주의사회'를 실현하고, 전국적 범위-남과 북에서는 '사회의 사주적이며 민주주의석인 발선'을 실현시켜 내겠다는 전략에는 변함이 없다. 그리고 이의 전략적 연관관계도 북은 분명하게 알고 있다. '조선반도'에서 미군의 지배력을 완전 철수시켜 조국을 통일시켜 내고, '전국적 범위에서 사회의 자주적이며 민주주의적인 발전'을 내오는 것이다. 그러기 위해 북은 민족적 관점에서는 민족해방민주주의혁명 과업을 실현시켜 내고, 그 바탕하에서 조국통일 3대 강령으로 조국통일이행전략을 밀고 나가는 것이다.

2장

판문점 시대에는 자주 중심의 통일운동을
적극 전개해야 한다

　조국통일 문제가 분석적으로는 이처럼 아주 복잡한 듯 보이지만, 사실은 너무나도 단순한 것이 조국통일 문제이다. 두 이해 당사국인 남과 북이 서로 대결하고 쪼개고 분립할 것이 아니라, 서로 연대하고 통합하여 하나가 되면 된다. 이것만큼 조국통일을 명쾌하게 설명할 길이 또 어디 있겠는가? 없다면, 그 방향으로 통합의 공고성을 높여 나가기만 하면 되는 것이다.

　그렇게 말 나온 김에 인문학적 상상력을 한번 더해 보자. 한 생명체가 쪼개지고 단절되면 아픈 법이다. 그런 의미에서 유기적 생명체라 할 수 있는 우리 민족은 지금, 어떻게 보면 엄청 심하게 병들어 있는 상황과 똑같다. 원래 하나로 연결되어 있었던 혈맥과 지맥이 끊겨 70여 년의 세월을 분단이라는 형태로 지내고 있으니 어찌 그렇지 아니하겠는가? 그것도 자의에 의해서가 아니라 외세의 개입과 약탈로 인해 강제 분단되어 지배받고, 간섭받고 있는 것이라면 더더욱 가슴 아프고 분통할 일이다. 하루빨리 원상태로 돌아가야 한다. 더 이상 혈맥과 지맥이 끊긴 상태가 지속되어서는 안 된다. 그럴 이유도 없고, 절대 나약한 우리 민족이 아니니 충분히 우리 민족 자체의 힘으로 경의선 철노와 도로를 언결해낼 수 있고, 또 휴진신 정도도 거뜬히 걷어낼 수 있다.

절대 빈말이 아니다. 북은 이미 미국이 다시는 이 한반도를 재침략하거나 강점하지 못할 정도로 인류의 절대병기인 핵무기를 보유하고 있고, 거기다가 석유 자원을 비롯한 희토류, 세계 10대 광물에 해당되는 석회석, 무연탄, 철광석 등의 매장량이 자그마치 3,000조 원~1경 5천여조 원(약, 12조 6000억 달러)에 이른다고 추정되는 막대한 자원 부국이다.

어디 이뿐이던가? 북은 이미 세계 4위의 핵 과학기술을 보유한 과학기술 대국이다. 만약 이것이 북 스스로 말하고 있듯이 민수산업경제로 전환되고 남쪽의 과학기술과 결합되면 한반도는 그야말로 그 어떤 국가도 부럽지 않은 나라가 분명 될 수 있다. 여기에다 우리 민족의 천성적 기질인 근면, 성실, 강직함까지 최대한 발휘된다면 세계적인 투자자 짐 로저스가 예상한 대로 세계 2위의 경제대국으로 발돋움하게 되는 것은 시간문제이다. 분명 그렇게 진입할 수 있다.

"골드만삭스의 '2040년대 통일 한국은 1인당 국민소득 8만6천 달러로 세계 두 번째 국가가 된다.'라는 예측이 빗나가지 않았으면 합니다. 남북경제 합작이야말로 꺼져가는 한국 경제의 엔진을 재가동하는 길일 것입니다.", "통일 한국은 경제 강국이 돼 일본을 앞설 것입니다. 통일에 반대하는 나라는 미국과 일본뿐입니다."

짐 로저스가 쓴『세계경제의 메가트렌드에 주목하라』에 나오는 인
용이다. 그러면서 그는 이 책에서 나온 예상이 틀리지 않았다는 것을
증명하기 위해 자신의 전 재산을 북에 투자할 의향이 있다고도 하
였다. 비록 경제적인 관점에서만 말한 한계는 있을 수 있지만, 그
만큼 통일 이후 상승할 나라의 국격과 위상에 세계가 주목하고 있
음을 알 수 있다.

하지만, 숙제가 전혀 없는 것도 아니다. 반드시 넘어야 할 벽으로
는 로저스도 지적하고 있듯이 "통일에 반대하는 나라, 미국"이라는
사실이다. 국제간 상호 질서인 내정불간섭 원칙으로 보더라도 원래
우리 땅이었던 한반도에서 우리 민족 스스로가 우리의 운명을 결정
하겠다는데 미국이 간섭해야 할 이유는 하등 없다. 다음과 같은 비유
에서도 이는 확인된다. 우리가 미국에게 자신들의 체제와 운명, 예를
들어 "지금의 연방제는 옳지 않으니 지금의 연방주들은 각각의 독립
국으로 분리해야" 한다고 하면서 감 놔라 배 놔라 하면 과연 미국 그
들은 가만있을 것 같으며 수용할 수 있겠는가? 이와 관련된 아주 멋
진 사례가 하나 있다. 8.15 해방 당시 몽양 여운형 선생이 자주통일
정부의 수립을 위한 협상을 위해 북행하려 할 때 이를 반대하던 미군
정 당국자에게 "집 주인이 제집에서 안방에 가든, 건넌방에 가든 왜
객客이 이래라저래라 참견인가?"라고 질타했다는 것이 그것이다. 지
금도 여전히 우리는 이런 정신과 기개로 미국을 대해야 한다. 왜냐하
면 백번 물어봐도 결국 통일문제의 관건은 자주 문제이기 때문이다.

이는 통일 그 자체에 이미 자기 속성으로서 자주에 기반해 풀어나갈 수밖에 없는 성질을 내재하고 있다는 그런 측면도 그렇고, 또 민족 자주와 자결의 원칙이 6·15 남북공동선언 및 판문점 공동선언에서도 확인해줬기 때문이기도 하다. 그렇게 우리 민속끼리 힘을 모으는 민족 공조만이 남과 북의 재결합을 원치 않는 관련 국가, 특히 미국의 방해 공작을 돌파해나갈 수 있다.

최근의 미국 행태에서도 이는 충분히 증명받는다. 내정간섭 기구였던 한미 워킹그룹을 통한 확인이다. 남북선언 이행을 실질적으로 가로막고 있는 세력이 미국이고, 그래서 자주의 원칙을 견지하지 못했을 때는, 그 어떤 정부이든 결코 미국의 벽을 넘어설 수 없다는 것을 아주 실증적으로 보여준 아주 똑똑한 사례이다.

또한, 왜 자주에 기반한 통일운동이 되어야 하는지는 분단의 성격으로부터도 확인할 수 있다. 우리 민족의 분단에는 국토분단, 체제분단, 민족분단이 중첩되어 있다. 이 각각의 부분에 미국이 개입되지 않은 영역은 그 어디에도 없다. 이로부터 결국 한반도 통일문제는 미국의 벽을 넘어서지 않고서는, 즉 자주의 문제를 해결하지 않고서는 단 한 발짝도 전진하지 못하게 되어 있다. 그래서 한반도에서의 통일은 근본적으로 분단의 근본 원인이 되었던 이 외세(미국)를 반대해야(넘어서야)만 하는데, 그런데 문제는 이 외세(미국)를 이겨내기가 결코 쉽지 않다는 데 있다. 그래서 왜 한반도에서의 조국통일이 전全민족이 하나 되어 전국적 범위에서 단합하고 단결하여 나라의 자주권과 주권을 회복하는 것으로 될 수밖에 없는지도 자명하고, 또 왜 이 땅에서 분단의 출발이 되었던 외세 극복(미국 극복) 과제를 선차적으로 제기할 수밖에 없는지도 매우 분명하게 드러난다. 조국통일에 담긴 근본적 함의가 이렇게 명확하니.* 외세문제가 해결되지 않고서는 조국통일 문제가 결코 해결될 수 없는 것이다.

그러므로 향후 자주통일운동은 반드시 이 자주를 중심에 놓고, 해결의 근본 방도도 다음과 같이 정립하여야 한다. 첫째, 어떤 일이 있더라도 전국적 범위에서 전全민족이 단합하고 단결하여 미국의 내정간섭과 무력적 침탈을 이겨낼 정도의 자주적 역량을 비상히 강화해내는 방향으로 조국통일운동이 전개되어야 한다. 당연히 여기에는 북의 자주 역량도 포함되어 있다.

둘째, 남을 예속·강점하고 있는 미국의 정치·군사적 지배 기제인 한미동맹을 완전 해체해야 하는데, 여기에는 주한미군 철수와 평화협정 체결이 전제된 한반도 평화체제가 수립되어야 한다.

이의 재구성은 다음과 같다. 담론에서는 평화에서 통일로, 대중운동은 자주에 기반한 통일운동으로 정립되어야 한다.

구분	판문점 시대 이전	판문점 시대 이후
담론 체계	평화 담론	통일 담론
핵심 종자	평화	자주

분단체제하에서 분단 극복 없는 평화 추구는 허구이니 당연한 이

---

* 그래서 북도 제8차 당 대회에서 조국통일운동을 자주를 중심에 놓는 통일운동론으로 풀어가겠다는 결심을 확고히 했다. "통일의 근본문제", "주적으로서의 미국", "강위력한 국방력" 등이 그 표현들이다.

론적 귀결이다. 또한, 분단체제하에서의 평화운동은 반드시 통일을 지향해야 하니, 이것 또한 민주당과 일부 민간통일운동 진영에서 주창되고 있는 통일 지향 없는 서구적 평화 담론 자체만으로는 절대 분단체제를 극복할 수 없다는 함의와도 같다.

아래 몇 가지 사실만으로도 그 근거를 매우 분명하게 유추할 수 있다. 먼저, 분단 극복 없이 항구적인 평화체제가 불가능하다는 것이라면, 미국의 대한반도 지배력이 끝장나지 않는 상태에서의 한반도는 그 어떤 경우에도 우리 민족의 의사와는 상관없이 늘 전쟁 위협과 긴장 고조에 시달려야만 하는 지정학적 숙명이 존속할 수밖에 없다. 그리고 그 상황은 필연적으로 남북의 국가 주권 모두 불완전하게 할 뿐만 아니라, 심각한 갈등으로 막대한 국력 손실과 민족 정체성이 훼손당할 수밖에 없다.

다음, 바로 그 이유-위 '먼저'에서 확인된 바로 그 지정학적 숙명으로 인해 우리 민족은 이를 해소하기 위한 민족적 의지와 요구 또한 필연코 존재할 수밖에 없다. 즉, 지정학적 숙명이 존재하듯 민족적 염원도 이렇게 존재하는 것이다. 그래서 분단국가는 필연적으로 통일을 지향할 수밖에 없고, 자주에 기반을 둔 분단 극복과 연동되지 않는 평화란 있을 수 없는 것이다. 바로 이것이 자주통일운동은 자주에 기반하지 않는 통일운동이 있을 수 없고, 자주통일이 전진되지 않고서는 진정한 평화를 달성할 수 없다, 이다. 그리고 결국 이 둘의 조합은 남북의 민족 공조와 전▲민족적인 민족대단결과 단합으로 남북관계가 진전되어 조국통일로 나아가면서 미국의 대한반도 지배력이 약화되는 그런 경로로서의 대한반도 평화도 앞당겨질 수 있는 것이다.

북도 이를 분명히 해줬다. 김정은 국무위원장은 제8차 당 대회에서 "북남관계에 대한 원칙적 입장"을 통해 "북남관계에서 근본적인 문제부터 풀어나가려는 입장과 자세를 가져야 하며 상대방에 대한 적대행위를 일체 중지하며 북남선언들을 무겁게 대하고 성실히 이행해나가야 한다."고 밝혀 조국통일문제를 어떻게 풀어나갈 것인지에 대한 입장을 분명히 했다.*

이로부터 앞으로 남측의 자주통일운동도 그동안의 평화 담론 체계와 교류 협력 중심의 잘못된 운동방식에 갇혀 불필요한 곳에 시선을 둠으로써 조국통일을 위한 시간과 노력을 낭비했던 데로부터 과감히 결별하고, 판문점 시대에 걸맞은 자주통일운동으로 향후의 통일국면을 힘껏 열어나가야 하겠다.

---

* 이와 관련된 표 이해 방식은 이 책 211쪽을 참조하면 된다.

3장

판문점 시대의 자주통일운동 재구성과 실천과제

자주통일 정세의 급박함만큼이나, 세계도 지금, 두 방향에서 특징적 현상이 두드러지고 있다. 하나는 코로나19의 대유행이고, 다른 하나는 미美 제국주의의 몰락 내지 추락이다. 이는 미국 제46대 대선에서 분명히 이를 확인할 수 있는데, 미국 역사상 처음으로 상대 후보가 선거결과를 전면 부정할 정도로 엄청난 규모의 선거부정 의혹이 제기되었다는 점에서 그 첫째 근거가 있고,* 다음으로, 미국의 추락은 군사 패권의 위기에서도 나타나고 있다. 미국의 대북정책은 실패했고, 북은 핵 무력을 완성했다. 북·중·러는 전략적 동맹으로 미국에 정면 대응하고 있다. 반면, 미국은 재정과 자체 군사력의 한계로 인해 지난날의 유일무이한 초강국으로서의 면모를 보이지 못하고 점점

---

* 이를 두고 나이지리아 상원의원 사니는 "아프리카는 미국의 민주주의를 배우곤 했다. 아메리카는 이제 아프리카의 민주주의를 배우고 있다."고 일갈했고, 짐바브웨 집권당 대변인은 "우리는 이전 노예 주인들로부터 민주주의를 배울 게 없다."고 조소했다. 이처럼 미 대선에서 미국식 민주주의의 한계가 적나라하게 드러나고 미국의 정치적 이데올로기가 그 수명을 다해가고 있음을 알 수 있다.

수세로 몰리고 있다. 나아가 독일이나 아프가니스탄, 시리아 등에서 미군 철수가 언급되고 있고, 중국을 포위 공격하기 위해 EU와 연합을 강화하고 쿼드(Quad) 동맹을 추진하고는 있으나 진전이 잘 보이지 않은 것에서 미국의 군사적 몰락을 확인할 수 있다.

경제 영역에서도 미국은 현재 약 27조 달러에 이르는 채무와 무분별한 양적완화로 인해 75년간 이어져 온 달러 기축체제가 한계에 다다르고 있다. 설상가상으로 코로나19의 발생이 실물경제 상황을 역시 극도로 악화시켰다. 이에 반해 코로나19 상황에서도 세계 경제 성장을 견인하는 구매력 기준 세계 1위인 중국의 부상은 미국의 세계 경제패권이 몰락해가고 있음을 적나라하게 보여준다. 또한, 영국의 EU 이탈을 비롯한 EU의 분열과 한일 갈등 등 미 동맹 세력의 분열은 더 이상 기존 방식으로는 미국의 지위 유지가 불가한 상황임을 명확히 보여준다.

일군의 정치학자들도 지금의 이 역사의 전환기를 강대국 간의 힘 겨루기 현상이 발생하고 있음을 주장하기도 한다. 대표적으로는 힘의 주기론이나 투키디데스의 덫(Thucydides's trap)에 빠진 불확실성의 시대가 도래되고 있다는 것으로의 모형화이다. 이를 연장선상에서 우리 민족의 역사에 대입해보면 명·청 시기의 세력 교체기와도 비슷하다. 그러니 이때를 잘 대처하고, 지혜롭게 헤쳐나가야만 우리 민족의 운명 문제에 좋은 영향을 미치고, 부국강병富國強兵할 수 있다. 매우 중요한 시기이다.

즉, 추락해가는 미국과 중국의 일대일로一帶一路에 대한 능동적 대처는 기본이고, 해방 이후 지금까지 제대로 한번 청산된 적 없는 적폐를 이번 기회에는 정말 잘 한번 진행해 진정한 의미에서의 자주국가와 민주국가로 거듭나기 위한 지혜가 필요하다. 그렇지 않고, 또다시 당시의 조선과 같이 정국 판세를 잘못 읽어, 아니 읽어낼 생각조차 하지 않아 명에 대한 새소지은만 생각하다 삼전도의 굴욕을 당했던 그런 잘못된 경험을 지금 똑같이 반복해선 안 된다. 그러려면 우선, 미국에 대한 세 가지 숭배신화를 떨쳐내어야만 한다.

시기	미국 숭배, 숭미의 내용
해방 시기	일제로부터 해방시켜 준 해방자
한국전쟁 시기	자유민주주의 체제를 지켜준 수호자
전쟁 이후 경제 건설 과정 시기	한국경제를 지금처럼 있게 해준 원조자

다른 데 있지 않다. 위 표로부터 확인되는 핵심은 한국 사회가 미국 없이도 잘 살아 나갈 수 있다는 길을 구체적으로 재구성하여야 함이다. 그러자면 그동안 한국 사회는 누가 뭐래도 잘 먹고 잘사는 데만 초점을 둔 나머지, 추격발전론(fast ower)에 근거한 미국식 하청경제 체제로 편입되었음을 인정하고, 이제는 그것에서 벗어나 민본民本과 인간의 자주적 창의성에 바탕 둔 제4차 산업혁명으로 진화해 나가야 한다. 사회 구조적 대개혁 청사진으로는 친일세력의 전반적 적폐청산, 빈익빈부익부와 신계급사회로 대변되는 신자유주의 국가체제의 전면적 대개편, 국민 통합과 지방분권을 자기 내용으로 하는 연방주의 확립, 냉전적 군사 안보관 대신에 평화 안보론과 통일 지향의 담론 형성, 그리고 반공과 반북·종북·혐북 이데올로기를 극복하고 경제 민주화도 함께 추진해 나가야 한다. 그런데 문제는 이 모든 길목

에 미국이 딱 버티고 서 있고, 미국의 숭배를 벗어나야만 우리가 맞이할 수 있는 미래의 청사진들이라는 사실에 있다. 다음으로는, 미국에 대한 세 가지 숭배신화를 극복해내는 것뿐만 아니라 그러한 새로운 활로를 여는 데 있어서 매우 중요한 관건은 분단국가의 숙명을 벗어내는 데 있음도 분명히 해야 한다. 왜냐하면 분단체제의 극복 없이는 절대 선진국으로 진입하지 못한다는 것이 지금의 우리 민족이 처한 엄연한 현실이기 때문이다.

그리고 왜 그런지는 다음과 같다. 우선, 이념적으로는 분단 그 자체가 국가보안법 등 악법 유지의 토대가 되고, 그로 인해 한국 민주주의는 많이 왜곡돼 한국 사회의 자주적 발전을 심히 가로막는다. 또한, 분단은 한국 사회를 한미동맹에 철저히 포획될 수밖에 없는 정치·군사적 토양에서 벗어나지 못하게 하고 있다. 다음, 경제의 경우에는 수출주도형 경제가 갖는 한계로 인해 필연적으로 미·일 양국의 하청경제에 편입될 수밖에 없게 하는 분명한 요인으로 작용하게 했다. 그래서 지금의 이 분단이 극복되지 않고, 통일을 못 이뤄낸다면 대한민국 운運도 지금의 딱 여기까지이다. 절대 부국 융성할 수 없다.

때마침, 그 기회가 찾아 왔다. 투키디데스의 덫과 같은 힘의 주기론적인 측면에서 봐서도 그렇고, 또 미국 제46대 대통령 선거가 보여준 민낯도 세계와 동북아 질서의 불확실성을 훨씬 높게 했다. 그리고 이것은 분명 미국이 이제는 더 이상 미국 자신의 몰락을 의심할 수 없는 분명한 증거가 되게 했다. 반면, 역설적이게도 코로나19의 대유행에서 보여준 K 방역이나 과거 IT산업의 최강자 입지에서 확인받듯이 제4차 산업혁명 시기의 도래는 새로운 대한민국을 열어낼 절호의 기회를 열어주고 있다. 여기에다 북은 새로운 젊은 지도자가 들어서서 건강상 특별한 변수가 발생하지 않는 한 그들 체제의 특성상 50여 년 이상은 거뜬히 통치체제가 안정적으로 유지·관리될 수 있고 자신들이 설정한 항로대로 충분히 나아 갈 수 있다. 그러면 그 기간에 약간의 우여곡절은 있을 수 있겠지만, 지금의 북 태도나 지향으로 봐서는 그들이 설정한 사회주의 강성국가 및 문명한 사회주의 국가로의 진입이 결코 불가능한 목표도 아님을 알 수 있다.

이 상황 모두가 지금 우리 자주통일운동이 목도하는 정세지점이다. 그런 만큼, 이 장에서는 여러 가능한 상상력으로 조국통일을 현실화하기 위한 자주통일운동론을 정립시켜보고자 한다.

1. 강 대 강으로 맞붙는 정세

이런저런 우여곡절 끝에 2021년 새해 미국은 바이든 정부가 들어섰다. 한반도 정책과 관련해 미美 새 정부는 한반도 비핵화라는 공식 용어를 쓰고 있기는 하지만, 사실상 북핵 비핵화이고, 이미 실패한 오바마의 전략적 인내 그 연장선상에 있다. 대화와 협상은 위장된 포장이고, 적대적인 대결 정책을 계속 추구하겠다는 시간벌기용 전략과 하등 다를 바 없는 듯하다. 전략적 인내(Ⅱ)라 해도 과언이 아니다.*

---

* 그렇게 보는 이유는 바이든 행정부는 트럼프 행정부 때 합의한 한반도 비핵화라는 공식 용어를 내세우면서도 백 브리핑 등에서는 **북한**(강조, 필자) 비핵화라는 표현을 사용하고 있다. 또 2021년 3월 개최된 2+2(한미 국방·외교장관 회의)회담에서는 미 공화당 정권인 트럼프 행정부에서도 공개적으로 언급을 자제했던 북 인권 문제를 아주 강력하게 제기하였다. 사실상의 북 체제에 대한 간섭이자 붕괴시키겠다는 정책의 일환이다.

문재인 정부 또한 미국 추종은 계속된다. 하노이 북미회담 합의 불발 이후 변화된 남북·북미 정세를 파악하지 못했을 리 없는 문재인 정부이지만, 이제까지 취해왔던 정부의 속성, 즉 계속된 한미동맹만을 대뇌인다.

"미국 바이든 행정부의 출범에 발맞추어 한미동맹을 강화하는 한편 멈춰있는 북미대화와 남북대화에서 대전환을 이룰 수 있도록 마지막 노력을 다하겠다."(문재인 대통령의 2021년도 신년사 내용 중에서), "한미동맹은 한반도와 인도·태평양 지역의 평화·안보·번영의 핵심축임을 재확인했다."(2021년 3월, 2+2회의 공동성명 중에서)

오죽 답답했을까. 문재인 대통령이 임명한 김준형 국립외교원장도 보다 못해 "가스라이팅(gaslighting)"이라고 언급했다. 풀이하자면 스스로 심리적으로 얼어붙어 미국과 낯붉히고 싸우지 못하는 우리 정부의 태도를 지적한 것이다. 지극히 상식적인 말이지만, 미국에 대한 현 정부의 태도와 자세에서 현 정부는 물론, 진보정권이 들어서지 않는 한 다음 정부하에서도 결코 미국에 NO하지 못할 대한민국임을 직감한다.

이에 남북, 북미 모두가 북에 대한 태도와 접근방식을 바꾸지 않는 한 김정은 위원장이 제8차 당 대회에서 언급한 강 대 강으로 맞붙는 정세 국면은 또한 당분간 지속해서 전개될 수밖에 없다. 우선 북미의 경우, 미국이 여러 차례 거듭된 접촉 제의를 했음에도 북은 시간벌기용에 불과하다며 모두 거부했는데, 이는 2019년 하노이 북미회담 결렬 이후 북이 아주 일관되게 견지해온 원칙, 즉 대화를 위한 대화는 하지 않는다는 입장과 미국이 자신을 향한 대북적대정책을 철회하지 않는 한 그 어떤 대화나 협상도 응하지 않겠다는 입장이 견결히 견지되고 있음을 매우 분명하게 보여주고 있는 증거이다.*

남북의 경우도, 2020년 남북공동연락사무소를 폭파한 그때의 입장과 전혀 다르지 않다. 대신 발언과 냉각의 강도만 더 강경해지고 있다. 2021년 3월 들어 "3년 전의 봄날은 다시 돌아오기 힘들 것", "우리를 적으로 대하는 남조선 당국과는 앞으로 그 어떤 협력이나 교류도 필요 없다."면서 "조국평화통일위원회를 정리하고, 금강산 국제관광국을 비롯한 대남 협력, 교류 관련 기구들을 없애버리는 것을 검토하겠다."고 더 강력한 경고를 보내고 있다.** 그 어떤 남북대화도 응하지 않고 있는 것이다. 그래놓고 아래와 같이 정세 인식을 함께 공유하자.

1) 북미정세

북은 2021년에 개최된 제8차 당 대회 사업총화에서 미국에 대한

---

* 최선희 부상은 2021년 3월 18일 담화를 발표하면서 "이미 미국의 대조선 적대시정책이 철회되지 않는 한 그 어떤 조(북)미 접촉이나 대화도 이루어질 수 없다는 입장을 밝혔으며, 따라서 우리는 앞으로도 계속 이러한 미국의 접촉 시도를 무시할 것이다."라며 "대화 그 자체가 이루어지자면 서로 동등하게 마주 앉아 말을 주고받을 수 있는 분위기가 조성되어야 한다."라고 말했다.

** 2021년 3월 30일 발표한 조선로동당 중앙위원회 선전선동부 김여정 부부장 담화. 참고로 2021년 7월 27일 정전협정 체결 68주년 되는 해에 전격적으로 이뤄진 남북통신선 복원의 경우, 확대해석은 금물이다. 실질적 의미에서의 '핫라인'이 개통되지 않았을 뿐 아니라, 설령 핫라인 등이 완전 개통된다고 하더라도 그것이 곧 남북관계 전면 복원 신호일 수는 없기 때문이다. 다음과 같은 분명한 이유가 있는데, 그건 제비 한 마리가 날아들었다 하여 완전한 봄이 왔다 할 수 없듯이, 북이 제8차 당 대회를 통해 공표한 남북관계 개선의 3대 조건에 대한 변화 여부가 어떻게 수용되는가가 반드시 확인되어야 한다.

입장을 최종적으로 분명하게 정립했다.

"대외정치활동을 우리 혁명 발전의 기본 장애물, 최대의 주적인 미국을 제압하고 굴복시키는 데 초점을 맞추고 지향시켜나가야 한다."

이보다도 더 강하고 분명한 입장 표명이 또 어디에 있겠나. 그래서 북은 이 결정대로 핵 무장력에 대한 질량적 강화 발전을 통해 미국을 제압해 나가겠다는 전략 구사를 아주 일관되게 펼칠 것으로 보인다. 미국에 대한 불신과 배신에서 비롯된 결과이다. 북은 싱가포르 정상회담을 통해 미국과의 관계에 있어 오랜 적대관계를 마감하는 역사적인 변화가 올 것이라 기대했었다. 싱가포르 북미정상회담 제 1항 합의, "1. 미국과 조선민주주의인민공화국은 평화와 번영을 위한 양국 국민의 바람에 따라 새로운 북미 관계를 수립할 것을 약속한다.(1. The United States and the DPRK commit to establish new US-DPRK relations in accordance with the desire of peoples of the two countries for peace and prosperity.)"가 그 증거였는데, 기대는 산산조각이 났다. 새로 들어선 바이든 행정부는 이미 실패한 전략적 인내(Ⅱ)를 대북정책으로 채택한 것은 물론, 그동안 전통적으로 북을 강하게 압박하고 북 체제를 전복하기 위해 활용해왔던 인권문제마저도 역대 그 어떤 정부보다 강하게 들고 나왔다.* 분명 이러한 행동들은 북이 바이든 행정

---

* 언론 보도를 통해서도 이는 확인된다. 중앙일보는 2021년 3월 18일 자 보도를 통해 "정의용 만난 블링컨, 예상 밖 작심 발언, 北 인권유린 맞서라"는 제목 기사를 올렸다. 또한, 3월 17일 열린 한·미 외교장관 회담에서 토니 블링컨 미 국무장관은 북의 인권 유린과 중국의 홍콩 자치권 침해 및 신장에서의 인권 침해 등을 거론하며 "우리는 이런 억압에 맞서야 한다. 한국과 공동의 시각을 달성할 수 있기 바란다."고 말했다는 것이다.

부를 초기부터 신뢰할 수 없게 만든 핵심적 요인이자 북이 바이든 행정부의 속내가 어디에 있는지를 아주 분명하게 읽게 했다. 북핵문제를 풀 의사도, 한반도에서의 평화와 번영을 진정으로 바라고 있지 않다는 것을. 따라서 북은 철저히 미국이 어떻게 나오느냐에 따라 자신들의 대응 기조를 맞춰가는 맞대응(tit for tat)전략, 일명 "강 대 강, 선 대 선"으로 대응하는 방식으로 정세를 주도해 나갈 것임을 분명히 했다.

2) 남북관계

북은 제8차 당 대회를 전후해 남북관계 해법 문제를 근본문제 해결 중시의 조국통일 위업 달성이라는 전략하에 남북공동연락사무소 폭파, 대적사업의 전환 등을 이뤄냈다. 이는 향후 그 어떤 정부가 들어서더라도 동족 적대는 포기하고, 민족 자주와 자결의 원칙으로 되돌아가 이를 견지하지 않는 한 남북관계는 4·27 판문점 선언 이전 시기로 되돌아갔음을 보여주는 결정적 징표이다.* 2021년 3월 15일 발표한 김여정 부부장의 담화를 보면 이는 확실하다. "3년 전의 봄날은 다시 돌아오기 어려울 것", "남조선 당국의 동족 대결의식과 적대행위가 이제는 치료 불능상태에 도달했으며 이런 상대와 마주앉아 그 무엇을 왈가왈부할 것이 없다는 것이 우리가 다시금 확증하게 된 결론"이라며, "전쟁연습과 대화, 적대와 협력은 절대로 양립될 수 없다"고

---

* 그래서 남북관계를 복원하는 문제는 아주 간단명료하다. 동족 적대를 포기하고, 민족 자주와 자결의 원칙으로 되돌아가 가면 되는 것이다. 과연 문재인 정부 다음 정부는 그렇게 할 수 있을 것인지, 매우 예의 주시되는 부분이다.

주장했다. 그러면서 이를 위한 실제 행동으로 "현 정세에서 더 이상 존재할 이유가 없어진 대남 대화 기구인 조국평화통일위원회를 정리하는 문제를 일정에 올려놓을 수 없게 됐다"면서, "우리를 적으로 대하는 남조선 당국과는 앞으로 그 어떤 협력이나 교류도 필요 없으므로 금강산 국제관광국을 비롯한 관련 기구들도 없애버리는 문제를 검토하고 있다"고 밝혔다. 또한, 그녀는 "우리는 앞으로 남조선 당국의 태도와 행동을 주시할 것이며 감히 더더욱 도발적으로 나온다면 북남(남북) 군사 분야 합의서도 시원스럽게 파기해버리는 특단의 대책까지 예견하고 있다."라고까지 했다. 남과 북, 아니 온 겨레를 넘어 인류 전체를 한껏 설레게 했던 그 기대와 희망은 4·27 판문점 남북정상회담이 있은 지 불과 3년 만에 이렇게 완전 파탄 났다.

보수수구 세력이야 원래 태생적으로 그렇다손 치더라도, 그래도 명색이 촛불시민혁명으로 탄생한 민주당 정부라면 최소한 촛불 민의에 호응하기 위해서라도, 비록 그것이 포퓰리즘으로 비판받을지언정 꽉 막힌 남북관계에 뭔가 새로운 돌파구 마련을 위한 시늉이라도 있어 줘야 했지만, 도리어 미국 눈치 보기가 도를 넘어 알아서 기는 수준으로까지 전락했다.* 여기서 촛불 민의의 지지를 받은 정부도 이 정도밖에 못 하는데, 향후에 만약 보수수구 정권이 들어선다면 남북관계는 과연 어떻게 될까? 상상만 해도 끔찍하다.

그러한 상상이 현실화되지 않기를 바라며 다시 문재인 정부가 왜

---

* 전임 정권들인 김대중 정부와 노무현 정부는 미국의 엄청난 압력과 내정간섭에도 나름 버텨내면서 금강산 관광, 개성공단 등을 추진시켜 남북관계 개선의 물꼬를 텄으나, 문재인 정부는 뭐가 그렇게 무서워 자신들의 전임 정권보다 더 못한단 말인가? 정말 알다가도 모를 일이다.

그러한지에 대한 원인분석을 한번 해보면, 촛불 민의와는 달리 미국에 절대 엇서면 안 된다고 생각하는 문재인 정부의 대미 굴종주의, 그러면서도 자신들 의식 속에 뿌리 깊이 박혀있는 대북 우월적 사고*가 역설적이세노 남북관계를 보는 시각이 매우 적대적임을 보여준다. 예하면 이런 것들이다. "북한이 강경하게 나오는 것은 대화와 협상에서 유리한 자리를 차지하기 위한 전략적 술수(벼랑 끝 전술)이다", "경제 형편이 좋지 않으니, 결국에는 우리가 제시하는 '작은 교역' 등 경제협력 제안을 수용할 것이다"는 식의 생각을 버리지 못하고, 미국의 이해관계에 질질 끌려다니며, 종국에는 온 민족과 겨레, 인류 앞에 보무당당하게 약속했던 민족 자주와 자결의 원칙마저도 헌신짝 버리듯 하였다. 당연히 그 근원에는 "북 붕괴론"이 자리 잡고 있어서 가능한 일이다. 그러니 이 허황된 희망 논리를 청소하지 않고서는 그 어떤 정부가 들어선다 하더라도 한반도 평화정착과 민족통일은 난망하다 하겠다.

필자도 지금의 현 상황과 문재인 정부에 대한 성격 규정을 그렇게 분석해낼 수 있는데, 이를 모를 리 없는 북으로서는 남측에 자주적 민주정부를 제외한 그 어떤 정부가 들어선다고 하더라도, "숭미·공미"를 바탕으로 "체제 대결" 의식을 버리지 않으며, "분단 고착화에 기반한 평화"만 추구할 것이라는 최종 결론을 내릴 수밖에 없었다. 그렇기 때문에 남북공동연락사무소 폭파가 가능했고, 통일전선부 해체와 같은 제2의 제3의 남북관계 단절 메시지를 내놓을 수 있었던 것이다. 해

---

* 그 한 예가 2020년 6월, 한국전쟁 70주년을 기념하면서 문 대통령이 "체제 경쟁은 끝났다"고 뜬금없이 한 발언이다.

서 남북공동연락사무소 폭파 의미를 다시 한번 되짚어보면, 북의 당시 그 행위에는 남북공동선언에서 합의한 대로 민족 자주와 자결의 원칙, 그리고 민족 공조의 정신으로 되돌아오라는 아주 강력한 의사표시였을 것이다. 그런데도 통일부를 비롯한 남측의 당국자들은 여전히 "작은 교역" 운운하며 낮은 차원의 경제지원이나 인도적 문제해결, 방역교류 등 비본질적인 문제에 집착하며 미국의 대북제재에 충실하고 복종하려 했다. 이에, 또 한번 북은 인내를 발휘하여 근본문제해결과 관련하여 과외 하듯 꼭 집어 한미합동군사훈련 중단 등 3대 조건에 대한 분명한 입장을 전달했으나, 그런데도 문재인의 정부는 한미동맹 체제에 완전 포박돼 거기에만 의존하려는 태도를 견지하고 있었으니, 어찌 남북관계의 개선에 의지가 있는 것으로 볼 수 있겠는가? 그래서 결과도 이미 우리가 목도하고 있는 "3년 전의 봄날은 다시 돌아오기 힘들게" 된 그런 정세국면만이 쭉 이어지고 있는 것이다.

3) 남북관계·북미정세가 자주통일운동에 제기하는 과제

위 두 정세분석과 북의 태도로 봐서는 미국과 남은 북의 제8차 당 대회를 전혀 이해하지 못한 듯하다. 혹은, 설령 알았다 하더라도 전혀 호응할 생각이 없었음도 확인된다. 이것이 북이 당 대회에서 전략노선으로 채택한 **정면돌파전**(강조, 필자)과 "강 대 강, 선 대 선"의 대응 원칙 중 남북관계, 대미관계를 풀어나가려는 해법이 선 대 선의 대응 기조는 사라지고, 오직 강 대 강의 대응 원칙만 있는 경직국면임을 안내한다. 그러므로 향후 북미·남북관계는 철저히 힘과 힘의 대결 방식으로 진행될 것이고, 북은 실제로 정치·군사적 행동에 돌입할 가능성이 매우 높아졌다.

미국을 향해서는 그동안 북이 다양한 경로들을 통해 선보인 ICBM '괴물'의 실제 확인이나 괌 포위사격, 정지위성 발사, 그 밖에도 정면돌파전의 의지를 가장 강위력하면서도 실효적으로 입증해 보일 수 있는 새로운 전략무기를 선보일 가능성도 없지 않다. 남南을 향해서는 김여정 부부장이 담화에서도 밝힌 대로, 필요와 상황에 따라 군사합의서 파기와 조국평화통일위원회 및 금강산관광국 등이 정리되거나, 혹은 그 어떤 변화를 통해 남북관계가 계속 부침을 반복적으로 이어나갈 것으로 예상된다. 그 어떠한 극적 변화가 없는 한 2021년 이후 정세 국면은 그렇게 죽 당분간 흘러갈 것이다.

자주통일운동은 바로 이 상황에 맞닿아 있다. 연장선상에서 자주통일운동은 무엇을 해야 할 것인가? 묻지 않을 수 없고, 계속 문재인 정부와 미국 탓만 하고 있을 순 없다. 미국의 본질을 모르는 바도 아니었고, 또 그런 정부를 비판, 견제하면서 견인해야 할 책임과 원리를 모르는 자주통일운동도 아니었다. 그렇다면 그 성찰의 어느 한 지점에는 판문점 선언이 앞으로의 남북관계가 발전하자면 통일의 근본문제를 어떻게 전환적으로 해결, 발전시켜 나갈 것인가가 담긴 역사적, 민족사적, 운동사적 의미를 지닌 매우 중요한 문헌임도 알 수 있다. 동시에 이것은 북이 우리 남측을 향해 보낸 신호임도 알 수 있다. 하지만, 우리의 자주통일운동은 10여 년간 익숙해진 관성과 패배주의, 정세의 주동성을 틀어쥘 역량 부족 등으로 인해 근본문제부터 해결하려는 원칙을 애써 외면하거나 용기를 내지 못했고, 거기에 걸맞은 대중적인 실천 활동을 보여주지 못했다. 대중들 속에 들어가 그들로부터 민족자주정신, 통일의식을 고양시키는 사업에 힘을 집중해내지도 못했다. 또 정부 당국이 스스로 합의한 자주의 원칙을 훼손하고 합의서의 이행에서 이탈해가는 데에도 수수방관 내지는, 뒤늦게 투쟁을 조직화해내기는 했으나 아주 전형적인 '뒷북' 대응이었다. 나아가 역량 있게 벌여내지도 못했다.

하지만, 이제는 딱 거기까지여야만 한다. 이를 교훈 삼아 향후 자주통일운동은 한반도 정세가 더 악화되고, 남북관계가 더 후퇴되는 것을 막는 데에 혼신의 힘을 다해야 한다. 우선, 자주통일운동 진영은 바이든 행정부가 새로 들어섰음에도 불구하고 여전히 지속, 아니 오히려 더 교묘하게 강화하고 있는 미국의 대북적대정책, 혹은 전쟁도발책동의 본질들을 속속들이 다 파악하여 이를 반대하고 분쇄하는 투쟁에 적극 나서야 한다. 핵심적으로는 미국이 수명을 다한 한미동맹과 주한미군을 해체, 철수하면서 북과는 적대정책을 철회해 북미관계를 정상화시키는 데에도 진지한 태도로 나올 수 있도록 온 힘을 다 쏟아부어야 한다.

다음으로, 우리 자주통일운동은 친미예속에만 유능한 정부에 더 이상의 기대와 환상을 가지는 대신, 즉 미국에 기대어 남북문제를 풀어가겠다는 정부에게는 그 어떤 기대도 걸지 말고, 제발 한미동맹 예찬가는 이제 그만 좀 불러대고, 합의서에 서명한 대로 민족 자주와 자결에 기반해 동족 적대는 철회하고 민족 자주, 민족 공조 이념과 정신으로 되돌아오라고 강력하게 요구하며 그 방향하에서 우리의 장기인 대중투쟁을 강력하게 벌여 자주통일 문제를 해결해 나가겠다는 입장과 태도를 반드시 견지해야 한다.

2. 자주 통일운동의 이론적 실제

청맹과니라는 것이 별 것 아니다. 미국몰락 징후가 이렇게 농한 지금도, 대한민국이 오히려 더 미국과의 한미동맹 관계를 철통같이 맺으면 그 얻은 이익이 남북관계 개선을 통해 얻는 이익보다 크다고 주장하는 이들이다. 여전히 명·청 교체기 때 사대를 떨쳐버리지 못한 결과가 어떠했는지를 반면교사 하지 않은 이들의 '못난' 미국 바라기이다. 해서 그런 주장에는 일고의 가치도 없다. 오직 있다면 지금의 대한민국이 매우 굴욕적 종미從美에 가까운 행태만을 보이고 있다는 비판뿐이다. 도대체 왜, 대한민국 정치권과 지식인층, 그리고 사회 전반 곳곳이 이렇게 되었을까? 아마도 그 깊은 심연深淵에는 해방과 한국전쟁에 대한 은혜로운 감정이 깊이 체질화되어 미국에게는 무조건 낮추고, 숭배해야 된다는 버릇이 생겨나면서부터일 것이다. 그러니 자주독립국가의 징표이자 국가 주권의 상징인 군 통수권마저 미국에 이양하는 것도 당연했고, 정치·경제·사회 문화 등 한국 사회 전 분야가 사실상 미국화되어 미국의 51번째 주로 편입되어도 하등 이상할 것이 없게 되었다. 이뿐만이 아니다. 그 종미는 분단·친일 세력들에 의해서 반공·반북으로 둔갑해져 분단체제 위에 기생하는 정치이념으로까지 진화해 나갔다. 오늘날 친미·보수 세력들이 활개 칠 수밖에 없는 무한대의 자양분이 그렇게 만들어졌고, 한국 사회 전체가 반공·반북의 국가이념과 한미동맹 덫에 걸려 신음하지 않을 수 없게 하였다. 이른바, 분단체제에 기생하는 기형 체제로서의 한국적 민주주의는, 미국식 민주국가라는 외피를 쓰고 이승만과 친일세력, 그리고 친미·종미 세력들이 자생할 수 있는 철저한 토대가 되었다.

불행한 대한민국 모습의 한 단면은 그렇게 존재한다. 하지만, 자주통일운동은 이러한 인식과 함께, 통일을 향한 통일운동의 여정도 정말 장구했음을 절대 외면해서는 안 된다. 노년의 김구는 잘못된 분단체제를 넘어서려 했고, 4·19혁명과 장면 정부, 신익희 선생, 장준하, 87년 6월 항쟁, 문익환 목사, 장기수 선생님들, 유성환 의원(통일국시 발언), "가자! 북으로, 오라! 남으로"의 전대협 정신, 지금의 자주통일운동, 그리고 신영복 선생 등등 그 모두는 분명 분단체제를 넘어서려 했다. 비록 그 결과가 번번이 실패한 그 자체였다 하더라도, 그러함에도 결코 우리는 그 실패를 그냥 반복되는 실패만으로 인식해서는 안 된다. 왜냐하면 E.H.카(Edward Hallett Carr)에 의해 정의된 "역사적 정의와 전진이 내재된 실패의 축적"으로 볼 수 있어 그렇다. 촛불시민혁명이 이를 증거 한다. "역사적 정의와 전진이 내재된 실패의 축적"이 없었더라면 절대 불가능한 항쟁이었기 때문이다. 그러므로 이 문재인 정부가 비록 실패로 귀결되고, 분단체제를 극복해 나가는 데 있어 장애가 된다고 하더라도, 그래도 분명한 것은 이 촛불시민혁명이 박근혜·최순실의 초유의 국정농단에 대해 평화적이면서도 질서정연한 국민적 저항의 한 방식을 통해 적폐청산 요구를 전 국민적 요구로 수렴하고 실천화하였다는 점에서 "역사적 정의와 진전"은 계속됨을 입증해줬다는 사실관계에는 변함이 없다. 해서 우리 자주통일운동은 이 진리를 운동적 신념으로 체화하고, 철학적으로도 양질 전환의 법칙과 임계점 원리가 마침내 가능해진 상황으로까지 대한민국 시민 저항 운동사가 다다르게 됐음을 이해하는 혜안적 자세가 꼭 필요하다. 촛불시민혁명의 자랑거리도 분명 여기에 있을 것이다. 그래서 그 벅찬 자랑과 긍지를 이제는 자주통일운동이 계승하고 만들어나가야 한다.

1) 촛불시민들이 인식하기 시작한 한미동맹의 그 너머

좀 더 깊은 사유思惟와 상상력을 위해 인문학적 관점을 한번 살짝 도입해보자. '그들'과 '우리'에 관한 문제이다. 2021년 한국의 영화산업이 어느 한 사건으로 인해 흥분의 도가니에 빠졌다. 영화제에서 한번 큰 상을 받았다고 하여 곧바로 미국의 주류 문화로 편입되는 것도 아닐 텐데, 왜 그럴까? 설명적으로는 영화 "기생충"의 아카데미 작품상 수상에 대해 어느 누구라 할 것도 없이 우리 국민 모두는 그 감정을 기쁘다고 느낀다. 부정할 수 없는 엄연한 사실이고, 대한민국에 대한 자랑스러움과 긍지가 반영되어 있다. 하지만, 흥분을 잠시 좀 가라앉히고 곰곰이 생각해보면 거기에는 불편한 진실문제도 숨어 있다. 다름 아닌, 한국영화 기생충이 매우 유명한 국제 영화제에서 수상한 것은 분명 기쁜 일이기는 하지만, 그렇다 하여 그것이 곧 미국 중심의 할리우드 영화 산업구조에 어떤 변화가 온다든지, 아니면 실제 바꿔낼 수 있다고 생각해서 기쁜 것은 아니라는 데 있다. 즉, 본질적 문제라 할 수 있는 미국 중심의 할리우드 산업구조를 깨트린다든지, 아니면 할리우드 영화의 다양성 도입을 위한 범국제적인 여론 형성 만들기에 동참한다든지 하는 등의 행동을 하지는 않는다는 것이다. 그래서 가끔 한 번씩은 미국 외의 이방인들이 이 상을 받기는 하지만, 미국 중심의 할리우드 영화 산업구조도 늘 그대로이다. 왜냐하면 봉준호 감독의 아카데미 상 수상이 우리 모두에게 '그들'로서의 함께 되어지는 기쁨은 분명하지만, '우리'로서의 함께 행동할 수 있는 기쁨은 아니기 때문이다.

이제 다시 정치학으로 되돌아오자. 시민촛불혁명, 분단체제, 그리고 미국 반대 문제를 하나의 동일 선상으로 놓고 이를 이 글 주제인 자주통일운동 관점에서 다시 한번 풀어보자. 미국에 대한 분노가 있기는 하나, 그 층위에는 여러 갈래의 분노가 있을 것이다. 말 그대로의 그냥 분노 감정일 수 있다. 이름하여 '그들'로서만 함께 공유되는 분노 그 이상 이하도 아닌, 분노이다. 혈맹이란 말에 사로잡혀 침략·약탈·수탈 국가로서의 미국보다는 여전히 은혜로운 나라, 그리고 떠받들어져야만 하는 미국으로만 인식되고 있는 오늘날의 대한민국 모습 속에서 그 분노는 아직까지 고스란히 '우리' 문제가 되지 못하고, '그들'로서의 문제임만이 드러난다. 즉, 미국에 대한 분노에 '그들'로서의 인식은 있으나, 아직 '우리'라는 인식은 없다. 이를 영화 기생충 수상에 빗대자면 미국을 향한 그 분노는 단순히 각자 가슴속에만 삭혀지는 '그들'만의 분노이니, 절대 우리 모두의 문제로 정치화되지 않는다. 하지만, 또 다른 한 분노는 영화 기생충과는 달리, '우리'로서의 분노문제이다. 운동적 관점에서 우리가 필히 주목해야 될 부분이다. 즉, 계속 축적되어온 저항적 내력이 있음을 절대 간과해서는 안 되는 그런 분노이다. 그리고 이것은 영화 기생충 수상과는 달리, 대한민국 자주통일운동사에 깃든 미국 반대에서의 있고 없음의 차이이다. 설명적으로는 이렇다. 미국 문제가 해방 이후부터 최근의 주한미군 방위비 인상까지 이어져 오면서 누적된 분노와 사상 감정, 실천적 행동양태들이 결코 작지 않다. 각자의 분노 감정이 그냥 각자 마음속에 '그들'로서만 머물러 있지 않고, 실천적인 영역으로까지 나올 수 있게 한 함께 된 의미로서의 '우리'이자 분명 어떤 실천적 결과를 만들어낼 수 있는 '우리' 모두의 사상 감정이다. 그러니 이 분노는 향후 제아무리 한미동맹 체제가 강고하고, 미국의 콧대가 높다고 하더라도 균열을 낼 수 있는 힘으로 전환되고, 탈脫미국화를 가속화시키는 추동력이 된다. '그들'에서 '우리'로, '숭미'에서 '자주'로 인식 전환해가는 진화발전이 이루어지는 것이다.

증명할 수 있는 실천적 결과도 분명하다. 먼저, 북미 대결사에서 미국의 패배는 거의 확실해 보인다. 이는 앞에서도 계속해서 설명해내고 있듯이 2가지 이유 때문이다. 첫째, 북은 미국의 체제전환, 혹은 체제전복 정책을 이겨내고 지금 사회주의 강성국가 및 문명한 사회주의 국가로 진입해 가고 있다. 둘째, 북은 미국의 핵 보유 저지정책을 뚫고, 마침내 2017년 11월 29일 국가 핵무력 완성을 선언해 미국 간담을 서늘케 했다.

남측도 북과는 분명 다른 양태이기는 하지만, 이 상황을 증명 못할 정도의 상황은 분명 아니다. 한반도 침략자로서의 미국에 대한 실체가 최초로 대중적으로 각인된 때는 5.18광주민주항쟁 때이다. 이후 부산미문화원 방화투쟁, 서울 미문화원 점거농성 투쟁에 이어 1986

년에는 학생운동 전반에서 반전반핵과 양키 용병교육 철폐 투쟁이 이어졌고, 5.3인천투쟁에서는 미제 축출 구호도 전면적으로 제기되었다. 이뿐만이 아니다. 미국의 경제침략, 즉 보호무역주의, 원화절상, 수입개방 압력 등에 대한 대중투쟁과 함께, 농민운동 차원에서는 미국산 농축산물 수입 반대투쟁 등이 전면화되기도 하였다. 2002년 발생한 "효순이·미선이 사건"은 반미의식이 폭발한 반미자주투쟁에서 절대 빼놓을 수 없는 한 사건이다. 오죽했으면 박빙의 승부가 펼쳐지던 2002년 대선에서 노무현 후보가 "미국에 NO 할 수 있는 대통령이 되겠다, 미국에 사진이나 찍으러 가진 않겠다."고 했을까. 분명 이 발언 속에는 반미자주가 국민적 지지를 받고 있고, 득표에도 도움이 된다고 판단했기에 가능한 일이었다.

이후 반미자주투쟁은 더 발전하고 미국에 대한 인식 변화도 보다 또렷해지며, 사회 전반에 확산됐다. 이른바 생활 속에서의 반미라고 할 수 있는, 부산 하야리야 미군부대 환원투쟁, 용산 군산 미군기지 폐쇄투쟁, 매향리 미군폭격장 폐쇄투쟁, 평택 미군기지 폐쇄투쟁, 그리고 경산 함안 대전 등 전국으로 번진 미국의 양민학살 진상규명 운동 등은 이를 입증한다. 급기야 최근에는 우리 삶과 생활에 더욱 밀착되고 있다. 주한미군 방위비 인상 반대 투쟁과 미군 세균전부대 추방 운동까지 곳곳에서 벌어지고 있는 반미자주투쟁을 일컫는다. "우리의 생명과 안전은 내가 지킨다"는 구호하에 2020년 10월 19일부터 2021년 1월 27일까지 100일 동안에 걸쳐 진행된 '부산항 미군 세균 실험실 폐쇄 찬반 주민투표'는 이때까지 집계된 서명인 수만 무려 19만 7,747명이었다. 약 20만 명이 누구의 승인이나 지시가 아닌 부산

시민 자신이 주권을 행사하기 위해 움직인 것이다.

이렇듯 반미자주는 한미동맹 체제에 대해 심각한 균열을 발생시키고 있는 남측의 자주통일운동 근간임을 알 수 있다. 그러니 이 어찌 '그들'을 넘어 '우리'가 되었기에 가능한 일임을 자랑스럽게 주장하지 않을 수 있겠는가. 나아가 이 반미자주화가 앞으로는 남과 북이 함께하는 민족적 차원의 연대·연합으로 이뤄진다면 미국은 반드시 더 이상 한반도에서 발을 붙이지 못하고, 물러나게 될 것임을 확신할 수가 있는 것이다.

2) 담론으로서의 통일, 그 대중화로 6·15식 통일을 내오자!

반미자주는 이렇듯 이제 '우리' 모두의 문제가 되었다. 그런데도 이러한 정세 인식의 변환지점과 실천적으로 성장해온 주체 동력에 대한 이해가 부족한 문재인 정부는 그 어떤 정부보다도 남북관계를 발전시켜 나갈 유리한 환경과 조건을 가졌음에도 완전 파탄에 직면했다.(이는 진보정권이 아닌, 그 어떤 보수정권이 들어선다 하더라도 마찬가지임을 증명한다.) 철저하게 미국의 눈치만 보았기 때문이다. 보수수구 정권은 말할 것도 없고, 현 정부조차도 숭미·종미주의가 뼛속까지 침투해 있음을 확인한다. 남과 북이 우리 민족의 운명은 우리 스스로 결정한다는 민족 자주의 원칙을 담은 판문점 선언을 한낱 폐지로 만든 원인도 여기에 있다.

그러나 이 모든 탓을 문재인 정부에게만 돌릴 수만은 없다. 왜냐하면 주체적 관점에서 자주통일운동도 4·27 판문점 시대의 눈높이에 맞게 정세를 제대로 읽어내지 못하고, 자주통일운동의 담론을 재구성하는 데에 '처절하게' 실패했기 때문이다. 여기에는 10여 년 동안 지속되어온 종북몰이에 대한 두려움과 합법적인 대중투쟁만을 추구한 과오도 크게 작용하고, 통일의 근본문제에 천착하지 못하고 중심 고리를 장악하지 못한 채 대중운동을 전전긍긍하면서 나타난 편향의 당연한 결과라고도 할 수 있다. 이로부터 향후 자주통일운동은 통일 담론 인식의 대전환과 대중적 실천 활동에 있어서 군중적 사업작풍과 전개가 절대적으로 필요하다 하겠다.

먼저, 담론의 인식 대전환에서 핵심적으로는 선先비핵화가 갖는 담론 주술을 허물고 선통일 담론 체계로 재구성해야 한다. 이유는 한반도 평화문제가 북의 핵 보유로 나타난 문제도 아니거니와, 핵 문제 또한 그 본질이 북핵만의 문제가 아닌, 한반도 비핵화와 세계 비핵화와 연동되어 접근되어야 할 문제라면 더더욱 거기에 매달릴 필요가 없다. 백번 양보해 북핵 문제의 최종적인 종착지가 평화이고, 그 평화문제가 잘 해결되지 않는 근본 원인이 분단체제에 기인하고 있는 것이라면, 북핵 문제의 해법은 결국 "전쟁과 평화"라는 담론 체계가 아닌, "분단 극복과 통일"이라는 담론일 수밖에 없음도 분명하다. 그러니 향후 자주통일운동은 평화문제 또한 그 체계-통일 담론 체계 안에서 성립시켜내고 실천적으로 풀어나가야 한다.

그러려면 다음과 같은 인식 전환을 반드시 내와야 한다. 우선, 평화는 목적이고, 비핵화는 수단이 되어야 한다는 점이다. "비핵화를 통한 평화"가 아니라, "평화가 비핵화를 추동"해야 한다는 논리에 익숙해져야 한다는 점이다. 목적과 수단에 대한 이해를 이렇게 정확히 하면 비핵화라는 수단이 목적으로 전도되는 오류가 발생하지 않을 뿐만 아니라 비핵화는 분단체제를 완전히 극복하고, 통일이 완전히 달성되었을 때에야 종국적으로 이뤄지는 문제임도 이해하게 된다.

다음으로는, 북이 핵을 가지지 않아도 될 근본조건을 확보해주는 것이 매우 중요하다는 점을 알아야 한다. 왜냐하면 이는 미국이 대북 적대정책을 철회하고 북미관계가 정상화가 되면, 그러면 북이 핵을 가져야 될 이유가 없어지니, 한반도에도 평화가 당연히 찾아온다. 그런데 문제는, 미국이 절대 그렇게 하지 않고, 끝까지 버티려 하기 때문에 여기서 앞으로 자주통일운동은 강위력한 대중투쟁을 통해 미국으로 하여금 대북적대정책 철회와 북미관계 정상화를 내올 수 있도록 강제해야 하는 것이다. 단, 여기서 유념해야 될 핵심은 앞에서 이미 언급하였듯이 북의 핵 보유가 한반도 긴장 정세의 본질이 아니기에, 이를 상수화한 대중실천 운동이 전개되어서는 안 된다는 점이다.* 그래서 발상의 대전환이 필요한 것이고, 제1차 북미정상회담 합의 내용에 그 단초가 있는데, 곰곰이 들여다보면 미국의 적대정책 철회와 선先북미관계 정상화에 그 충분한 정당성을 부여해주고 있다.

---

* 이는 다음과 같은 측면에서도 왜 북핵을 그 본질로 하는 평화 접근방식이 옳지 않은지가 증명된다. 먼저, 미국이 북에 대북적대정책을 구사하지 않았더라면 북핵문제는 발생하지 않았을 문제이기 때문이다. 해서 북핵문제 해결의 본질은 미국이 대북적대정책을 철회하지 않는 한, 그리고 세계 비핵화에 동의하지 않는 한 북도 이제는 스스로 먼저 핵을 포기할 이유가 전혀 없다는 측면이다. 다음으로는, 역설적이게도 북의 핵 보유가 한반도에서의 전쟁을 막고, 평화와 통일을 앞당기는 추동력이 될 수 있다는 점도 그 이유이다. 이는 미국이 대북적대정책을 철회하지 않는 한, 북의 핵 보유가 도리어 한반도에서 강한 전쟁 억지력을 발휘하고 한반도 문제를 근원적으로 해결할 수 있는 기회를 제공해 줘서 그렇다. 북핵은 그렇게 북의 입장에서나 우리 민족의 입장에서나 필요성과 정당성이 분명 있고, 그러니 그 높이에서 자주통일운동은 대중실천 활동을 조직하여야 한다.

"김정은 위원장과 트럼프 대통령은 새로운 조미관계 수립이 조선반도와 세계의 평화와 번영에 이바지할 것임을 확신하면서, 상호 신뢰 구축이 조선반도의 비핵화를 추동할 수 있다는 것을 인정하면서 다음과 같이 성명한다."

보다시피 이 논리 구조는 "선先관계 정상화 → 평화·번영 → 한반도 비핵화"이다. 북미관계 정상화는 입구이고, 한반도 비핵화는 결과로서 나오는 출구 문제이다. 그런데 지금의 북핵 해법은 이와는 완전 정반대, 거꾸로 되어 있다. 북핵문제가 풀릴 수 없는 이유가 그렇게 발생하고 있는 것이다.

그렇다면 한반도 평화문제라는 것은 북의 핵 보유로 인해 발생한 문제가 아닌, 북미 두 당사자국 간의 '상호신뢰 구축'이 선행되지 않아 발생한 문제이고, 기간 선先북핵 비핵화로 접근된 평화문제가 왜 담론적으로나 접근 방식적 측면으로나 모두 다 틀렸는지가 분명해진다. 그래서 그 연장선상에 있는 "비핵화 → 평화 → 통일"이라는 인식 논리와 이행 경로도 당연히 틀릴 수밖에 없고, 이는 다시 "평화로 통일을 추동할 수 있다"는 오랜 담론도 하나의 지나친 환상에 지나지 않음이 증명된다. 대신 그 역易, "통일 → 평화 → 비핵화"로 이어지는 "통일이 평화를, 그 평화가 다시 비핵화를 추동할 수 있다"는 인식 논리와 이행 경로가 정답이고, 이는 다시 "통일로 평화를 추동해야 한다"는 새로운 인식 전환과 담론 체계가 필요함을 안내한다, 하겠다.

다음, 대중적인 실천 활동은 조국통일운동의 본령을 충실히 수행하는 방향으로 전환해야 한다. 여기에는 3가지의 핵심 내용이 담겨 있다. 첫째, 향후 자주통일운동은 자주의 담론 체계에 의거해 대중실천 활동을 전개해 나가야 한다는 점이다. 당연히 여기에는 정부를 움직이는, 즉 미국의 벽을 극복하는 자주도 포함된다. 이는 통일문제에 있어 정부 또한 낭사자인 만큼, 정부가 중심되어 불평등한 한미동맹체제를 평등하고도 정상적인 한미동맹 체제로 전환(전작권 환수문제, 방위비 인상문제, 주둔군지위협정 등)시켜내는 정부가 되어야 하고, 이를 견인해내기 위해 자주통일운동은 혼신의 힘을 다해야 된다. 또 다른 한 측면에서의 자주통일운동은 조국통일의 본령으로부터 나오는 외세극복, 즉 반미자주를 중심에 둔 대중실천 운동도 힘껏 전개해나가야 한다. 내용은 정부가 주도해서 할 수 없는, 즉 한반도를 근본적으로 장악하는 정치·군사적 기제인 한미동맹 해체와 주한미군 철수, 평화체제 구축을 전면에 내거는 그런 대중실천 운동을 말한다. 두 갈래 자주 중심의 실천 방향이 이렇게 정립된다.

둘째, 북의 핵 보유를 전제한 대중실천 활동도 꼭 필요하다. 이유는 그래야만 기간 북의 핵 보유에 대해 잘못 이해함으로 해서 나타났던 선先비핵화 담론 체계에도 포획되지 않고, 또 미국의 대북적대정책 철회 투쟁과 남북합의서대로의 한반도 평화와 번영을 위한 주한미군 철수 투쟁 등 반미자주화투쟁도 가능해지기 때문이다. 그런데 여기서 핵심적 관건은 북의 핵 보유에 대한 인식 대전환을 자주통일운동 진영이 내오고, 그 인식에 바탕을 둔 대중적 실천 활동을 벌여나갈 수 있느냐, 없느냐에 달려 있다. 엄청난 불편한 진실로의 대면이고, 힘들어도 자주통일운동은 이 지점을 반드시 돌파해내어야 한다. 왜냐하면 지금껏 북의 핵을 자꾸만 미국적 사고방식과 논리에 갇혀 한반도 정세의 불안정성을 가져오는 주범으로만 인식하였다. 하지만, 앞으로는 북의 핵 보유가 한반도에서의 군사적 긴장과 전쟁 위협의 요인이 아니라, 오히려 북이 핵을 가졌기 때문에 그 강한 핵 억지력과 지렛대 요인으로 한반도에서 전쟁도 방지하고, 종국에는 평화와 번영, 통일을 실현시켜주는 **자주·겨레·민족·통일의 핵**(강조, 필자)으로 될 수도 있다는 인식이 매우 중요해졌다. 근거도 비교적 명확하다. 북 스스로 늘 얘기하듯 자신들의 핵 보유는 동족인 남쪽을 공격하기 위해 개발된 무기가 아니라, 미국의 적대정책의 산물이고 미국과의 대결을 끝장내기 위한 전략무기라는 점이다. 또한, 싱가포르 북미정상회담에서 확인받듯 북미정상회담을 내올 수 있는 강위력한 수단이라는 점도 작용한다.* 바로 이 모든 사실과 인식으로부터 북의 핵은 우리 남측에서 반미자주운동을 펼쳐나가는 데 있어 하등 걸림돌이 되지 않는다. 자신감을 갖고 북의 핵 보유에 기반한 반미자주운동을 힘껏 벌여 나가자.

---

* 한번 생각해보시라. 미국이 만약 북이 핵을 보유하지 않고, 미 본토를 공격할 수 있는 ICBM을 보유하지 않았는데도 과연 북미정상회담을 할 수 있었는지 말이다. 절대 아닐 것이다. 왜냐하면 북이 핵을 가지지 않은 상태에서 그렇게 북미정상회담을 하자고 외쳤지만, 미국은 이에 단 한 번도 응한 적 없다. 무엇을 말해 주고 있다고 보는가?

왜 북은 핵을 갖고자 했을까?

북의 핵 보유는 미국의 끊임없는 군사적 압박과 적대 속에서 이뤄진 결과물이다. 원인과 결과가 그렇게 작동하고 있다. 구체적으로는 미국이 한국전쟁 이후 단 한 번도 북을 정식 국가로 인정하지 않음은 물론, 오직 체제붕괴와 핵 보유 저지를 위한 압박만을 가해 왔다. 테러지원국가, 인권유린국가, 심지어 악의 축이라고까지 규정했다. 한국에는 전술핵을 배치했고, 이것이 철거된 이후에는 소위 전략자산이 가동되는 핵우산의 이름 아래 북을 한 방에 보낼 수 있는 작전계획 수립과 이를 위한 한미합동군사훈련을 해마다 진행해 왔다. 북으로서는 당연히 이러한 핵 위협과 공포를 근원적으로 차단하기 위해 핵 개발에 몰두할 수밖에 없었다. 마침내 2017년 11월 29일 대륙간탄도미사일 화성-15를 성공적으로 쏘아 올려 국가 핵무력의 완성을 선언할 수 있었고, 이에 수많은 인민들은 길거리에 쏟아져 나와 춤추며 "이제 우리는 전쟁의 위험에서 벗어나게 되었다."고 기뻐했다.

북이 핵을 보유하고자 했던 근본 이유가 위와 같다면 한반도에서의 평화문제는 북한 비핵화가 아니라 한반도의 비핵화, 나아가 전 세계 비핵화 문제이다. 그래서 미국식의 북한 비핵화라는 사고방식만 좇아가면 한반도에서의 평화는 물론, 남북관계 개선에도 영구히 불가능하다. 북을 향한 미국의 적대정책이 끝장나지 않는 한, 북은 핵을 포기할 수 없으니 한미동맹 체제에 결박되어 있는 한국으로서는 당연히 미국의 요구에 따라 북 제재와 군사적 압박에 동참해야 한다. 그러면 남과 북이 온 민족과 겨레, 심지어 인류 앞에 손잡고 맺은 합의 사항마저도 미국이 동의하지 않으면 단 한 발짝도 실천에 옮길 수 없다. 오로지 미국의 입만 쳐다보고, 미국의 선의에만 기대이 남북관계를 풀어가야 하는 서글픈 운명이 된다.

이로부터 우린 적어도 두 가지는 확실하게 알 수 있다. 하나는, 북은 미국의 적대정책이 포기되지 않는 한 절대 자신들이 보유한 핵을 먼저 선제적으로 포기할 리 만무하다는 사실과, 다른 하나는, 대한민국이 한미동맹 체제에 완전 결박당해 있어서는 결코 남북문제의 해결 당사자가 될 수 없다는 사실이다. 사실관계가 이러하다면 북의 핵은 한반도에서의 완전한 평화 정착을 위해 먼저 해결되어야 할 선결 조건이 아니라, 미국의 적대정책이 끝장나야만 해결되는 출구일 수밖에 없다.

셋째, 북 바로알기운동과 국가보안법 철폐 투쟁을 보다 대중적이고 광범위하게 펼쳐나가야 한다. 왜냐하면 조국통일 문제는 남측 혼자만의 힘으로 절대 풀어갈 수 있는 문제가 아니다. 결합과 통합의 주체와 대상이 명백히 존재하는 만큼, 분단된 두 당사자, 즉 남과 북이 함께 민족 공조의 관점에서 연대·연합해야 한다. 반북·반공·종북·혐북이 아니라, 연북하고 종국적으로는 친북親北*해야만 하는 것이다.

그런데 그 길로 가기 위한 길에 엄청난 재갈이 물려 있다. 다름 아닌, 국가보안법의 족쇄가 그것이다. 해서 이 족쇄를 반드시 풀어야만 (극복해야만) 우린 그길로 나아갈 수 있다. 이를 위한 그 첫째에는, 북에 대한 이해가 제대로 필요하다. 손잡고자 하는 당사자가 있는데, 정작 그 당사자가 누구인지를 모른다면 그게 정상적이겠는가? 해서 앞으로는 그동안 진행되어 온 북 이해하기 방식보다는 더욱 깊이 있고, 체계적인 내용으로 북에 대한 이해가 필요하다. 방향은 당연히 북에 대해 실체적 진실을 볼 수 있게 하는 것이어야 한다. 즉, 악마화된 북이나 가난한 북의 영상이 아니라, 이제껏 자주에 기반한 민족 정체성 유지와 핵 보유를 통해 100여 년의 숙적 미국을 한반도에서 영구 축출하기 위한 강위력한 전략국가로서의 본 모습을 보는 것이다. 이를 문 대통령이 행한 평양 연설내용으로 대신하면 "어려운 시절에도 민족의 자존심을 지키며 끝끝내 스스로 일어서고자 하는 불굴의 용기"를 가진 그런 북 모습을 보는 것이다. 그러면 북에 대한 이

---

* 여기서 말하고 있는 친북은 국가보안법상에서 말하고 있는 그런 찬양·고무로서의 친북이 아니다. 같이 손 맞잡고 통일로 나아가야 할 그 대상에 대한 이해이고, 알아가는 과정으로서의 연북이고 친북이다. 독자들은 오해하지 않기를 바란다.

해방식도 그동안 자주통일운동이 추진해왔던 낮은 차원에서의 북 인식—동포애적 관점과 '북쪽에도 사람이 살고 있었네'와 같은 그런 종류의 북 바로알기와는 과감히 결별하고, 보다 본질적인 접근이라 할 수 있는 체제와 제도로서 북 바로알기 운동이 되어야 한다. 내용적으로는 "사회주의 체제로서의 북 이해하기", "북 통일전략 이해", "북의 핵 보유에 대한 이해", "한국전쟁에 대한 민족적 접근", "북 국가 탄생의 기원인 항일무장투쟁에 대한 이해", "자주통일과 한미동맹 해체가 갖는 의미" 등이다.

둘째에는, 북을 제대로 알기 위한 선결 조건으로 국가보안법 철폐를 반드시 이뤄내야 한다.* 이유는 국가보안법이 분단체제에 철저히 기생하여, 왜곡된 북 인식의 첨병 역할을 하기 때문이다. 이와 함께 또 다른 한 문제는 일반적 의미에서도 국가보안법 유지는 현대 민주주의 개념과 가치, 이념에 위배된다. 이념적 자유와 민주 의식의 다양성이 보장되는 그런 사회가 현대 민주주의 사회의 한 특성이라고 한다면 국가보안법 존속은 이와도 분명 맞지 않고, 다음의 비교에서도 우리가 얼마나 북에 대한 이중 잣대를 갖고 있는지 통절히 드러난다.

현존하는 민주국가들 대부분도 대통령 중심제의 미국식 민주주의 체제가 있고, 영국이나 일본과도 같은 의원내각제도 있다. 또 독일과 같은 이원집정부제도 있을 뿐만 아니라 프랑스·북유럽 등과 같은 사

---

* 불행하게도 이 책 초고가 탈고될 때쯤(2021. 5. 14.) 이정훈(58) 4·27시대연구원 연구위원이 국가보안법 8조 회합·통신 등 위반 혐의로 14일 자택 압수수색을 받고 체포됐다는 소식이 전해졌다. 북을 '적'으로 규정하고 이를 법으로 강제하는 국가보안법을 폐지하지 않고서는 절대 남북관계의 개선이 불가능함을 이번 사건으로 충분히 보여줬다. 지금의 유례없는 남북관계 단절 상황도 그 연장선상에 있다. 사문화되었다고 결코 망각될 수 없는 악법이다. 오직, 철폐만이 정답이다.

민주의적 민주주의 국가들도 있다. 한국도 군부독재에서 촛불민주주의까지 다양한 색깔의 민주주의 체제를 겪어 왔다. 같은 논리로 북도 중국이나, 베트남, 쿠바와는 또 다른 사회주의 국가로서 수령 중심의 사회주의 국가 체제를 띠고 있을 수 있다. 그렇게 인식하면 되는 것이다.

그런데 우린 절대 그렇게 인식하지 않는다. 왜 그럴까? 다른 데 있지 않다. 대한민국 사회가 다른 것은 다 허용해도 빨갱이만큼은 절대 용인하지 않겠다는 철두철미한 반공·반북 사회이기 때문이다. 그래서 빨갱이·종북으로의 낙인은 정상적인 사회인으로서의 삶과는 철저히 격리되는 통고장과도 같은 것이고, 절대 그 길로 빠져들어 가서는 안 된다는 우리 안의 넘지 못할 선, 즉 자기검열이 강하게 작동한다. 명백한 현대판 주홍글씨이고, 중세기적 마녀사냥도 이런 마녀사냥이 없다. 그런데 아직도 이런 만행이 버젓이 활개 치는 사회가 대한민국 사회이다. 그러니 정상적 삶을 살아가려면 절대다수가 인식·공유한다고 믿고 있는 북을 헐뜯고 왜곡하며 적대하고 증오하는 대열에서 조용히 있어야만 한다. 이 대열을 지키며 아무런 생각 없이 안전하게 있어야만 사회생활이 편안하다는 것을 동물적 본능으로 깨닫는다.

이름하여 "검은 양 효과"가 온 사회를 지배하고 있는 격이다. 어느 누구도 감히 이런 사회에서 '검은 양'이 될 수는 없는 것이다. 그래서 진실과 사실관계를 비교적 잘 알고 있는 전문가라 해도 이들 또한 절대 예외가 되지 못한다. 자신이 알고 있는 진실과 사실과는 상관없이 그냥 흰 양 무리에 있어야만 안전하다는 것을 그들도 너무나 잘 안다. 정말 강력한 국가보안법에 의해 작동되는 레드 콤플렉스의 위력이다. 그리고 이 공포는 6·15 남북공동선언과 10·4 남북공동선언, 이후 채택된 4·27 판문점 공동선언과 9월 평양 공동선언의 시대에도 여전히 사라지지 않는다.

필자의 경험도 분명하게 이를 각인해 준다. 2021년 2월 7일, 나는 6·15남북공동선언실천 미주위원회에서 개최한 행사에서 "제8차 북당 대회 분석과 민간 통일운동의 진로"라는 주제로 비대면 강연을 했다. 핵심 주제는 "통일이 곧 평화다"라는 것이었고, 강연 중, 북의 제8차 당 대회와 조국통일 전략을 설명하는 부분에서 '평화적 통일이행 원칙을 과정으로서 뿐만이 아니라, 결과로서의 통일도 이제는 생각해봐야 한다. 즉, 통일된 결과가 평화로 귀착된다면 이 또한 평화통일이라는 대원칙을 위배하지 않은 것이 될 수도 있다. 이것이 이번 제8차 당 대회에 담긴 정치적 함의이다' 이렇게 설명하고 싶었고, 바로 그 부분을 설명하려는 순간 움찔하고, 주춤할 수밖에 없었다. 왜냐하면 필자도 알게 모르게 국가보안법에 의한 자기검열 트라우마가 그 순간 그렇게 작동했고, 두 번의 국가보안법 구속 이력이 있는 경험도 이런 국가보안법 위력 앞에서는 아무런 소용이 없었다. 마침, 강연 하루 전날인 2월 6일 보안수사대로부터 국가보안법 혐의 "내사종결"이라는 등기우편을 받았기 때문에 더더욱 그랬던 것 같다. 실정이 이와 같은데, 하물며 일반 시민들이 느끼는 두려움과 공포는 두말해서 뭣하랴.

어디 이뿐이겠는가? 다른 차원에서는 반북·반공 이데올로기와 국가보안법이 종북·혐북으로 내재화되는 경향성도 나타난다. 설명은 과거 체제 대결의 시기에는 북은 극복의 대상이고 타도 대상이었지

만, 지금 북은 우리와의 체제 대결에서 패한 '낙오' 집단이자 '혐오' 대
상으로의 전락이다. 나아가서는 자본주의적 관점에서 제일 싫어하는
삶의 방식 중 하나인 아주 '가난한' 국가일 뿐이기도 하다. 그렇게 이
념·이데올로기직 반대를 넘어 이세는 삼성석으로도 싫고, 기피하는
대상이 되어버린 북의 모습이다. 기간의 반공·반북 이념에다 자주통
일운동을 무력화시키기 위해 고안된 종북, 이 모두를 넘어선 '혐북',
삼각편대는 이렇게 국가보안법 뒤에 숨어 항상 총출동된다. 그리하
여 우리 사회 곳곳에 깊숙이 반공·반북, 종북, 혐북을 뿌리 내린다.
그러면 비례하여 북을 싫어하는 이유도 가히 총천연색이 된다. 너무
가난해서, 정치권력의 형태가 너무 이상해서, 3대째 세습하는 전근대
적 통치가 작동하는 나라라서, 꽃제비·공개처형 등 인권 의식이 전혀
없어서, 이미 자본주의 체제에 패한 사회주의 체제를 고집해서, 테러
국가라서, 호전적이라서, 인민들은 굶어 죽어가고 있는데 핵을 개발
하는 등 지랄하고 있어서 등등 수도 없다. 결과는 이런 북과 어떻게
통일할 수 있는가, 이다.

하지만, 그렇게 왜곡적으로 '주입'된 그 생각을 잠시 내려놓고, 조
금만 더 생각해보면 다수의 국가들도 긍·부정의 양면적 체제 질서를
가지고 있는 것처럼, 북 또한 자신들의 체제와 이념 및 제도와 질서
속에서 나타나는 부정적인 한 단면이 존재할 수 있다. 그런데도 우리
는 이를 극단적으로 과장하거나 왜곡해 버리는 것이다. 예를 들면 이
런 것들이다. 대한민국만 하더라도 세계 10위권의 경제력이 있지만,
미국으로부터의 자주권 문제는 물론 OECD 가입국 중 자살률·빈부
격차 등의 대부분 지표가 최하위권이다. 세계 최고의 국가를 자처하

는 미국도 흑백갈등이라는 인종 문제가 있고, 갈수록 그 격차가 벌어지고 있는 빈부의 문제는 아주 심각하다. 특히, 바이든의 당선으로 끝난 제46대 대선은 미국이 그렇게 자랑하던 민주주의 제도의 꽃이라 불리는 선거에서조차 후진성이 적나라하게 노출되었다. 또한, 태국이나 부탄, 혹은 아랍의 여러 나라들은 지금도 왕조국가이다. 베트남이나 중국은 개방되었다고는 하지만, 여전히 사회주의 체제를 고수하고 있다. 이렇듯 모든 나라들은 그 나름의 문제를 안고 있다. 특별히 북만이 가지는 부정적 요인이 아니라는 말이다.

심지어 핵을 가진 미국, 러시아, 중국, 프랑스, 영국과 같은 UN 상임이사국이나 그 외 핵을 가진 인도, 파키스탄, 이스라엘 등의 나라들에 대해서도 단지 핵을 개발하고 보유했다고 하여 북처럼 비판하고 비난하지 않는다. 어떤 때는 일본보다도 북을 더 미워하고 증오한다. 도대체, 왜 그래야 하고, 왜 유독 북에 대해서만 그런 사상 감정을 가져야만 하는가? 그것도 아주 극단적으로 왜곡된 부정의 인식만을. 설명할 수 있는 길은 오직 하나, 국가보안법의 존재이다. 북과의 진실 대면을 두렵고 무섭게 만들고, 그 모두를 철저하게 검은 양 효과에 가둬놓는다.

적어도 대한민국 사회가 북과 관련해서는 이렇게 병病적인 사회가 되었다. 그중에서도 근본적인 치료를 해야만 나을 수 있는 악성종양과 같다. 국가보안법이 폐지되어야 하는 이유도 똑같다.

3. 자주통일운동의 5대 전략목표와 11대 구호

정세분석, 미국에 대한 본질적 이해, 북에 대한 잘못된 이해, 북의 통일전략 변화, 거기다가 통일 담론적 인식의 대전환과 그동안의 대중실천 활동에 대한 성찰까지 마쳤으니, 이 글은 이제 그 막바지를 향해 다다른다. 그리고 총론적 결론은 향후 자주통일운동이 민족 자주와 자결 정신을 근본이념으로 하고, 이념 담론으로는 비핵화 중심의 평화 담론 대신 6·15식 통일방안 중심의 통일 담론으로, 실천적 대중운동은 주한미군 철수와 한반도평화체제 수립을 그 중핵으로 하는 반미에 중점을 둔 자주통일운동으로 재정립되어야 함을 안내한다.

이를 좀 더 세분화하여 정립해보면 먼저, 기간 남과 북이 합의한 민족 자주와 자결의 근본이념과 원칙이 4·27 판문점 선언에서 재확인되었고, 그 연장선상에서 우리 민족의 통일문제를 풀어가는 대강★綱이 된 만큼, 향후 자주통일운동은 그 어떤 공격과 유혹에도 흔들리지 않는 민족 자주와 자결 원칙을 사수해내어야만 한다.

"남과 북은 나라의 통일 문제를 그 주인인 우리 민족끼리 서로 힘을 합쳐 자주적으로 해결해 나가기로 하였다."(6·15 남북공동선언 1항)

"남과 북은 우리 민족의 운명은 우리 스스로 결정한다는 민족 자주의 원칙을 확인하였으며 이미 채택된 남북 선언들과 모든 합의들을 철저히 이행함으로써 관계 개선과 발전의 전환적 국면을 열어나가기로 하였다."(4·27 판문점 선언, 1조 1항)

다음으로는, 알다시피 북은 이제 단순한 핵 보유를 넘어 핵 보유 전략국가로서의 위상에 올랐다. 이로부터 북은 2개의 공세적 전략이 가능하고, 실제적으로 그렇게 활용할 가능성이 매우 커졌다. 하나는 핵 보유 활용을 통해 한반도의 평화체제와 비핵화를 추동해내는 것이다. 또 다른 하나는 미국이 조국통일의 문제에 개입하는 것을 저지하는 전략적 지렛대로 활용하는 것이다. 그런 만큼, 남측의 자주통일운동노 '무조건적인 비핵화'가 아닌, 북의 핵 보유를 전략적으로 잘 활용해나갈 수 있는 지혜가 절대적으로 필요하다.

그리고 마지막으로, 해방 후 남에 들어선 정부는 약간의 정도 차이는 있지만, 그 어떤 정부를 막론하고 미국에 완전 속박되어 미국을 철저히 추종하는 노예근성을 절대 버리지 못했다. 따라서 향후 자주통일운동의 방향과 성격은 바로 이 미국의 벽을 넘어서는, 또 남쪽 정부의 친미 예속성을 넘어서는 그런 자주적 통일운동이 전개되어야만 조국통일운동에 커다란 전진을 가져올 수 있음을 꼭 명심해야만 한다.

이 모든 총화와 통일 담론적 인식의 대전환, 그리고 그동안의 대중적 실천 활동에 대한 성찰의 결과로서 아래 다섯 가지의 자주통일운동 전략 목표와 이를 구현한 11대 자주통일운동 구호를 제시하면서 이 자주통일운동 재구성과 실천과제는 정말 종장終章할까 한다.

1) 자주통일운동의 5대 전략 목표

첫째, 자주통일운동은 민족 자주권 확립과 전민족대단결을 실현시켜내야 한다.

가장 기본적인 당위이다. 조국통일의 본령 자체가 자주권 확립과 전민족대단결의 실현을 목표로 하고 있고, 이를 실현할 근본 방도는 민족자주정신의 확립이다. 핵심은 미국에 대한 숭미·공미·종미 사대 의식을 청산하고, 그 방향에서 민족자주의식을 고양하는 것을 목표로 삼아 대중운동 실천과 대중교양이 이뤄져야 한다.

또한, 북 바로알기 운동도 매우 중요한 전민족대단결 실현의 방도이다. 조국통일의 한 당사자가 북이라는 점은 물론, 통일의 본령이 북과 함께 전국적 범위에서의 민족적 단합과 단결을 실현해 통일을 이뤄내야 하기 때문이다. 당연히 그러려면 북에 대한 혐북·반북 인식 등을 반드시 소멸시켜야 하고, 선결 요건은 국가보안법 철폐이다.

둘째, 자주통일운동은 한미동맹 체제를 반드시 해체시켜내야 한다.

미국은 더 이상 동맹이 아니다. 동맹으로 위장된 분단체제 지속의 장본인이며 한반도 평화체제를 반대하는 대결세력이다. 정치적으로는 한미동맹, 군사적으로는 주한미군 주둔을 통해 이 땅에 영구히 평화와 번영, 통일이 깃드는 것을 방해한다.

그러니 향후 자주통일운동은 이를 분명히 인식하고 한미합동군사훈련을 비롯하여 각종 군사시설과 전쟁 무기, 주한미군 기지를 몰아내는 투쟁에 매진, 종국에는 불평등한 한미동맹 체제를 완전 해체시켜 나가야 한다. 그리하여 더 이상의 미국이 개입할 명분과 제도, 그 자체가 존재하지 않아 나라의 주권과 국민의 이익을 온전히 지켜내야 한다.*

  셋째, 자주통일운동은 "통일이 곧 평화"라는 대중적 담론 체계의
확립 및 6·15식 통일방안에 대한 대중적 확산을 이뤄내야 한다.
  6·15시대를 지나 판문점 시대가 도래했지만, 여전히 이 합의에 대
한 대중적 공감대는 미약하다. 통일방안이 수면 위로 부상하고 있지
도 못하다. 여기에는 문재인 정부, 미국적 학술 세례를 받은 자유주
의적 평화전문가들이 입만 열면 "평화로 통일을 추동할 수 있다"는
오랜 허구虛構적 담론을 떠벌려왔기 때문이기도 하지만, 문제의 본질
을 자주통일운동의 역량 부족에서 찾아야 한다.
  그러므로 자주통일운동은 반드시 자주역량을 키워 이 담론 체계
를 타파하고, 연방연합 방식의 통일방안을 이행하는 문제가 수면 위
로 떠오를 수 있게 해야 한다. 이의 첫 관문은 필자가 항시 주창해 온
"통일로 평화를 추동해야 한다"(강조, 필자)는 전환된 180° 인식 체계
를 자주통일운동의 근본 담론으로 재정립하고, 선先평화·후後통일 담
론 체계를 반드시 극복해 **분단극복·자주통일 담론체계**(강조, 필자)로
재확립하고, 이를 바탕으로 **"통일이 곧 평화다"**(강조, 필자)라는 구호
가 대중화되게 해야 한다.

---

* 이를 위해서는 이제껏 대립과 대결로 점철된 남북관계를 푸는 데 있어 그 한 고리였던 평
  화 담론 체계와 비본질적 문제, 즉 문재인 정부 들어와 부쩍 많이 사용되었던 "작은 교역"
  등으로 표현된 교류협력 방식과 인도주의적 지원 등은 이제 더 이상 남북관계를 풀어나
  가는 데 있어 유효하지 않은 담론 체계와 대중운동 방식임으로 이와는 과감히 결별해야
  한다. 대신, 자주통일운동은 그 본령대로 외세를 배격하고 전민족적인 범위에서 단합과
  단결을 실현하는 문제로 접근되어야 한다. 핵심은 남과 북, 해외의 연대·연합, 달리 표현
  하자면 민족대단결을 실현시켜나가는 것이어야 한다.

왜 "통일이 곧 평화"일까?

첫째, 분단된 한반도는 어떻게 포장되든 '냉전적' 평화일 뿐이다. 즉, 언제든지 전면전이든 국지전이든 전쟁의 위험이 도사리고 있는 정전상태를 일컫는다. 그 때문에 진정한 평화가 오자면 분단을 극복해야만 한다. 마찬가지 이치로 평화를 도래시키는 것은 분단의 원인을 제거하는 통일이어야 하지, 분단을 고착화하는 평화공존이 될 수는 없다. 분단과 평화는 그렇게 양립할 수도, 결코 공존도 가능하지 않다.

둘째, 한반도의 분단 상황은 미국에 한미동맹 체제를 계속 유지시켜 나갈 수 있는 근본토양을 제공하고, 동북아에서의 패권적 지위를 계속 유지시켜 줄 수 있는 마르지 않는 샘물과도 같다. 왜냐하면 미사일 발사, 핵실험, 정치세력들의 이해관계, 국방비 증액(무기 수입), 주변국의 이해관계 마찰 등으로 인해 분단 상태에서의 평화는 늘 이렇게 얼음장에 갇힌 평화일 수밖에 없다. 다른 말로는 이것이 한반도에서의 군사적 긴장과 전쟁 위협이 늘 상존하는 이유이다. 그러니, 어찌 이 근본문제를 해결하지 않고서 완전하고도 항구적인 평화가 올 수 있겠는가?

넷째, 향후 자주통일운동은 미국의 대북적대정책 철회 투쟁을 강력히 견인해내야 한다.

한반도에서의 군사적 긴장과 전쟁 위협이 북의 핵 보유에 있지 않다는 것은 이제 명백하다. 오히려 미국이 자국의 이익을 위해, 즉 동북아에서의 패권적 지위 유지와 한반도의 분단체제를 지속시켜 "마르지 않는 젖줄"처럼 계속 수탈해 나갈 수 있는 정치·경제적 이득을 위해 대북적대정책을 펼쳤기에 나타난 필연적 결과이다.

해서 이 적대정책을 그대로 두고서는 결코 한반도에서의 자주와 평화, 통일은 있을 수 없다. 또 더해서 미국의 대북적대정책을 철회시켜야만 한반도 비핵화 해법도 찾을 수 있다. 그만큼, 미국의 대북적대정책 철회 투쟁이 갖는 의미는 중대하다.

다섯째, 향후 자주통일운동은 남북관계의 파탄 규탄 및 남북합의문의 전면 이행을 강제해내야 한다.

두 가지 차별화된 전략이 필요하다. 하나는, 현 문재인 정부를 상대하는 방식과 관련된 문제이다. 2020년 자주통일운동이 남북합의문 이행 촉구 및 국회비준 동의를 위한 거센 투쟁을 전개했음에도 정부 당국은 미국 눈치나 보며 공동선언의 이행을 결단 내리지 못하는 것을 확인했다. 이런 상황에서 공동선언의 이행을 재차 요구하는 것은 실효성이 없어 보인다.* 그러니 이 정부하에서는 재차 그러한 성실한 이행을 촉구, 요구하기보다는 남북 합의에서 어긋나거나 관계파탄을 초래할 일들에 대해 사전 예견해서 규탄하고, 미리 막는 선제투쟁을 조직적으로 전개해야 한다. 즉 더 이상의 관계파탄이 만들어지지 않

---

* 또 다른 한 측면에서는 임기가 얼마 남지 않은 이 정부하에서 그런 투쟁이 별로 실효성 없다는 한 인식의 단면도 있다.

는 것을 그 목표로 하여 이를 실현시켜 나가는 것을 현실적인 목표로
두어야 한다는 말이다.

　다른 하나는, 차기 정부를 상대로 하는 투쟁전략이다. 임기 초반부
터 6·15와 4·27 남북 공동합의문의 완전한 이행을 강력하게 촉구하
여야 한다. 이유는 6·15와 4·27 남북 공동합의문의 완전 이행만큼 조
국통일의 지름길은 없기 때문이다. 그런데 문제는 새로 들어설 정부
또한 불을 보듯 뻔하게 이 핑계 저 핑계 대며 미국 눈치를 보고 합의
문 이행을 적극적으로 하지 않을 가능성이 매우 농후한데, 이를 예견
해서 자주통일운동은 투쟁 태세를 확실하게 잡아 정부가 미국의 온
갖 부당한 내정간섭의 벽을 넘어 남북공동선언의 이행을 성실히 수행
해나갈 수 있도록 선제적이고도 다양한 방법들을 다 동원해서 반드시
그 정부를 견인해내어야만 한다. 그 과정에서 국회 차원에서 전개될
수 있는 국회비준 동의 투쟁도 병행해야 한다.

2) 자주통일운동이 들어야 할 11대 구호

　하나, 통일 없이 평화 없다. 통일로 평화를 열어내자!
　둘, 국회는 남북합의문 비준하고, 정부는 전면 이행하라!
　셋, 6·15 공동선언 2항 전면 이행으로 조국통일 앞당기내자!
　넷, 대북적대와 평화는 양립할 수 없다. 미국은 대북적대정책을 즉
각 철회하라!
　다섯, 더 이상 한미동맹 필요 없다. 당장 해체하자!
　여섯, 만악의 근원, 주한미군 필요 없다. 당장 이 땅을 떠나라!

일곱, 전쟁 위협만 불러오는 한미합동군사훈련 영구 중단하라!

여덟, 주권국가 내정간섭 일삼는 한미 워킹그룹회의(혹은, 000)* 당장 해체하라!

아홉, 북핵 비핵화는 없다. 한반도 비핵화가 정답이다!

열, 연북과 친북은 빨갱이가 아니다. 전민족적 대단결 실현하여 통일의 문을 활짝 열어내자!

열하나, 국가보안법은 민주의 적이자 통일 방해꾼이다. 국가보안법 폐지하여 조국통일 앞당기자!

---

* 이와 관련하여 부연 설명하고 싶은 것은, 한미 당국이 자주통일운동 진영의 강력한 항의와 여론에 밀려 2021년 6월 어느 날, 한미 워킹그룹을 종료하고 '한미 국장급 정책대화'를 신설시키겠다는 발표를 했다. 그래서 이를 두고 일각에서는 일상적 미국의 내정간섭 기구가 사라졌다며 기뻐했다. 하지만, 그 기쁨도 잠시, 최종건 외교부 1차관이 6월 22일 국회 외교통일위원회에 출석해 워킹그룹 대신 '한미 국장급 정책대화'를 만들겠다며 "워킹그룹이 사라졌다고 이것을 중단하는 것은 아니다"고 밝혀 그 본질이 어디 있는지를 분명히 해줬다. 즉, 문제는 한미 간에 존재하는 기구들의 명칭이 중요한 것이 아니라, 아니면 설령 그러한 기구가 없다손 치더라도 한미 간 존재하는 관계가 절대 변할 수 없다는 데 그 문제의 심각성이 있음이다. 하여 향후 미국 자신들의 필요에 따라 언제든지 부활될 내정간섭 기구를 대비해 이렇게 '000' 하였음을 이해해 주길 바란다.

저자 후기

후련! 책 내용을 마무리하면서 어떤 후기를 남길까 하다. 결국 이 책에 내용적으로 다 채워 넣지 못한 부분에 대해 보완하는 것으로 독자들의 양해를 구하기로 한다.

무릇 모든 사회 운동은 자연 운동과는 달리 주체가 있고, 그 주체가 어떤 줏대와 관점을 가지느냐에 따라 그 운동이 실패하기도 하고, 성공하기도 한다. 이 글은 바로 그런 주체적 관점과 입장에서 향후 정세를 바라보고 자주통일운동론을 정립하려는 시도이기도 하다.

물론, 이 책은 많이 부족할 것이다. 하지만, 바람은 이 글이 자주통일운동에서 코페르니쿠스적인 대전환의 인식을 가져오는 데에 조금이나마 기여할 수 있기를 바란다. 이는 그동안 자주통일운동이 많은 성과와 전진이 있었음에도 불구하고, 최근 몇 년간 필자가 보기에는 너무나도 안일하고 맷집도 없이 그저 당위적이고 관성적인 측면에 치우쳐 전개되는 부분이 많았던바, 이의 극복에 조금이라도 도움이 되었으면 하는 바람 때문이다.

그렇다 하여 이 책이 필자의 주의 주장만 있는 것은 아니다. 논리를 전개하는 데 있어서는 최대한의 사실 반영과 객관성을 유지하고자 했다. 그러면서도 접근 자세는 좀 달랐다. 비트겐슈타인과는 정반대의 인식 접근법을 활용했기 때문이다. 참고로 그는 "어떤 세계를 이해하는 길은 그 세계의 밖에 놓여 있다"라고 하였다. 직역하면, 그 어떤 대상을 이해하고자 한다면 그것의 밖에서 바라보아야 한다는 의미다. 일면 타당하기도 하지만, 적어도 북을 이해하는 데에 있어서만큼은 합당한 논리로 볼 수 없다. 왜냐하면 단 한 번만이라도 우리가 북을 "북"의 시각에서 바라보고자 했다면 지금과 같은 이런 '북맹' 현상은 나타나지 않았을 것이기 때문이다. 북을 "가난하고 못사는, 세습 독재국가" 정도로만 인식하는 데 머물러 있지 않았음이다. 해서 옳고, 제대로만 바라봤다면 그 정반대, 즉 사회주의 강성국가 지향 및 전략국가의 위상과 반열에 올라 있는 그런 북의 모습을 보았을 것이다. 따라서 북에 대한 정확한 인식은 비트겐슈타인의 논리가 아닌 페리의 시각, 즉 "우리가 보고 싶은 대로 북한을 보는 것이 아니라 있는 그대로 북한을 보는 것으로 시작해야 한다."는 "내재적" 접근이 더 객관적이고, 적합하다고 할 수 있다.

이 책은 바로 그러한 관점에 바탕을 두고 북을 이해도 하고, 인식도 하고자 했다. 그래서 적어도 이 책에서 말한 대로만 북을 이해할 수 있다면 앞으로 다시는 최종문 외교부 2차관이나 이인영 통일부 장관 같은 사람은 나오지 않을 것임을 확신한다. 최 차관은 제46차 유엔 인권이사회에서 "한국 정부는 '북한에서 1,000만 명이 넘는 사람들이 영양실조로 추정된다'는 유엔 보고서에 우려를 표한다."고 밝혔고, 이 장관은 국회 대정부 질문에 나와 "2021년 한 해 북은 110만 톤의 식량이 부족할 것"이라는 발언을 했다. 씁쓸하다 못해, 해도 해도 너무한다는 생각밖에 없다.

이들을 위한 반박은 이렇다. 북을 있는 그대로의 시각으로 들여다본다면 북의 식량 **자급률**(강조, 필자. 북이 식량이 부족할 수 있다는 것과는 다른 차원에서의 문제 제기)에 대해 "과연 우리가 걱정할 처지가 될 수 있을까?" 그렇게 묻고, "절대 없다"로 답한다. 왜냐하면 북과는 정반대로 남南의 식량자급률은 20% 내외이다. 해서 여러 가지 이유로 북과 같이 만약 수입이 중단된다면 정작 기아와 영양실조에 시달릴 나라는 북이 아니라, 우리 남쪽 사회가 된다.

근본적 식량 위기에 놓여있는 국가는 다름 아닌 우리 대한민국이다. 시장 개방을 위해 농업과 식량 주권을 포기한 결과이기도 하고, 지금도 GMO(genetically modified organism) 농산물 수입 1위로 국민 건강권은 심각하게 훼손되고 있다. 식량이 무기화되어가고 있는 이 시기에 속수무책으로 당할 수밖에 없는 농업구조 탓이다. 반면에 북北은 지리적 조건과 기후가 자급자족하기에 매우 불리함에도 불구하고, 1990년대 일부 시기를 제외하고는 거의 자급자족해 오고 있다. 게다가 최근에는 과학기술의 발달과 종자혁명 및 수산·축산가공물의 다양성을 통해 다양한 대체식량의 공급이 늘어나면서 서방 기준으로는 "쌀" 식량이 좀 부족할지 모르겠지만, 북의 인민들이 굶어 죽지도, 아니 종합시장에 내다팔기까지 하는 여유가 생겼다.

식량과 관련해 역사가 말해주는 것도 있다. 동서고금의 역사에서 자기 인민을 굶겨 죽이는 정권이라면 그 어떤 체제를 막론하고 붕괴될 수밖에 없었다는 것이 자명한 이치이다. 그런데도 북은 그 지독했던 고난의 행군 시기에도 견뎌냈다? 과연 무엇을 말해주고 있는 것일까? 다른 데 있지 않다. 그 상황마저도 버텨낼 만큼의 자부심과 자긍심으로 똘똘 뭉친 나라이다. 그런 나라에다 대고 백번 양보해 설령 지금 조금 식량난 사정이 "긴장된다"고 하더라도 체제가 어떻게 될 것이다? 참으로 '못난' 인식이다. 세발 있는 그대로의 현실을 보자.

그러면 천만 명이 영양실조에 시달린다고 한 유엔 보고는 미국과 남의 분단적폐세력들이 희망 사항을 보고서 형식에 담은 쓰레기와 하등 다르지 않다. 그런 사정을 그 어떤 민관협력(governance) 조직들보다 더 공신력 있게 과학적이며 냉철하게 파악하고, 북과의 불필요한 마찰을 최소화해내야 할 책무가 있는 정부와 그 관료들이 이를 반복해서 우려먹는다? 참으로 허망하고, 여전히 못난 정부의 모습뿐이다.

인권문제도 마찬가지이다. 누가 누구의 인권을 말하려 하는가? 미국은 이 지구상의 그 어떤 국가들보다 타국들을 상대로 수많은 전쟁 도발과 지도자 암살, 쿠데타 사주, 시위자금 지원 등 끊임없는 살육과 전쟁을 일삼는 세계질서의 파괴자이자 정복 당사자이다. 달리 말해 전쟁과 약탈만으로 생존 가능한 국가가 미국이라면 북은 그 정반대다. 북이 단 한 번만이라도 타국을 침략한 사실이 있었던가? 그뿐만이 아니다. 미국은 세계적인 코로나19의 대유행의 상황에서 가장 허접한 대처로 인해 백신이 등장하기 이전에 이미 3천 4백여만 명의 확진자와 60만 9천여 명이 사망하였다(2021. 5. 31. 현재). 하지만, 북은 단 한 명의 확진자도 발생하지 않았다. 그런 북을 향해 인권문제로 비난할 자격이 도대체 어디에 있단 말인가?

그런 미국과 도찐개찐 하기로는 현 문재인 정부도 마찬가지이다. 아니, 여기서 한발 더 나아간다. 대한민국이 취한 대북인권 조치의 모습 속에서 스스로를 자주권의 불모지대임을 상징적으로 보여주기 때문이다. 한때 많이 회자되었던 5만 톤의 쌀을 지원하는 것조차 직접 주지 못하고, 미국의 눈치를 보며 승인받으려 하다가 세계식량기구를 통해 지원키로 하자 북은 그런 배알 없는 조치를 단호히 거부하였다.

민족적 자존심과 함께 정말 식량이 부족하였다면 과연 북이 그렇게 그 식량을 거부할 수 있었을까? 한 번쯤은 그렇지 않을 가능성에 대해 생각해봐야 한다. 비정상은 여기에서 그치지 않는다. 주한미군의 주둔 방위비를 전년 대비 13% 인상하면서 추가로 무기도입까지 확약하며 바이든 행정부에게 종합선물세트를 선사하였다. 그러고는 그것도 모자라 기어이 북이 이번 제8차 당 대회를 통해 남북관계 복원을 위해서는 족집게 과외 하듯 침략 전쟁연습인 한미합동연합훈련을 중지하라 했건만, 이를 기어코 실시한 것이 문재인 정부이다. 바로 그런 인식이 있었기에, 문재인 대통령은 러시아 푸틴 대통령에게 북에 대한 에너지 지원을 끊어 달라고 당당하게(?) 요구하는 만행도 스스럼없이 감행하였다. 참으로 참담할 뿐이다.

이 글을 쓰면서 또 굳게 마음먹은 것이 하나 있다. 다름 아닌, '평화'보다는 '통일' 얘기를 많이 해야겠다는 것이었다. 이 나라 대통령을 비롯해 정말 많은 사람들이 주구장창 평화 얘기만 하니, 필자인 나만이라도 비록 소귀에 경 읽기가 되는 한이 있더라도 '우리 얘기', '우리 민족 얘기', '통일 얘기'를 좀 해야겠다고 마음먹은 것이 그것이다.

평화! 분명 좋은 말이다. 한반도와 같이 언제나 전쟁이 상존하는 국가에서는 더더욱 그럴 수 있다. 너무나도 소중한 가치이고, 절대적으로 추구되어야 할 가치이기도 하다. 특히, 통일이 전제된 내전 형식의 1950년 한국전쟁의 경험까지 겪었으니, 이는 두말하면 잔소리가 될 정도로 평화는 소중할 수밖에 없다.

하지만, 한 번쯤은 큰 숨을 고르고 나서 진정으로 생각해보면 한반도에서의 평화는 분단 극복의 문제를 함의하게 됨을 알 수 있을 것이다. 왜냐하면 분단의 극복 없이는 완전한 평화는 절대 도래할 수 없기 때문이다. 그래서 분단과 평화는 양립할 수가 없고, 평화의 반대어는 전쟁이 아니라 분단인 것이다.

그렇다 하더라도 좀 더 제대로 된 상상력을 위해 과감하게 한 번 더 양보해보자. 만약 평화문제가 분단된 한반도가 아닌, 일반 주권국가에서 나서는 문제라면 굳이 평화문제를 분단문제나 변혁운동의 과제와 결부해 바라볼 필요가 전혀 없을 것이다. 하지만, 대한민국은 엄연한 분단국가이다. 그래서 한반도에서의 평화문제는 일반적인 'peace'의 의미를 넘어설 수밖에 없다. 분단 극복과 함께 하나의 실천적 과제로서 평화문제가 연동되어야 하는 이유가 그렇게 발생한다. 그렇지 않은, 즉 분단문제와 연동되지 않는 평화는 필연적으로 통일문제를 외면하게 되고, 그러면 분단 고착론에 기댄 평화공존론이 나오게 되고, 그것은 곧 반反통일 논리로 이어진다. 그래서 분단된 국가에서의 평화문제는 반드시 "평화를 함의하고 있는 통일"이라는 실천적 과제로 연결되어야만 하는 것이다.

바로 그런 의미에서 이 책은 분단을 넘어서는 평화 이야기이고, 통일에 기반한 평화 이야기이다. 그렇게 분단을 반드시 넘어서자고 얘기하고 싶은 책이다.

그러면서도 이 책은 또한 촛불시민혁명 이후의 자주통일운동사이기도 하다. 감히, 그렇게 명명할 수 있는 것은 이 책이 아래와 같이 유토피아의 꿈을 좇았던 지그문트 바우만의 표현을 필자가 항시 떠올리면서 집필을 해내었기 때문이다.

"(이 지옥을) 받아들이라고 강요하는 온갖 종류의 압력에 맞서 용감하게 싸워야만 한다."

2016년 10월부터 시작되어 2017년 3월에서야 마감된 시민촛불혁명은 박정희 유산, 반공·반북으로 무장된 이데올로기, 미국에 대한 무한대의 사대, 통제되지 않은 권력기관, 재벌과의 정경유착 등 그 모든 낡은 체제에 대해 민주적인 가치의 회복을 바라는 평범한 절대다수의 시민들이 비록 제한적이기는 하나 거대한 하나의 민심 물줄기를 만들고, 견고하게만 유지되던 그 철옹성을 무너뜨렸다. 마치, 파놉티콘(Panopticon)체제에서 시놉티콘(Synopticon) 체제로의 전환 같았다.

그런 그 촛불이 불과, 3여 년 만에 문재인 정부는 이 모든 것을 다 까먹었다. 조선의 임금이었던 인조의 초라한 모습만 비친다. 인조반정을 통해 임금이 되었으나 공신세력들에 둘러싸여 아무것도 할 수 없었던, 그와 같이 문 대통령 또한 촛불정신과 그런 세력 대신 '친문'

으로 약칭된 세력들에 둘러싸여 명·청 세력의 교체 시기와 똑같이 미국에 대한 사대라는 사대는 다하고, 숭미·종미 명분에 휩싸여 세계사적 시대 변동과 민족사적 대전환의 흐름을 잘못 읽어 당시 당한 수모를 고스란히 역사의 반복을 통해 되풀이하려 한다. 완벽한 닮음이다.

정전체제 이후 북을 악마화하는 데만 골몰한 미국에 기대어 북보다 우월한 체제 과시와 사실상의 흡수통합 및 북 붕괴라는 결과에 집착한 나머지, 북에 대해서는 핵 보유를 통해 미국을 이겨나가고 있는 전략국가로의 위상과 같은 "있는 그대로의 북" 보기는 전혀 하지 못하였다. 그래놓고는 선진국 클럽인 OECD 가입국이고, 1인당 GNP가 3만 달러에 달하며, 절대 추종국 미국식 신자유주의 체제를 띠고 있는 자유민주주의 체제라며 자랑만 한다. 실은, 독립 국가로서 주권 하나 제대로 스스로 지켜내지 못해 미국에 질질 끌려다니며 사대事大란 사대는 다하고 숭미崇美하며, 결국에는 미국을 두려워한 나머지 미국을 향해서는 단 한 번도 NO 하지 못하는, 완벽한 예속 국가인데도 말이다.

어쩌다가 이 정부가 이렇게까지 망가졌는가? 역대 그 어떤 정부보다 더 많은 3번의 남북정상회담이 있었고, 그 가능한 (정치·조직적) 토양이 '시대'와 '민심' 양쪽 모두로부터 열화와 같은 환호와 기대가 있었기에 가능했건만, 미국과 보수수구 세력의 눈치 보기에만 급급하고, 남북관계도 '평화'와 '경제', 그리고 '교류·협력'의 의제만 있을 뿐, 민족 내부의 근본문제인 '통일'의 의제는 그 어디에도 없었다. 그 때문에 문재인 정부는 임기 내내, 저자 후기를 쓰고 있는 지금까지도 통일의 '통' 자 하나 끄집어내지 못하는(아마, 모르긴 몰라도 끝날 때까지 쭉 그렇게 갈 것이다.), 실제로도 문재인 정부는 정권 시작하는 2018년부터 이 글을 쓰고 있는 현재까지 그 어떤 신년사에서 통일의 '통' 자 한 자도 꺼내지 못하고, 오직 평화에만 시선을 고정하고 있다.

그 변명도 참으로 가관이다. 한반도에 평화를 확고히 정착해놓고, 다음 정권하에서 통일문제를 시작하려 한다는 것이 자신들의 구상이라는 것이다. 양보해 이 발상을 수용한다고 하더라도 통일 담론 그 자체를 아예 봉쇄한다는 것과는 전혀 다른 차원의 문제이고, 헌법 위배 문제와도 연결되어 있건만, 이러한 문제의식을 느낄 능력이 없는 문재인 정부는, 역대 그 어느 민주당 정부보다도 못한 나약한 정권이 되어버렸다. 말로는 헌법 준수와 정치를 국민 중심(촛불민심)에 놓는다 하였지만, 실상은 전혀 그렇지 못한 진정 무능한 정부였을 뿐이고, 촘스키가 말한 대로라면 완전 "실패한 국가(Failed State)"의 모습뿐이다.

해서 그런 정부에 필자는 다음과 같은 얘기를 꼭 들려주고 싶다.(미리 말해 두는데, 이는 차기 다음의 정부에서도 똑같이 적용된다.) 세계적인 평화학자 요한 갈퉁이 어느 한 인터뷰에서 밝힌 내용이다. "북한붕괴론이 북한보다 먼저 붕괴할 것이다." 근거까지 명확히 밝히지는 않아 그 내막 전부는 다 모르겠지만, 나름 북 전문가인 필자의 소견으로는 북이 멸망하지 않는 이유를 아래 5가지로 약술해 보려 한다.

첫째, 북은 '혐북'으로만 생각해내는 일반인들의 생각과는 달리, 일제를 반대하면서 형성된 항일무장투쟁의 경험과 이를 '자주'로 국체화한 국가 정통성이 매우 강한 나라이다. 즉, 어떤 외세의 부당한 간섭과 제재에도 절대 굴하지 않는다는 말이다.

둘째, 무상교육·무상의료·무상주택으로 대변되는 사회주의 체제의 장점이 결코 간과되어서는 안 된다는 점이다.

셋째, 수령 중심의 유일사상체계가 갖는 체제의 힘도 결코 무시해서는 안 된다. 권력투쟁이 일반화되어 있는 자유민주주의 국가체제에서는 국가수반을 3년간이나 비워놓은 것은 거의 불가능한 일일 것이다. 하지만, 그 불가능을 북은 "유훈통치"가 가능한 국가이다. 즉, 이상하게 보일 수는 있으나, 그게 가능했다는 사실 하나만으로도 그 체제가 지닌 견고성과 내구력 정도는 대단하다 할 것이다. 절대적 인정이 필요한 부분이다.

넷째, 군과 조선로동당이 갖는 힘을 절대 과소평가해서는 안 된다. 고난의 행군 시기를 당과 함께 선군의 힘으로 해결해 왔다. 아울러 장성택 등의 공개처형에서 확인받을 수 있듯이, 당黨에는 그 어떤 부정부패와 특권, 종파 및 분파를 허용하지 않는 일벌백계의 기풍이 흐르고 있다. 당은 이렇듯 특권집단이 아니라 인민의 이익에 복무하는 충복, 심부름 정당으로 자리매김하고 있다. 그래서 가장 많은 처벌 대상의 집단이 왜 대한민국과 서방 세계에서는 도저히 상상할 수도 없고, 이해가 되지도 않는 최고의 권력집단, 그것도 깃털이 아닌 몸통인 당 간부들인지 주목되어야 한다.

다섯째, 국가와 인민이 하나의 사상체계, 즉 주체사상으로 대변되는 지도이념으로 무장되어 있다는 점도 절대 간과해서는 안 된다. 이에 대해 우리가 흔히 북의 인민들은 고집이 세고, 줏대가 높다는 말을 종종 하는데, 바로 거기에는 인민 스스로가 "사람이 모든 것의 주인이자 모든 것을 결정한다"는 주체사상의 철학적 원리로 무장되어 있고, 정치적으로는 수령-당-대중이 하나의 유기체적으로 연결되어 있으며, 이를 국가적으로는 하나의 '대가정'으로 연결시켜 수령-국가-낭-인민이 하나의 운명공동체로 작동된다.

북은 이런 토대 위에서 '이민위천', '일심단결', '자력갱생'이라는 이념적 국체가 성립된 자주 중심의 사회주의 국가이다. 미국을 제압해 나가고 있는 전략국가이다. 3대 헌장을 채택해 분단체제를 극복하기 위해 애쓰는 통일 지향의 국가이다. 내부적으로는 무상의료·무상주택·무상교육이 세계 유일하게 보장되는 국가이다.

그래서 묻는다. 아직도 385년 전 삼전도의 굴욕 경험이 부족하다는 말인가? 몰락해가는 미국과 부흥해가는 북, 이들 중 누구와 손을 잡아야 한단 말인가? 더군다나 5천여 년 동안 우리는 하나의 민족국가였다. 그런데 왜 지금의 이 분단체제를 용인해야 하며, 그 분단체제를 극복하려고 나서지 않고 외세 농간과 그에 빌붙은 '영혼팔이' 정치세력들에 질질 끌려다녀야만 한단 말인가? 뒤에는 촛불세력이 딱 버티고 있고, 앞에서는 자주통일운동세력이 있는데, 도대체 뭐가 무서워 통일의 '통' 자 하나 꺼내지 못한단 말인가? 제발, 남남갈등, 이념논쟁, 국론분열 뭐라 뭐라 하며 뒤에 숨지 말고, 진정, 연대·연합해야 하고, 민족 공조해야 할 대상과 세력이 누구인지 두 눈 부릅뜨고 찾아내기 바란다.

그리고는 다음과 같은 질문들을 항시 하면서 통일문제를 대했으면 한다. "한반도에서 분단의 극복 없이도 진정한 평화는 가능하다고 보

는가? 통일이 이뤄지지 않고서도 한반도에 평화가 올 수 있다고 보는
가?" 찾기 위한 노력을 해야 한다.

감히, 그 답答 찾기의 한 결론으로 평소 필자가 자주통일운동을 대
하는 주체 자신의 태도와 성찰적 결론이 어떠해야 하는지를 늘 마음
속에 품고 있는 독립 운동가이자 교육자이신 남강 이승훈(1864~1930)
선생의 평소 지론을 되새기며 이 글을 맺는다.

"나는 씨앗이 땅속에 들어가 무거운 흙을 들치고 올라올 때, 제힘
으로 들치지 남의 힘으로 올라오는 것을 본 일이 없다."